国家社会科学基金一般项目
"人性的教育学意义及教育人性化的实践策略"的阶段性成果

华南师范大学优秀社会人文科学著作出版基金资助成果

"教育人学研究"丛书

批判与实践：
论教育人性化

肖绍明 著

中国社会科学出版社

图书在版编目（CIP）数据

批判与实践：论教育人性化／肖绍明著 . —北京：中国社会科学出版社，
2016.8

ISBN 978 - 7 - 5161 - 8531 - 5

Ⅰ.①批…　Ⅱ.①肖…　Ⅲ.①教育研究—中国　Ⅳ.①G52

中国版本图书馆 CIP 数据核字（2016）第 154188 号

出 版 人	赵剑英
选题策划	罗　莉
责任编辑	刘　艳
责任校对	陈　晨
责任印制	戴　宽

出　　　版	中国社会科学出版社
社　　　址	北京鼓楼西大街甲 158 号
邮　　　编	100720
网　　　址	http://www.csspw.cn
发 行 部	010 - 84083685
门 市 部	010 - 84029450
经　　　销	新华书店及其他书店

印刷装订	三河市君旺印务有限公司
版　　　次	2016 年 8 月第 1 版
印　　　次	2016 年 8 月第 1 次印刷

开　　　本	710 × 1000　1/16
印　　　张	18.75
插　　　页	2
字　　　数	315 千字
定　　　价	68.00 元

从价值论的观点来看，人性化问题一直是人类的中心问题，现在它更是具有难逃世人关注的性质。

——保罗·弗莱雷《被压迫者教育学》

序　言

　　思考人性与教育的问题，这首先是为了增强人性的意识和教育人性化的自觉，认识人性、尊重人性、顺应人性、规约人性、升华人性，把人性作为教育的基本依据之一，把教育人性化作为教育的基本原则之一。任何无视人性、贬抑人性、压制人性、扭曲人性、泯灭人性的教育都不是本真的教育，都是背离教育本质的。

　　古今中外关于人性的研究浩如烟海。正如德国哲学家恩斯特·卡西尔（Ernst Cassirer）所说，人性是公认的"哲学的最高目标"和思考一切问题的"阿基米德点"，也是一切思潮包括教育思潮"牢固而不可动摇的中心"。人们从不同角度思考人性：或者追寻人的先天自然基源，用自然法则来规定人的本性，以生物性为依据划分人性的内容；或者探究人的后天社会生活，以社会环境的作用来论证人性的现实规定，以社会性为依据说明人性的构成；或者求助于上帝的创世神话，用神灵的意志来界说人的本质，以神性为依据指定人性的来源；或者把人看作"尚未定型的动物"和绝对自由的存在，以不确定性为依据来看待人性的变化……古往今来，人们对人性的思考津津乐道，异彩纷呈。然而，相对于人对自然探寻的深度，相对于人对外部世界认识所取得的成就，人对自身的认识还很茫然。人性注定是一个人类永远要面对、要思索、要争论而又永远没有统一答案的问题，但其意义又十分重大。思考人性的主要意义在于把握重大社会活动的基本轨迹，使其大体符合"人性所向"的社会文明趋向。

　　何谓人性？人性即人之为人的本质性的自然属性和社会属性的交合。把人性区分为自然属性和社会属性两个层面，这一认识十分关键。按照这一认识，只有同时具备自然属性和社会属性的那些人的本质属性才被视为人性，纯粹的自然属性，如单纯的饮食男女就不属于人性的范畴；纯粹的社会属性，如阶级性也不属于人性的范畴。人性具有如下基本特征：抽象性，即人性是人普遍具有的共同属性；具体性，即人性具有现实性、差异性、发展性；本质性，即只有那些表征人之为人的根本属性才属于人性；双重性，即人性兼具自然性和社会性；美善性，即在人的诸多属性中只有那些表征美善的属性才被视为人性。当然，这些认识主要是基于教育学学科立场的需要，并不具有排他性。

何谓教育人性化？简单地说，就是指教育要将人性作为教育活动的基本依据之一，正视人性、尊重人性、引导人性、利用人性，尽可能激活和满足人性并不断培育和升华人性。在我国现行的教育学理论框架中，讲教育与人的关系、教育对人的尊重和适应、教育对人的发展的促进和完善等，只是局限于人的身心特别是人的认知发展及其特点和规律，而对人性的教育学意义和教育实践意义、人性对教育的内在制约性、人性在人的发展和教育培养目标中的价值等问题，却几乎不予关注。人性理论至今还没有进入我国教育学的理论框架，人性基本上仍是我国主流教育学中的一个"空场"。

令人欣喜的是，改革开放以来尤其是近些年，人性及其与教育的关系和教育的人性化问题已逐步引起教育学界的一定关注，全国教育基本理论专业委员会 2009 年年会的主题便是"教育与人性"。但这方面的研究目前还存在着一些问题。第一，就人性研究而论，其主要问题在于：过分热衷于对人性定义的界说，并习惯于用"正确"与"错误"的思维方式试图寻求一个具有根本一致性的人性定义；过多地把人性视为一个整体性概念，缺乏具体内容的分解，使得人性显得过于笼统、抽象、宽泛和"大而化之"，很难对人们思考相关问题和实施人性化实践提供较为具体的支撑和参照。第二，就教育与人性的关系研究而论，其主要问题在于：虽然一些教育学者也比较热衷于谈论人性，但人性还远未成为教育理论中的一个基础性概念，教育学研究和教育研究在根本上仍然只是立足于教育的社会性；教育学关于人对教育的制约性的研究几乎只是局限于受教育者的身心发展规律对教育的影响，远未把人性作为教育的人的制约性的一个基本方面，这样的教育学在根本上仍然是只见社会不见人的残缺的教育学。第三，就教育人性化研究而论，其主要问题在于：教育人性化研究过多地停留在教育哲学层面而鲜有直接指向具体教育实践的研究，人们大多认为它就是一个高层次的理论问题，只能在理念上涉及教育实践，这种认识是对教育人性化的误解；教育人性化在教育实践中几乎成了一个时髦的教育口号，抽象而虚玄，人性的实际内涵和具体内容有哪些？怎样的教育才是合人性的？教育人性化在教育实践中如何操作？诸如此类的问题，教育理论工作者和实践工作者都甚为茫然。

　　肖绍明博士在硕士研究生阶段就关注上述论题，并开始对相关文本进行阅读与思考，产生了浓厚的学术兴趣。期间，因人性及其与教育关系的复杂性、艰巨性和难以捉摸性，他一度中止了这方面的研究。后来，随着学习上的突破性进展，加之对此论题的实践体验和浓厚兴趣，他决定以"教育人性化论"为题写一篇博士学位论文。这部专著就是他攻读博士学位期间最重要的成果。可喜的是，本书基于批判教育学视野下的实践哲学，探索人性与教育在实践中的遭遇，突出在具体的、现实的教育实践中人性受到的压迫及解放，在学理上回应了有关人性、人性与教育的关系、教育人性化研究中存在的一系列问题，运用了独特的批判性分析方法，实实在在地推进了教育人性化的理论和实践研究。

　　在本书即将付梓之际，我作为肖绍明博士学位论文的指导老师，由衷高兴。也期盼他能就这一主题继续研究，写出更精彩的论著，做出更大的学术贡献。

扈中平

2015 年 10 月 26 日

目　　录

第一章　人性、教育人性化及其研究

　　如果"人是教育的出发点"这一命题成立，那么"人性是教育的基础"这一命题也成立，而且极其重要，因为，"教育与人性的关系问题，是教育领域的一个理论基础问题，也是教育基本理论的永恒问题。对这一问题进行全方位、多层次的研究，将对教育理论的深化和教育制度的改造起一定的引领作用"①。不过，这首先需要从人性、人性化和教育人性化等基本概念及其相互关系开始，综观教育人性化研究，反思其研究方法，探寻其研究进路。

第一节　人性含义及其与教育的关系

　　正如英国哲学家休谟（David Hume）所言，一切科学都与人性有着或多或少的关系，任何学科不论和人性的关系或远或近，它们总会通过这样或那样的途径回到人性，因此，我们的哲学研究应该直捣各种科学的首都或心脏，即人性本身，一旦掌握了人性之后，我们在其他方面就有希望轻而易举地取得胜利了。②

一　何谓人性

　　何谓人性？怎么才能看清"人性"这张普洛透斯（Proteus）似的脸？实际上，"人性"好像一座博物馆，各种有关"人性"的语词都被模糊不

---

　　① 肖绍明、董标：《教育与人性：中国教育学会教育基本理论专业委员会第十二届学术年会综述》，《教育研究》2010 年第 3 期。

　　② ［英］休谟：《人性论》（上），关文运译，商务印书馆 2005 年版，第 5—10 页（引论）。

定地塞进"人性"概念系统里面,确实难辨。"人性"也像一个"垃圾桶",① 各种有关"人性"的语词都被褒贬不一地归属到人性范畴中,确实复杂。②

(一)"人性"词源考

在英文中,"人性"主要有 humanity、human nature(或 the nature of human being)。在现代英语词典中,humanity 具有三个词义:人、人类(总称);人道,仁慈;人性,其复数形式 humanities 意指人文学科,尤指文学、语言、历史和哲学;human nature 指 "general characteristics and feelings common to all people"(所有人共有的普遍特征和情感)。③ 在《牛津哲学辞典》中,human nature 被视为伦理学的一个基本主题。④ 就 nature 的含义而言,Nature 最接近的词源是古法文 nature,也是拉丁语 natio("出生")的名词形式 natura,它们都含有性格、自然、特质等含义;英语 "nature" 仍保存 "natura" 的含义,指成为事物生来就具有的特征,自然的不可改变的本质和性质等。⑤

---

① 杜威用谚语 "Give a dog a bad name and hang him"(一朝坏名声,十年洗不清)来形容"人性"概念在历史上的遭遇:"人性"因在现实中的恶而被宗教、形而上学家、道德家等怀疑和丑化,但又常常因"人性"潜在的可能性而被赋予热情关注。John Dewey, *Human nature and conduct*, New York: The Modern Library, 2002, p. 1.

② 北京大学王海明认为,由于人性是规范伦理学、政治学等领域的核心,所以人性远比正义、自由、平等等概念更复杂、更基础;即使历史上的思想家都试图探究其思想的人性基础,但都没有建立起专门的、系统的、科学的人性论体系,包括休谟的《人性论》,因为休谟的《人性论》除了《论爱与恨》这一章之外,都是讲人性论之外的认识论和伦理学。王海明自己的专著《人性论》(商务印书馆,2006)是创立人性论科学体系的一次有益尝试。对此,笔者并不完全苟同王海明在该书提出的观点,认为虽然王海明的《人性论》把人性置于伦理学规范体系中探讨,建立"是"与"应当"之间的关系结构,但缺乏人性动力或动因的考察,以及在具体历史条件下人性生成流变方面的批判性反思。巧合的是,王海明在其专著的自述中也提及他人对这方面的指责或批评。参考王海明《人性论》,商务印书馆 2006 年版,第 1—2 页。

③ 《牛津高阶英汉双解词典》(第四版增补本),牛津大学出版社、商务印书馆 2002 年版。

④ "各种观点都如在古希腊和基督教中那样,强调人性是人生的不同构想。启蒙哲学基于其社会与文化观,专注于发现表面上流变不定的现象下面的永恒人性。有关人性的核心观点还包括:富有对他人的同情、仁慈、利己观念以及具有学会理解公正制度、为纯粹的世俗伦理寻找根据的能力。在黑格尔的人学观念中,这种人性期望被贬损为占有性本性,它是被历史和社会环境所铸造的。然而,人性含义应在更高水平上得以体现,亦即,我们天赋地拥有订立一些政治和社会契约的能力,它可以使我们获得自由活力,免于他人的强制或控制。"[英] Simon Blackburn 主编:《牛津哲学辞典》(*Oxford Dictionary of Philosophy*),上海外语教育出版社 2000 年版,第 178 页。

⑤ [英] 雷蒙·威廉斯:《关键词:文化与社会的词汇》,刘建基译,生活·读书·新知三联书店 2005 年版,第 326 页。

据英国学者雷蒙·威廉斯（Raymond Williams）的考证，human nature 包含 nature 的三种意涵：某个事物的基本性质与特性；支配世界或人类的内在力量；物质世界本身，即"自然"或"天性"。nature 的第一种意涵为一个特定的单数名词——事物的性质，后两种意涵则都是抽象的单数名词——所有事物的性质变成单一的性质或大写的专有名词 NATURE。在社会历史进程中，NATURE 被拟人化，代表神的化身、宇宙支配的力量或一个未定型的却又万能的、创造性的形塑力量，此外，还指社会形成之前原始的本性、天真特质、天生特质、大自然造化等意涵，而且，它随着政治的变化而变化。17 世纪前，它代表"造物主"的旨意和超然的法则。此后，在启蒙运动和浪漫主义运动中，NATURE 的拟人化概念"自然状态"是指革新腐化社会和"机械"或"人为"社会，相信生活与人性善良的一种慰藉。自 18 世纪末以来，NATURE 代表善良（goodness）与纯洁无瑕（innocence）。在工业社会的城乡对比中，它意指"乡村"、"未经破坏的地方"、生物等。此后，它被进一步拟人化，意指"大自然具有历史性和主动积极性"，强调从内在的、无可避免的激烈竞争到变异和合作。①

雷蒙·威廉斯还考证，英文 humanity 的拉丁文为 humanus，指"of or belonging to man"（人自身或人之属性）。它含有 human、humane、humanism、humanist、humanitarian 等词的意涵或其中某个（些）词的意涵。humane 在 16 世纪前有人性含义。此后，它意指仁慈、亲切、礼貌等。humanity 在 15 世纪末期之后与 divinity（神性）相对，意指有限的人性，代替此前人类（humanity）与代表动物或野蛮人的次人类之间的区分。但是，18 世纪以后，humanity 指关涉人的普遍特征或属性，并且增加了人文主义者（humanist）和人文主义（humanism）等意义。② 在《牛津哲学辞典》中，humanity 指仁慈地做事的原则，也就是：我们控制自己的言说或表现过程，最大限度地发挥其他理性人的主体作用，而不是把仁慈当作一种权利或义务。③ 概言之，humanity 主要指人性所包

---

① ［英］雷蒙·威廉斯：《关键词：文化与社会的词汇》，刘建基译，生活·读书·新知三联书店 2005 年版，第 326—333 页。

② 同上书，第 208—213、375 页。

③ ［英］Simon Blackburn 主编：《牛津哲学辞典》（Oxford Dictionary of Philosophy），上海外语教育出版社 2000 年版，第 178 页。

含的人道、慈爱和人类等意义。

在古汉语中,"人性"被分而论之。但其大多数释义集中于"性"字。许慎《说文解字》讲:"性,人之阳气,性善者也,从心,生声。"①在《古代汉语词典》中"性"有三义:首先,人的本性,告子讲"生之谓性"②,孟子认为人性"非有外铄我也,我固有之也"③,荀子曰"生之所以然者谓之性"④,由此引申,指事物的固有的性质和特点,如"因地之性"⑤,还可以引申为性情、脾性,如"统性刚毅而好法律"⑥;其次,生命,《论衡·龙虚》:"天地之性,人为贵",又指"生",如"吾闻抚民者,节用于内而树德于外,民乐其性而无寇仇"⑦;最后,身体,《史记·留侯世家》:"留侯性多病。"⑧ 在现代汉语中,"人性"指:在一定的社会制度和一定的历史条件下形成的人的本性;人所具有的正常的感情和理性。⑨《辞海》对人性的定义为:人性是与"神性"、"兽性"相对的人的共性,是人的自然属性和社会属性的统一。

中国哲学家牟宗三认为,中国哲学的中心问题是"性"之规定问题,包括儒家思想中仁、智、圣,以及性与天道。具体而言,性包括"天命之谓性"和"就心来说性"两个理路,最后通过德行,实现"复性",恢复我们之本性。⑩ 牟宗三还认为,人性包括人的实然或事实之本性和人的应然或道德本性两个方面。这与休谟的人性划分别无二致。当代中国学者蒙培元列出人性结构,包括"性—情—欲",以及从喜怒哀乐到意志、知识、仁义的纵向结构和情感与理性、情感与意志等二元对立结构,说明中

---

① 按照徐复观对早期汉语典籍的归纳,"性"之原义指人生而即有的欲望、能力等所谓的"本能"。文中,"从心"指遵从人的感知觉;"生声"指欲望等生而有之,且具备于人的生命之中,在生命之中,人自觉有此作用,非由后起,于是即称此生而即有的作用为性。徐复观:《中国人性论史》(先秦篇),上海三联书店2001年版,第6页。
② 《孟子·告子》。
③ 同上。
④ 《荀子·正名》。
⑤ 《左传·昭公二十五年》。
⑥ 《后汉书·梁统传》。
⑦ 同上。
⑧ 《古代汉语词典》,商务印书馆2009年版,第1751页。
⑨ 《现代汉语词典》,商务印书馆2005年版,第1148页。
⑩ 牟宗三:《中国哲学的特质》,上海人民出版社2008年版,第47—70页。

国儒家情感哲学的特征。① 大致归纳一下，在中国思想史上，人性的含义包括：一指心理学和生物学意义上的知、情、意本性，由此，我们比附说"食、色，性也"②；二指把具有客观普遍性的天理和人欲视为生而固有的普遍本性，不仅具有"应当"的道德应然性，而且具有"使然"的工具性；三指通过"做"的功夫把天道向人道转化的德性，所以在儒家思想中，"仁"被视为道与性融合的真实内容。

在中国哲学史上，有关人性善恶的争议从未停止过，对峙双方分别是以孟子为代表的"性善论"和以荀子为代表的"性恶论"。不过，人性非善非恶或亦善亦恶也时常被论及。孟子认为，人人皆有恻隐、羞恶、辞让和是非之心，相应地，人有仁、义、礼、智四种善端，它们都是人与生俱来的，"人性之善也，犹水之就下也"③。与之相对，荀子另执一端，认为，"然则人之性恶明矣，其善者伪也"④，人性都是恶的。人们应当"化性起伪"，通过后天的努力而获得善。历史上，虽然梁启超、牟宗三等人对荀子的"性恶"论多有贬黜，但是客观地分析，荀子注重人的动物属性，从个体性关切人性问题，而孟子从人的社会属性，或人的生存共同体关注人性，如同情心等社会性本能。孟子、荀子分别把"情"和"欲"置于先验的地位，但各自重心不同。孟子的情欲心是先天—先验的，而荀子认为情欲心是后天—经验的；前者重心性与人伦，后者重现实与律法。由是观之，人性善恶论揭示人的动物性、社会性和精神性，体现了包括道家、佛学在内的思想自由、死生自由、政治自由、人生自由，但是，在其方法论上，对人性的进一步分析和建构还是略显不足，尤其是借助语言的分析；⑤ 在政治哲学层面上，缺乏把善恶论引向自由哲学的建构力度。⑥ 当然，这些观点是否关涉"西方

① 蒙培元：《情感与理性》，中国社会科学出版社 2002 年版。

② 《孟子·告子章句上》。

③ 同上。

④ 《荀子·性恶》。

⑤ 邓晓芒曾有具体的比较和分析。参阅邓晓芒《思辨的张力》，湖南教育出版社 1992 年版，导言。

⑥ 俞吾金：《关于人性问题的新探索：儒家人性理论与基督教人性理论的比较》，《复旦大学学报》（社会科学版）1999 年第 1 期。笔者认为，中国哲学不仅要反思哲学为何没有产生科学，而且应当反思中国政治哲学为什么没有推绎出权利概念，伦理学中的善恶论为什么没有深入论及正义论等问题。

中心说", 此处暂且不表。①

(二) "人性" 概念辨析

按照经验主义与理性主义两种对立的哲学观界分人性, "人性" 意指: 一方面, 它是 "一切人都具有的属性, 是一切人共同地、普遍地具有的属性, 亦即一切人的共同性、普遍性; 而仅仅为一些人所具有的特殊性, 则不是人性"②, "人性是先天的" 就是从这种意义上讲的, 它是不可言道德善恶的; 另一方面, 它表示人区别于他物的特性, 如经验性、偶然性、可变化性等, 是 "后天习得的", 是可言道德善恶的。前者是人性的 "体", 后者就是人性的 "用", 二者的辩证统一即为人性。③

"人性" 一词中的 "人" 和 "性" 分别意指什么? "人性" 中的 "人" 可以指个别的、实在的人, 即有血有肉、有名有姓的个体, 也指一般的作为类的人, 即作为 "社会关系总和" 的共性的人。因此人性又可以分为个体的人性和总体的人性, 个体的人性强调人的肉身存在、情感、欲望、需要、活动等方面, 总体的人性强调人类在实践中抽象总结出人的主体性、自为性、社会性、实践性、意识性、超越性等性质, 二者在实践活动中走向统一。人性中的 "性" 包括人的属性、特性和本质。人的属性包括构成人的一切要素, 如人的自然属性、社会属性和精神属性。人的特性是人的属性中把人从动物中区别出来的那些属性, 如语言、思维等。而人的本质也就是人的各种属性中最根本的特性, 如追求自由、幸福与正义等。④ 因此, 当把 "人" 与 "性" 各自所有的含义分别结合起来, 在人的具体实践活动中不断地超越人自身的给定性与有限性的时候, 人性的丰富多样与无穷活力就体现出来。奥斯卡大片何以如此令人着迷, 就是因

---

① 牟宗三潜心研究康德、维特根斯坦哲学, 并以其为方法论, 研究中国哲学, 令其研究颇具 "中国特色"。冯友兰、胡适分别借用逻辑经验主义、实用主义研究方法研究中国哲学史。此外, 王国维之于康德, 鲁迅之于尼采, 他们皆因此而成为一代名家, 惠及当世。今有倪梁康、张祥龙等学者用现象学研究唯识学, 中西会通蔚然兴起, 实为幸事。同样, 杜维明等海外新儒家发扬儒家体统, 以拯救现代西方文明; 德国哲学家海德格尔吸纳佛、道之学, 推动了现象学的哲学变革。雅斯贝尔斯把孔子哲学与苏格拉底哲学、伊斯兰教哲学分别列为世界三大哲学范式, 应当是一个令人称道的态度。

② 王海明:《人性概念》,《人文杂志》2003 年第 5 期。

③ 参阅王海明《人性论》, 商务印书馆 2005 年版, 绪言; Zhenming Zhai, *The radical choice and moral theory*, Dordrecht, Boston, London: Kluwer Academic Publishers, 1994, p. 135.

④ 参阅葛晨虹《人性论》, 中国青年出版社 2001 年版; 章斐宏《第三种人性》, 学林出版社 2006 年版; 刘奔、周国平等《关于人的学说的哲学探讨》, 人民出版社 1982 年版。

为其中充满了情与理、情与法、美与丑、正义与邪恶的内在人性冲突。教育何以是一种令人着迷的艺术，就是因为教育是在人的感、知、意、行之间维持内在的紧张关系，尽力实现和谐、美好、完整、自由的人性。任何把人性单一化、片面化、抽象化和机械化的教育行为都会导致人的异化或人性的迷失。

人性也是人性的普遍性与特殊性的有机统一。人性的普遍性"就是为一切社会一切人类个体所具有的属性，是全人类之共性"①。它不同于"抽象的人性"，因为人性的普遍性是人性的主动性与被动性、理性与非理性、动物性与社会性等构成的有机整体，是对静态的、共时的、确定不变的人性共性的全面抽象，是以人性的历史性与具体性为前提的，其各种要素是在现实中全面地发挥作用，而"抽象的人性"是脱离具体的历史与现实，对人性共性的片面抽象，是把人性中的某个方面，如利己或利他，上升为绝对的永恒的东西，以此为理论依据建立起片面的人生观与社会观。② 人性的特殊性正是这种具体历史与现实中人的个性差异。它一方面是指人性原初具有的肉体、情感与能量具有天然的个体差异；另一方面，虽然人人都有动物性、社会性与精神性，但由于在具体的个人身上各种属性的地位和比例不同，所以人性共性在每个人身上就体现出不同的个性。在教育中，即使标准化和模式化的教育现象普遍存在，但它们怎么也掩盖不了每所学校、每位教师、每个学生的特性与个性。

在日常语境中，人性能力是解决具体认识与实践问题的才干。但在哲学中，人性能力更深层地指向成物和成己的过程，也就是认识自我和改变自我、认识世界和改变世界的内在本质力量，它具有人的本体论、认识论和价值论意义。③ 人性能力蕴含着积极人性与消极人性两个方面。积极人性意指肉身行知、生命实践、文化创造等人性作为的方面，从效果上讲，它指有益于人性发展的要素和能力；消极人性指无意识的肉身、潜在的生命力、潜在的人性能力、本能等人性不作为的方面。消极人性并不先天是"恶"或具有人性的"魔鬼"的一面，积极人性也并不先天是"善"或具有人性的"天使"的一面，关键是它们如何被看待、怎样被利用和评价。

---

① 郑玉兰：《"普遍人性"概念的科学阐释》，《广东社会科学》2008 年第 2 期。

② 迪丽娜尔·阿布里孜：《试论人性与人的本质》，《北京大学学报》（哲学社会科学版）2003 年第 1 期。

③ 杨国荣：《人性能力》，《哲学研究》2008 年第 3 期。

人性与兽性相对比时,人性是指人何以成其为人的特性,如人的理性、自由意志。但是,在道德意义上,人性却可能堕落为兽性,例如,丧失理性控制的人可能会做出非人性的甚至兽性的行为。人性与神性相对比时,人性是指人具有的有限理性。不管神性是认识论假设,还是神秘化、人格化、道德化或理想性设定,它都在人性的界定中有意无意地、相对地规定人不是纯粹的理性存在者,而是感性存在的人。神性下的人性表明人的地位、能力和行为是有一定的范围和限制的。面对兽性,人性要实现人对动物性的超越;面对神性,人反身认识到自身的不完善和缺陷,有意识地无限趋近人的理想性存在和精神性存在,发挥人的自由意志和创造精神,以人性战胜神性。因此,人性和兽性、神性形成一定的张力,人就栖居在这种关系与张力之中。①

阿伦特(Hannah Arendt)认为,关于人的本性问题就像上帝的本性问题一样是一个神学问题,二者只能以神圣的启示性来作答,也就是说,对人的本性的定义很容易导致我们把人当作神。② 事实上,人性不同于人的本性,人的本性既指人的本然之性或人的本能,是人和动物共同具有的,是仅与人性中的动物属性相关的部分。而且,人的本性可分为自然本性、社会本性等,它们作为一种假设,没有确定的社会形式和人类特征,而是完全开放和不确定的,而那些历史的、社会的特征是人通过实践赋予自己和历史的。③

人性与人的本质都是对人的规定性,但却是不同层面的范畴。人性是一个直接性的范畴,与人的存在具有直接的统一性;人的本质则是间接性的范畴,属于反思的规定。如果二者同时和动物相比较,前者是直接区别于动物的外在差异性,直接表现为人类的各种属性,如需要、能力和爱好等;后者是间接区别于动物的内在根据,表现为人的社会活动和关系。④

人性不同于人权与人道。人权是人为了保障自身的发展和社会的进步而必须由法律来规定和保障的根本利益,是应有性和实有性、观念性和现

---

① 戴茂堂:《人性的结构与伦理学的诞生》,《哲学研究》2004年第3期。
② [美]阿伦特:《人的境况》,王寅丽译,上海世纪出版集团、上海人民出版社2009年版,第4页。
③ [德]底特利希·本纳:《普通教育学:教育思想和行动基本结构的系统的和问题史的引论》,彭正梅等译,华东师范大学出版社2006年版,第126页。
④ 黄楠森:《人学原理》,北京出版社2005年版,第102页。

实性的统一。应有性是以人作为类所具有的自然属性和社会属性为根据的。没有人的类的共同性，就没有人权。而人权的实有性是来自人的社会性与历史性。人生活于社会与历史过程中，因此人权是具体的、历史的。① 人道是一个价值性范畴，它阐明：人是一个价值性的存在，"人道即人的根本特征在于价值判断。价值性成为人的根本特性"②。人道是人性的应然性要求，即希望"应当"如何；人权是基于人性的权利性的法律保护，即一定"应当"如何。

（三）"人性"的范畴架构

人性不仅包括"人类"（human being）的含义，属于生物学范畴，而且包括"人"或"人格"（person）的意义，是一个道德、法律和社会性概念。后者意味着，人是道德权利和义务的主体，他不仅像其他动物一样具有物质属性，而且是处于与他者互动互生的道德境地之中的道德人，他必然具备道德认知、扬善抑恶的行动能力，必然理性地行动，依据理性来判断他们自己的行为，承担自己行动的后果与责任。所以，"成其为一个人"意味着：人性在类似自然一样的社会里逐渐获得理性地生长的能力，产生自由意识和行动、反思的能力，富有情感，理性地行动，③ 并且具有从心理能力到文化创造的复杂范畴架构。

从社会心理学的角度来看，人性是具有多层次心理能力的范畴。人的心理能力，包括人的社会心理能力，是人性的重要内容，也是人性范畴的基础（见图1—1）。

人性范畴也是如何认识和把握人性关系的结构和形式。人性范畴是由人性认识的思维、语言和反思性行动建构起来的形式。根据P. M. S. Hacker 教授对人性概念及其构成的哲学方法论反思，人性范畴应包括：实体（substance）、因果性（causation）、力量（power）、组织（agency）、目的（teleology）、理性（reason）、心灵（mind）、自我与身体（self and body）、人格（person）等。④ 事实上，无论哲学、人类学、语言学还是社会学，都试图完全把握人性的形式和内容。如果按照传统西方哲

① 林喆：《人性论，人道主义与人权研究》，《法学家》2006 年第 6 期。
② 沈顺福：《什么是人道》，《现代哲学》2009 年第 1 期。
③ P. M. S. Hacker, *Human nature：the Categorial Framework*, Oxford of UK：Blackwell Publishing, 2007, pp. 1 – 4.
④ 同上书，相关章节。

学中柏拉图和亚里士多德两个主要传统对人性的讨论,那么人性的最初问题是身心两分的笛卡尔式问题。此后,由于受到现象学、心智哲学以及后现代理论的影响,特别是从尼采到福柯以来生存哲学、生命哲学等非理性主义哲学的影响,身心二元论的界限逐渐消解,身体、欲望、话语和他者等重要的人性范畴成为讨论的核心。

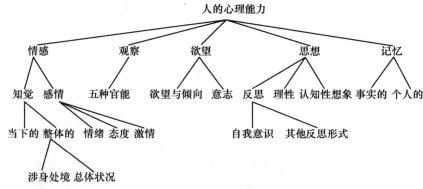

图1—1　人的心理能力的可能顺序①

从人性的精神或文化范畴来看,还应当从人的社会性、文化性去理解人性。杜威反对从纯粹哲学或纯粹心理学的角度探讨"人性"概念,主张从社会心理学的角度探讨"人性"概念。这可以从《人性与行为》一书的副标题"社会心理学引论"(An Introduction to Social Psychology)得以证明。他认为,任何哲学包括政治哲学、社会哲学的研究,都发现自身中有着一种关于人性构成的观点。即使人性的构成中有些确定不变的部分,例如人的饮食的需要、行动的需要、合群的需要,这些倾向是人的本性的不可分割的部分,但是,我们不能由此推论出,这些需要的表现方式,如习惯、风俗、制度等,都是自然的、永恒的或不可改变的。最可怕的事情在于,依据人性的永恒不变性来反对社会变革与发展,或者把战争、社会制度、经济关系等直接地归于人性构成的某一因素或某一方面,如"本能"、"利益"、"竞争"、"权力"等。事实上,人性具有无限的可塑性,它既通过习惯、教育等社会性力量,形成异于朴质的人性的思维、情感、欲望和信仰的新方式,又是人性与环境、自然和社会交互作用的方

① P. M. S. Hacker, *Human nature*: *the Categorial Framework*, Oxford of UK: Blackwell Publishing, 2007, p. 3.

式，探索在不同群体的不同组成因素与不同的"社会的"事物（如风俗、规章、传统、制度等）之间交互作用的后果。而且，人性不能简单地归结为人的心理能力或者人性的潜能。也就是说，人的情感、欲望、思想和观念不是人所固有的，它们受到风俗和传统的影响，不是人的行为的原因，而是人类行为的结果。① 杜威还主张，只有与人性紧密相连的道德才是真实的道德，以研究人性而不是漠视人性为基础的道德才会发现人与大自然是密不可分的，而且，一个人的本性和活动同其他人的本性和活动是相关的，因此，人性研究需要把道德学同物理学和生物学联结起来，把道德学同历史学、社会学、法学和经济学的研究结合起来。此外，杜威的人性论继承了休谟人性论的传统，将为所有人道和社会主题提供导引，为经济、政治、宗教信念等复杂现象找到理智的解决办法。但较之休谟人性论，杜威人性论有所发展，它坚持在多样化的社会条件和制度中使人性结构发挥一致的作用，在人性和自然科学之间保持平衡，既强调在人性的多样化形式中文化习俗的力量，又必须明确，总有一种人性的本能性力量在发挥作用。这种力量有时被社会因素所控制，同时又在历史进程中突破社会制约，成为追求自由的解放性力量。②

二 教育何以关涉人性

教育人性化研究在理论上必须首先回答的问题是：教育何以关涉人性，教育何以应当人性化。

（一）教育以人性为基础

人性既是教育最内在的基础，又通过教育不断地形塑自身。亦即：一方面，人性是教育的基础，它影响教育的内涵，即教育是什么、为什么、怎么做和怎么样，同时也在教育实践活动中通过人、环境、社会、文化等因素影响教育的生活样态、制度形式等；另一方面，教育本身也是人性生成活动的重要组成部分，教育是否人性化也成为教育的内在的质的规定性，它们都统一于教育实践之中，一起面对教育中的人性问题或人性在教育中的困境，成为现实中的理论问题。

---

① ［美］杜威：《人的问题》，傅统先、邱椿译，江苏教育出版社 2006 年版，第 177—186 页。

② John Dewey, *Human nature and conduct*, New York: The Modern Library, 2002, foreword.

　　人发展的独特性在于，动物通过先天的生理变异被动适应环境，人却通过后天的创造性主动改造环境，特别是通过理性的培育、理智的形塑、文化的教育来实现。而且，就人的各种属性及其在现实世界的处境而言，人是"未确定的"、"未定型的"、"未完善的"，需要教育来发展和完善人的情感、理性与意志，进而充分利用"理性的狡计"，发挥人类的智慧和力量，促进人的社会化和个体化。这种由人性需要转化而成的教育需要和价值，本身就是教育得以发生和发展的最基本的内驱力。

　　教育让人"成其所是"，发展人的自然属性中的本性与能动性、社会属性中的自主性与自为性以及精神属性中的创造性与超越性。① 面对人的动物性，人性需要社会性和精神性的超越，避免在存在论意义上异化为物性，在道德意义上堕落为兽性；面对人的精神性需要，人性需要有意识地超越有限理性存在，在行动中感悟到人的每一个行为的无限意义。正是人对超越之真的孜孜追求，才激起人内在的崇高感和丰富的想象力，并转化为自由意志与创造精神，积极地认识和改造现实世界。据此，教育的任务是尊重、克制、疏导和形塑人的自然本性，形成充满活力、富有创造、勇于德行的个体；教育也并不抹杀人的"神性"，而是进一步丰富儿童的想象力，尊重他们自己的梦想，鼓励他们去探索与发明，唤起他们的自由意志和创造力量，共同建设幸福美好的社会。

　　(二) 教育生成和创造人性

　　由于"历史是人创造的历史"，所以在具体的历史条件下，教育作为人性创生的必要条件，使人性取代神性，成为教育的基础。人性离不开教育，正如康德（Immanuel Kant）所言，教育是人之所以成为人，并区别于其他的根本要素，而且除了教育从人身上所造就的东西外，人什么也不是，因此，"教育即是人性，是人的自然（human nature）"②。但教育并非是万能的，也有"消极教育"和"积极教育"之分。所谓"消极教育"，是指教育必须出乎人性、顺乎人性，以人性为根据，顺其自然地生长。它

---

　　① 此观点受启发于北京师范大学肖川教授 2009 年 11 月在中国教育基本理论专业委员会第十二届学术年会中的发言，在此表示衷心感谢！

　　② 渠敬东：《现代社会中的人性及教育：以涂尔干社会理论为视角》，上海三联书店 2006 年版，第 3 页。海德格尔曾提出"教化即人性"的命题，认为，在罗马时代"教化"（bildung）和"人性"或"人道的"（humanitas）近乎同义，"这种教化涉及优良德行方面的教育和训练（eruditionit institudio in bonas artes）。如此这般被理解的教化就被罗马人译为'humanitas'（'人性'、'人道'）"。[德] 海德格尔：《路标》，孙周兴译，商务印书馆 2009 年版，第 375 页。

着重强调人作为自我决定和自我实现的生物发展过程，在这一过程中，教育即生长，教育的作用是尽力使自己成为多余的。① 此外，教育必须借助语言、思维等人性能力积极实现教育的社会化和个体化功能，促进教育对象的社会化和个体化。这种积极改善和发展人性的教育，可称为"积极教育"。它是基于人性的可变性、生成性和创造性而言的，"如果人性是不变的，那么，就根本不要教育了，一切教育的努力都注定要失败了。因为教育的意义的本身就在于改变人性，以形成那些异于朴质的人性的思维、情感、欲望和信仰的新方式。如果人性是不可改变的，我们可能只有训练，但不可能有教育"②。

因此，合乎人性的教育是最人道的教育，生成与创造人性的教育是最人性化的教育。这意味着，教育不是被动的、无能的，教育也在改变和生成新的人性条件、因素、功能和特性，教育和人性的融通和相互作用是教育复归人性的重要力量。正如杜威所言，问题不在于人性是否能改变，而在于，它在目前的情况下应怎样被改变，这个问题最后是最广义的教育问题，所以，凡是压制和歪曲那些最理智地改变人类倾向的教育过程的东西，都会阻碍教育民主，使教育与社会陷于僵滞的状态，鼓励人使用暴力改变社会或适应专制的统治。

总之，教育人性化必然以人的存在为肇端，因为"存在"即人道，无"人"的教育不是教育。现代教育的悖论在于：一方面促使人在社会与文化关系中顺应和适应人性发展的要求；另一方面有意无意地使人"异化"为工具，使人的自由意志和生命活力、个性和创造性等丰富的人性内涵丧失殆尽。因此，教育的人性复归需要认识到，"无论是作为个体的人还是作为总体的人，人首先存在，才能思考存在，也才能筹划如何存在。……存在具有绝对的价值，也是一切价值的基础、依据和目标，这是人存在的绝对性基本内涵"③。也就是说，人的存在具有"存在的终极性"和"存在的建构性"，人的存在指向未来，从各种可能性中走向现实性。

（三）人性化是教育的本义

教育必须人性化，而人性化本身具有教育的意义，它是教育的本义。

---

① ［奥］茨达其尔：《教育人类学原理》，李其龙译，上海教育出版社 2001 年版，第 11 页。
② ［美］杜威：《人的问题》，傅统先、邱椿译，上海人民出版社 2006 年版，第 184 页。
③ 石中英：《人作为人的存在及其教育》，《北京大学教育评论》2003 年第 2 期。

巴西批判教育学家保罗·弗莱雷（Paul Freire）认为，"从价值论的观点来看，人性化问题一直是人类的中心问题，现在它更是具有难逃世人关注的性质"，而且"有史以来，在具体、客观的场景中，对于一个作为不完善存在但却能意识到自身不完善的人而言，人性化和非人性化都有可能出现"①，因此，他主张，人性化是人的使命，非人性化是对人成为更完美的人的使命的扭曲，这种扭曲存在于历史范围之内，但它不是历史使命，不是天命注定如此，因为非人性化是不公正的社会秩序使然；倘若把非人性化当作一种历史使命，不是导致犬儒哲学就是导致彻底的绝望。因此，教育人性化作为人的使命，"是改进人生的活动，其目的在为社会创造自立的个人，为个人创造互相的社会；其方法是利用环境（自然环境及其社会环境）的刺激，使受教育者自动地解决问题，创造生活"②。

故此，教育人性化既是应然的使命，也是实然的实践过程，二者之间具有一定的张力，如果失去这种平衡，就将导致人性的扭曲。教育基本理论的着眼点无时不盯住它，以它为教育研究的起点，发挥着教育的"治疗"或调整功能。就现代教育而论，一方面，教育人性化研究应当回归到人性的生命本源，去探究失落的人性，它具体体现为人文教育的失落、教育与生活的割裂、绝对主义的客观知识、极端的道德理想主义、规训以及各种病理性教育对生命意义的消解；③ 另一方面，教育人性化研究还需要从规范秩序入手，评析和吸纳各种价值规范理论，为生活德育、公民教育、教育公平等寻找人性化教育的价值向度和标准。此外，最为重要的是，教育人性化实践如何综合实然的教育现实与应然的教育追求，这一直是长期困扰教育理论的问题，从苏格拉底的"德性即知识"到马克思的自由全面发展理论，教育人性化都在现实和理想之间寻找着力点和平衡点。哈贝马斯认为，现代理论的特点就是分化和不断的整合，包括事实中的不断析分和规范中的不断析理，最终通过互动实现后形而上学的综合与统一。因此，教育人性化的实践理性不仅与人直接有关的各类经验性科学，如解剖学、生理学、心理学、认知神经科学等有关，还与人间接有关的各类科学，如社会生物学、社会心理学、社会学、文化学等相关联。但

---

① ［巴西］保罗·弗莱雷：《被压迫者教育学》，顾建新等译，华东师范大学出版社2001年版，第1页。

② 舒新诚：《教育通论》，福建教育出版社2006年版，第4页。

③ 冯建军：《生命与教育》，教育科学出版社2004年版，第43—67页。

是，这些科学作为研究的工具，还需要在具体的非人性化问题和日常的教育实践中，有目的、有效果地运用，通过行动和批判性反思，思考教育人性化的目标、内容、形式、途径、意义。换言之，无论是"生命教育"、"生命—实践教育"、"自然教育"、"价值教育"、"幸福教育"、"素质教育"、"传统教育"等教育观念与理论，还是"对话教育"、"行动研究"、"德性与教化"等教育实践，都是教育人性化的重要内容。

　　教育走向人性化，这是教育理论与实践的紧迫任务。详言之，人的生命力、情感、意志就是直观可靠的教育资源，他们不能被淹没在律令教条的海洋中。学生自身的人格尊严、个人幸福、人生权利神圣不可侵犯，维护学生的个人权利和受教育权是教育人性化的绝对律令。满足学生需要，尊重学生的自主性和能动性，帮助学生自我实现是教育复归人性的真谛。只有这样，学生才不会成为应试教育、规训教育、官本位教育的工具。就我国教育现状而言，实现教育机会平等、满足各种层次教育的需要、抵抗工具理性对人文价值的遮蔽与侵害、维护和培养学生个性与创造性，都是紧迫的教育人性化任务。

　　从"关怀你自己"①、"认识你自己"以来，西方哲学家逐渐认识到人的规律无法从客观事实中演绎出来，它不受自然的因果必然性的控制，具有生命冲动、情感体验、想象创造等特性，因此，教育既具有客观的复杂性，如不确定性、不可预测性，也具有主观的灵变性，如体验性、情感性、冲创性等。教育的人性化探索迥异于自然科学的"量"的研究，它还需要人文的质的研究。它既寻求教育活动的一种弹性必然性或可能实现未来教育的概率，探究大量偶然事件所体现的必然性，符合并创造人的身心发展和认知实践的有利条件，发动和发展人的主观能动性，而且教育人性化探究价值的合理性，例如，基于人的意向性存在的价值观和作为第一哲学的他者伦理学。② 教育人性化不仅探索欲望、需要、旨趣以及潜能、能力、话语、想象的本然意义，而且考察它们在现代教育实践中是如何被塑造、构形、延展和伸张，怎样被扭曲和揭示，使现代教育的人性化实践

---

　　① 根据现代法国哲学家福柯的考察，在古希腊，除了德斐尔神庙上雕刻的警句"认识你自己"之外，希腊人也注重"关心自我"，在自我教化、自我与他者关系，以及身体、女人等方面自觉提高自己理性生活的能力。［法］福柯：《性经验史》（第三卷），佘碧平译，上海人民出版社 2005 年版。

　　② ［法］莱维纳斯：《伦理学作为第一哲学》，《世界哲学》2008 年第 1 期。

不仅克服自我与他者、灵魂与身体的二元对立，而且在个体化抑或总体化的价值实践中建构起合理的价值。

总之，由于人性既可以用来述说是什么，也可以用来述说性质，还可以用来述说关系，所以教育应当复归这种全面和谐与可持续发展的人性。马克思讲，人性发展的未来理想阶段即共产主义社会是合乎人性的人的复归。① 这意味着，教育的人性复归是基于人对现实的生命和生活实践的超越，在人性不完善、不对称、不平衡的现实状态下，在人处于偶在性、不确定性、变化性的生活世界中，通过人的自觉意识、批判性思考、反思性行动，实现"向世界的开放性、不断否定给定性、不断指向未来的可能性、不断改变生活和改造世界的目的性"，"教育所期待的不仅是在实践活动中力图去超越现实存在的生存境遇，努力创造更好地生活的人，同样也是在思想和意识中不断去探寻人的存在价值、意义、理想和目的，寻找精神和思想超越的人"，因此，"这就是教育所要彰显的人性维度"。②

第二节　教育人性化的含义及其实践哲学意蕴

在具体的教育实践活动中，教育需要充分利用人性的要素、能力和境况，把人性的方方面面呈现、生成并创造出来，通过人性化方式，成就各种各样的富有个性的人。因此，教育活动本身无本质可言，但成就具有丰富人性的"人"，却是教育人性化的本质。

一　何谓"教育人性化"

（一）"教育""人性化"词源考

"教育"的英文 education，法文 education，意大利文 educazióne，德文 erziehung，都源自拉丁文 educare。它的动词形式为 educěre，该词的前缀"e"意指"出"（out），词根"ducare"意指"引"，合起来，该词意指"引出"。有观点解释，"引出"意味着：儿童具有先天的潜能，教育就是顺应、引导和发展这种潜能，促进它的实现。这也被称作"内展

①　马克思：《1844 年经济学哲学手稿》，中共中央马克思恩格斯列宁斯大林著作编译局译，人民出版社 2000 年版，第 81 页。
②　鲁洁：《超越性的存在：兼论病态适应的教育》，《华东师范大学学报》（教育科学版）2007 年第 4 期。

说”，它也预设了人性善。①

"教育"一词在古文中最早出现于孟子的名言"得天下英才而教育之"。在古典汉语中，"教"、"学"都有教育的含义。在甲骨文中，"教"字的右上方类似于"攴"，像手持物体的形状，是会意字，寓意"以手持杖或执鞭"，左边为被教育者，因此，"教"意指：儿童在成人执棒监督之下学习；儿童必须学习经典的内容，否则就遭受惩罚。此外，《说文解字》称："教，上所施，下所效也"；《学记》讲："教也者，长善而救其失者也"。在《说文解字》中，"育"被解释为"育，养子使作善也"。此处，"育"与"教"同义。《中庸》讲"修道之谓教"，"教"即"育"，意指，"教"就是修养道德品质，使人向善。文言文中"教"为单音字，一词多义。在现代教育中有两义：一是作为规范词的"教"（音"较"），是"教育"的略称，指"善"的影响，或使人向善；一是作为中性词的"教"（音"交"），为"教授"、"教学"的略称，仅表示一个动作，主要指知识技能的传授，不涉及善恶问题。②

上述解释意味着，首先，在汉语中，"教"、"育"、"教育"等词注重教育目的和内容，忽略儿童内在的潜能，预设了儿童"性本恶"，因此，儿童需要外在的规训和教化。这与"内烁论"相一致。在西方教育史中，也不乏这样的观念。德国教育学家赫尔巴特认为，教育（erziehung）这个词是从训育（zucht）与牵引（ziehen）两个词来的，由于训育不是和中性的教学相对照，而是离不开管理，因此，训育体现了教育的规范性含义，即：使青少年从可塑性向教养、从不定型向定型过渡的"道德性格的力量"。③ 由此推断，教育是"化性起伪"过程，需要"抑恶"，束缚人性中恶的一面。其次，教育的内涵是"向善"。只要使人向善，即可认其为"教育"。其中的"善"主要有两义：善良、美好。在欧洲中世纪和中国封建时代体现为道德之"至善"，在近代之后，则追求人性之完善。④ 因此，教育是"扬善"的过程，需要"求善"，升华人性中"善"

---

① 参阅罗廷光《教育科学纲要》，福建教育出版社 2007 年版，第 1—3 页；陈桂生《"教育学视界"辨析》，华东师范大学出版社 1997 年版，第 16 页；李长伟《从实践哲学的角度透析近代教育学的分裂》，《华东师范大学学报》（教育科学版）2006 年第 9 期。

② 陈桂生：《教育原理》，华东师范大学出版社 2000 年版，第 181 页。

③ ［德］赫尔巴特：《普通教育学·教育学讲授纲要》，李其龙译，浙江教育出版社 2002 年版，第 159、291 页。

④ 陈桂生：《"教育学视界"辨析》，华东师范大学出版社 1997 年版，第 17 页。

的一面。由于人性善恶问题还关涉人性利己利他、善恶评价等问题，因此，教育人性化的含义会更加复杂，亟待考证"人性化"的含义。

在现代汉语字典中，"人性化"被释义为"设法使符合人性发展的要求"①，具有动词性特征。它区别于名词"人性论"。"人性论"是"一种主张人具有天生的、固定不变的共同本性的观点"②。前面已对"人性化"中的"人性"进行了析分和界定，这里具体讨论其中"化"的词义。在古汉语中，"化"有八种词义。这里，取与"人性化"相关的四种词义，予以讨论：①变化，改变，如《庄子·逍遥游》："北冥有鱼，其名为鲲，……化而为鸟，其名为鹏"，此词条还引申出"消除、消融"之意，如《韩非子·五蠹》："有圣人作，钻燧取火，以化腥臊，而民悦之"。②生长，化育，自然界生成万物的功能，如《礼记·乐记》："乐者，天地之和也 —— 和，故百物皆化"。③死，如《孟子·公孙丑下》："且比化者，无使土亲肤，于人心独无恔乎？"④教化，感化，如《礼记·学记》："君子如欲化民成俗，其必由学乎！"此词条还引申出"治"与"风俗、风气"之意，如《后汉书·应劭传》："夫时化则刑重，时乱则刑轻"，《汉书·东方朔传》："败男女之化，而乱婚姻之礼。"③

"人性化"的英文 humanize 或 humanization，意指：①使（某物）具有人的属性，将（某物）人格化；②使（某人）变得人道、仁慈、文明。④ 归结起来，"人性化"指通过教化等方式，顺乎人的生长，不断改善人性，在"自然人化"与"人化自然"的统一中培养人道、人文精神，发展人类文明。值得关注的是，"人性化"与"教化"自然地契合，使"教化"成为教育和人性发生直接关系的契合点。"教化"的德语为 Bildung，英语和法语中没有相应的词，但都比较接近英语 cultivation 和 cultivated 两个词的意思。其本义最早意指：虔敬的基督教徒按照自己灵魂中的上帝形象培养自己的天赋和特性。在哲学中，它意指：把人性中内在的、潜在的和某种尚未实现的东西发展为外在的、现实的和自我实现的过

---

① 《现代汉语词典》（第五版），商务印书馆 2007 年版，第 1148 页。

② 同上。

③ 《古代汉语词典》，商务印书馆 2009 年版，第 618 页。

④ humanize 的两个英文释义分别为：1. make（sth）human；2. make（sb）humane。参阅《牛津高阶英汉双解词典》（第四版增补本），牛津大学出版社、商务印书馆 2002 年版，第 726 页；Thelma Swihart，"What is Humanization"，*National Council of Teachers of English*，Vol. 60（Dec），1971。

程。在启蒙运动之后，"教化"意为：为了实现人性的自我教育，通过人对世界和文化的陶冶、经历和解释，使人脱离上帝的形象，树立人的自主性目的。它还是一种过程或手段，尤其是在德国近代民族和国家形塑过程中发挥政治教育作用。黑格尔认为教化是家庭、社会与国家中伦理进化的重要环节。值得关注的是，从德国浪漫主义、狂飙运动、文化学派到批判理论都关注教化问题，认为教化不仅指形成整体人和自主思考能力，而且基于人的情感，在人与世界和文化的交往过程中体现出艺术的或个体的美学，实现个体人格的养成；它们还强调，教化功能抵抗工具主义、功利主义、科学技术在教育中对人性价值侵蚀的独立性地位和作用，甚而认为教育仅是教化的功能，只有教化才是教育的根本目的。① 因此，中国学者金生鈜从价值理性的角度总结："教化的主旨是以自然的方式、在尊重个人自由的基础上促进人的精神的成长、发展和自我形成，它包含着精神培育和精神的自我创造相结合的意蕴。"②

（二）"教育人性化"的思辨性定义

如何理解"教育人性化"？试列举"教育人性化"的一些日常用法。首先，"教育人性化"是指：教育以人为出发点，以人为本；教育是为人的教育，教育的本质属性在于引导完满人性的建构与发展，而完满人性的生成有赖于教育，尤其重要的是，教育要充分满足学生的各级各类需要，尤其是自我实现需要，在人与自身、他者和自然世界的关系中充分挖掘学生自身的潜力与创造力，实现人与社会和自然的和谐。其次，"教育人性化"是指：培育学生的完整人格，其核心是学生的平等和尊严；在现实中，针对目前教育中人性异化和非人性化问题，强调人是教育的最终目的，应当发扬人道主义精神，真正以人的方式对待学生。再次，"教育人性化"是指通过教化，在具体的教育行动中，培育学生的能力、素质，实现学生的自我认同与自我发展，也就是说，在具体的教育实践过程或环节中生成具体的人性意义，包括教育目标、教育内容、教育过程和教育手

---

① ［德］海德格尔：《路标》，孙周兴译，商务印书馆 2009 年版，第 375 页；彭正梅：《德国教化思想研究》，《教育学报》2010 年第 4 期。进一步探讨"教化"概念的文献有：金生鈜：《规训与教化》，教育科学出版社 2004 年版；江净帆：《"教化"概念辨析》，《社会纵横》2009 年第 1 期；曹影：《教化的缘起及其意蕴》，《东北师范大学学报》（哲学社会科学版）2006 年第 3 期；黄书光：《中国社会教化的传统与变革》，山东教育出版社 2005 年版。

② 金生鈜：《规训与教化》，教育科学出版社 2004 年版，第 8 页。

段等方面的人性意义。最后,"教育人性化"指针对学生的个体差异和历史的、具体的教育条件,进行个性化的教育。

按照不同的标准界分教育人性化,可以把教育人性化二分为理论上和实践中的教育人性化、实然的与应然的教育人性化、人性化教育与教育人性化;根据具体的内容可以划分为道德教育、知识教育、艺术教育、身体教育等方面的人性化;根据教育的形式可以划分为教育目标、教育过程、教育手段、教育内容等的人性化;根据教育人性化的内涵层次,可以划分为人性教育、人性化教育和教育人性化等。

综上所述,"教育人性化"主要包含价值合理性和实践合理化两个方面,后者还包含了教育人性化的操作性或工具性含义。也就是说,教育人性化必须包含教育行动中具体的实践原则和可操作性的方法和内容,譬如人性化的教学观念和教学手段等,但它又不同于纯粹目的性或工具化的教育行为,而是贯穿了人的意识、目的、价值和意义的教育活动。由于教育人性化实践中的实践不仅是有内在目的的生产,而且是包含人的内在目的的理论与实践,所以,无论是价值合理性还是实践合理化都离不开人的价值。这里,试着对"教育人性化"下一个操作性定义:"教育人性化"指教育合乎人性的合理化过程,包括应然的教育价值要求和现实的教育实践原则。由此可知,教育人性化必然要求在其内涵、目标、形式和价值取向诸多方面进行恰当的价值理论解释与可行的现实实践探索。

二　教育人性化的实践哲学意蕴

有学者提出,虽然人性善恶问题在教育人性化的历史上发挥了很大的作用,但是,由于人性善或者人性恶是基于信仰的价值判断,因此需要转向人性的事实判断领域,尤其应该把人的需要作为人性研究的中心;同时,根据看待世界的方式,把人性的善恶问题转为对人性的积极定向和消极定向,主张以积极心理学为基础,在教育活动中对人性进行积极的定向。[①]也有学者主张,教育需要摒弃预成论人性假设,从生成论人性假设出发,引导人的人性自觉,创造人的精神自由。在教育中,不能静止、片面地从生理人、心理人、道德人、社会人、经济人等方面看待人性,也不

---

① 参阅夏正江《教育理论哲学基础的反思:关于"人"的问题》,上海教育出版社 2001 年版,第 7—10 页;叶澜《教育概论》,人民教育出版社 1991 年版,第 193 页。

能把人性假设作为一个确定不变的预设，并沿着这种理论假设去研究教育的性质、功能及后果。实际上，教育中的人性是从实然向应然的生成发展的过程，人性自由的核心价值观念是在人性的不变性与可变性的统一中实现的。① 综上所述，这些观点拓展了教育人性化研究的基础和视域，但教育人性化的人性基础不仅仅是信仰、思维方式转换的问题，还需要与人性化实践联系起来，进行批判性综合。也就是说，教育人性化的范畴必须从教育"抑恶求善"的本义转向教育人性化的实践哲学视域。

（一）教育人性化的实践哲学转向

根据上文对"教育"词源的考察，教育的本义是追求社会中的个人至善。事实上，即使没有确定的人性定义和人性假设，只有对不同社会制度下不同的人的不同人性假设，教育在本质上也是追求善的，"就'教育'概念的内涵来说，它至少有三义：第一义，为本义，指'善'的影响，使人善良；第二义，指个人完善发展，为教育的转义；第三义，指使个人成为完善发展的社会人，为第二义的转义。表明教育本来与道德同源，在其演变过程中，才逐渐同道德分离，但又未完全摆脱道德的影响"，"忽视教育的本义，意味着教育的无效与倒退"。②

这种从道德人格之善、健全人格之善到社会人格之善的发展，体现了教育内涵的历史变迁。在现代教育中，由于现代化的重要特征是用公共的权利要求取代个人的道德情感，用身份关系代替肉身的情感关系，因此，发生了从形而上学的"至善"向现实生活的合理性的善过渡。在"应当"的道德领域内，也出现了不断的分化和整合，即使像罗尔斯这样的规范伦理学家试图用正当的善代替合理性的善，但都逃脱不了现代化中人性的真、善、美的分化和相互之间的不可通约性，需要用"重叠共识"或"交往共识"去容纳"至善"在现代生活中的多元形态。因此，近代以来，教育的"善"的内涵逐渐扩展到公民教育、法制教育、环境教育诸方面，强调个人、社会和国家的权利和义务，这是很自然的事了。

如果历史性地、现实地考察教育"抑恶求善"的实践过程，那么，还需要提防把教育"抑恶求善"作为意识形态，一味地压制人性中的欲

① 参阅鲁洁《实然与应然两重性：教育学的一种人性假设》，《华东师范大学学报》（教育科学版）1998年第4期；文雪《合人性的教育论略》，《教育导刊》2008年第7期。
② 陈桂生：《教育原理》，华东师范大学出版社2000年版，第182页。

望、冲动等非理性行为，或者对善恶的评判标准不一或高度划一，从而脱离实际情况等。而且，在现代教育实践中，教育的"善"的内涵在其演进过程中逐渐僵化，用行动的效果或效率完全代替善的完整内涵，使教育"求善"变为"求利"。从思维方式上判断，如果把"善"隶属于"真"，让人不假思索地接受，那么教育的含义就只是"教"之术了，会失去"善"的内涵。概言之，教育"抑恶求善"的探讨还需要转化为实践哲学，在具体的、现实的实践中探寻教育人性化的意义。

教育人性化的实践哲学在现代逐渐复兴，固然有人文价值危机的历史背景。但是，就教育人性化的本义而言，教育人性化的"抑恶求善"是一种人文价值的诉求。教育所求之"善"在列奥·施特劳斯（Leo Strauss）的自由教育中，其实是一种人文价值，其目的在于恢复古典人文教育的精神，找回教育"至善"的真谛。他在《什么是自由教育》一书中提出："自由教育是在文化之中或朝向文化的教育，它的成品是一个有文化的人"①。这里的"文化"（cultura）首先意味着农作，即对土壤及其作物的培育，其派生意义是指：按照心灵的本性进行培育、照料，并提升心灵的天然禀赋。从此意义上讲，教育是可能的，需要阅读的德性，需要阅读伟大心灵的书。"根据事物本身的状况，我们可以期望以正确理解的人性中比从科学中获得更为直接的帮助，从敏感和精致中比从几何学的精神中获得更为直接的帮助。如果我没有弄错，这就是为何现在的自由教育等同于阅读古希腊经典。"② 自由教育并不把今天的民主制理解为大众的统治，而理解为大众文化。自由教育是在民主的大众社会里面，建立高贵的气质，呼唤"精英"，培育出人的卓越。换言之，自由教育是唤醒一个人自身的优异和卓越，并通过倾听最伟大心灵的独白，以及与之的交流，冲破俗世名利和智识的诱惑，走出庸俗，获得哲学和上帝中具有的纯粹的内在的理解和启示。

在此之外，还可以列出存在主义、逻辑经验主义等教育哲学流派的教育人性化的"求善"进路。然而无论如何，教育求善内涵的发生和实现都与教育行动紧密相关，因为教育行动包含了人的意向、目的、审慎、勇敢和正义，关系到人性的欲望、需要、兴趣的合目的与有效的发生和组

① 刘小枫、陈少明主编：《古典传统与自由教育》，华夏出版社2005年版，第2页。
② 同上书，扉页。

织，而且教育行动作为人与人之间的活动，必然含有了人的自然属性、社会属性和文化属性的综合性选择。

（二）教育"抑恶求善"的实践哲学意义

人性善恶论既是一种人性假设，具有方法论意义，也是一种对人性行为的事实判断，还是一种价值判断。它们最终在实践哲学中达至统一。就孟子的性善论和荀子的性恶论而言，[①] 孟子主张的"善"首先具有先天的普遍性，是没有经过后天的经验知识处理的先天—先验的情感心，在方法论上依赖于直观和直觉才能把握。同时，这是基于不同价值取向的一个事实判断。它认定人性本善，故此，教育人性化是顺应、适应和发扬这种"善端"。而荀子的"性本恶"主张，人性为一种先天的情性，这种情性进入后天经验世界或社会，产生了"欲望"，包括"耳目之欲"、"趋利避害之欲"等，它们是正当的；基于这个事实判断，荀子认为，应当通过"化性起伪"来改造人性，获得正当的价值，为此，需要强调人对其动物性的改造。徐复观评价孟子、荀子人性论道：

> 孟子性善之说，是人对于自身惊天动地的伟大发现。有了此一伟大发现后，每一个人自身，即是一个宇宙，即是一个普遍，即是一个永恒。可以透过一个人的性，一个人的心，以看出人类的命运，掌握人的运命，解决人类的运命。每一个人即在它的性、心的自觉中，得到无待于外的、圆满自足的安顿，更用不上夸父追日似的物质生活中，在精神陶醉中去求安顿。[②]
> 孟子的大贡献，在于彻底显发了人类道德之心；而荀子的大贡献，是使儒家的伦理道德，得到彻底客观化的意义；并相当低显发了人类认识之心；超克了战国时代的诡辩学派，开启了正常论理学的端绪；并提供了以成就知识的伦类、统类的重要观念。[③]

也就是说，孟子和荀子分别把伦理道德置于人的本心本性和客观知识基础之上，先验和经验之别跃然纸上；而且，孟子、荀子在方法论上分别

---

① 有关先秦人性思想的讨论，受启发于中山大学哲学系冯达文先生主持的学术沙龙，在此向冯先生及其他同学表示衷心感谢！

② 徐复观：《中国人性论史》（先秦篇），上海三联书店 2001 年版，第 159 页。

③ 同上书，第 229 页。

从人的社会性和动物性角度切入，前者着重于人生存的社会性，它体现在：仁、义、礼、智是在具体历史情境中处理人之社会伦理时丰富人性的呈现；后者注重人的个体性，是进入社会之前对人的原初状态的抽象与假定，既还原为单独的个体，也为利欲所驱使，表现为具有丰富情欲的个体。用现在的话语来描述，前者需要"善"的德行，因为"善先于权利"，后者需要法制，因为"权利优先于善"。就其对教育的影响来看，前者注重教育的精神教养和人文气质，后者将关注教育的实用需求和工具性质。

进而从实践哲学的制度伦理来看，虽然人性本身是超越于人性假设而存在的，但是，人性假设作为一种认识方法论或价值预设，是为了满足个体与社会利益的需要，把人性中特定的事实或价值作为理想的设定和判断的标准，从而使人性能得到更好的发挥和运用。从人性善的假设出发，设定人性本身是善的，那么恶是善的量的减少或消除。按照这样的逻辑推理下去，损人利己为恶，不完全利己或不完全利他就可能是非善非恶或亦善亦恶，完全利他为崇高的善。当然，人性恶的假设是根据社会现实中的人与人的竞争境况，要求人更主动、积极地抑恶扬善，因此，教育制度的设计应当通过规范和法律来约束人性恶的方面，尽量追求制度和行动的合理性，实现教育制度的人性化目标。而且，教育"抑恶求善"不能仅停留在规范性和经验性的层面，应该在具体的时间和空间里面，在人的社会、文化等情境中，使"事实"和"应当"在教育行动中实现综合。

换个角度来看，人性善恶论问题与利己利他问题相关，但是二者之间不完全等同，因为利己不完全是恶，合理的利己可能是善；利他不完全是善，出于恶的动机或者利他行为带来害他后果的行为都可能是恶。故此，教育人性化又不得不讨论利己利他问题，它是教育人性化的另一个理论前提和实践问题。

首先，每个人都可能有利己和利他的方面。例如，亚当·斯密（Adam Smith）一方面提出了"经济人"的假设，认为：个人利益是人们从事经济和社会活动的出发点，每个人都是自己利益的最好判断者，是能够计划、追求自己利益最大化的人；另一方面，作为"道德人"，人是利他的。按照他对人性的划分，人性分为自爱或自私的原始情感、非社会的情感（如野心）和社会情感（如同情心），其中，同情心是人性中最基本、最广泛的道德情感，道德认知、判断和行为准则都由同情心引起。亚当·

斯密提出，用"看不见的手"来协调各种矛盾，既使利己之心受市场经济规律的引导，平衡公利和私利之间利益，又使利己之心受到同情心的抑制，激发人乐善好施的情感，构成尽善尽美的人性。

其次，利己具有客观的必然性和合理性，从人性的任何属性方面来看，利己都是基础性的。亚当·斯密认为利己心是同情心的基础。休谟（David Hume）在《人性论》中认为，人是情感动物，天生地受自然欲望的支配，其利己之心是最强烈的情感，社会正义都是由利己心推衍出来的；同情心是情感中的另一种自然的心理倾向，它支配着社会存在，也是社会道德原则的基础，因为每个人的身体和心理结构的相似性使情感能够打动他人。人性利己的判断给社会哲学带来革命性的进步，因为人性利己的合理性得到认可之后，为自我生存而斗争的思想就把人性从先验的抽象概念拉到"地面上"，"只要一个人遇到另一个人，这种预期行为就会扩大成一种权力行为，它与生俱来，起着防御作用；由于两个相遇的主体必定彼此陌生，而各自的意图又难以揣测，所以，他们之中的每一个人为了能够在将来的自卫中抵御可能来自对手的攻击，就不得不预先扩张自己的潜能"①。

再次，合理的利己的是人性化的基本条件。休谟认为，在外在供给资源的中等匮乏和人人仅有有限理性的条件下，假定人人都是"无赖"，②具有自私之心，希望用最坏情形的预设达到最佳情形的结果，因此，必须设计好理想的行为约束条件和程序，同时，也为利他行为的人性化实现提供了最基本的保障。

最后，教育"抑恶求善"的实践哲学不仅必须关涉善恶问题、利己利他等问题，而且，在塑造社会人格之善的意义上，教育人性化实践哲学的内涵由"抑恶扬善"转向公平正义。也就是说，教育人性化必须探讨，在公正的前提下，引导和规范人们如何正确看待利己，如何通过利他而合理地利己。中国学者扈中平教授对此展开了精彩的论述。首先，处理好利己和利他的辩证关系。教育人性化的道德教育观应当避免把利己和利他割裂开来。不能把利己与损人、利他与损己必然地联系起来，认为利己必须

---

① ［德］霍耐特：《为承认而斗争》，胡继华译，上海世纪出版集团 2005 年版，第 13 页。

② 有关休谟"无赖假设"的论述，参阅何包钢《民主理论：困境和出路》，法律出版社 2008 年版，第一章。

损人,利他必须损己,更反对通过有意的损己来利他的非人性行为。一般而言,通过利他而利己,就是道德的,也即是公平的;通过损人而利己,是不道德的,也即是不公平的,二者处于对立统一中。也就是说,没有利己的需要,很难有利他的愿望;没有利他的过程,也很难有利己的实现。其次,利己而不损人是道德教育人性化的底线,但也推崇通过利他来实现自己真正的利己目的,只有利他才是公平合理地利己的正当途径;而且,做一个有道德的人,做一个与人为善和乐于施善的人是十分快乐和幸福的。最后,利己必须有适当的度,需要必要的规范和引导。合理的利己主义是指,一方面,强调个人谋取合法私利的道德意义,无私利则无道德可言;另一方面,要求在谋取私利的手段上,应以不损害他人的私利和社会的公利为界限。同时,利己的度还表现在个人欲望适度性的把握上,利己适度的范围控制在主观能力和客观条件的范围内。① 由于利己的客观必然性和合理性建立在人的生存条件的种种需要的基础上,人的种种需要是否得到满足也是合理的利己和完全利他行为的重要条件,而人的需要的满足是在一定的物质和社会条件下进行的,而且涉及个人欲望、兴趣、利益、身份等因素在人性实践哲学中的作用和影响。②

(三) 教育人性化的实践哲学目的

教育人性化中的"化"可指"造化",它可以通过人与自然、社会、文化之间发生连续性和交互性作用来理解。如果单纯从人性善恶论或者利己利他论出发,把握教育人性化的意义,那么,教育人性化研究仍将囿于一般的、抽象的形而上学讨论,无法解决具体的教育问题。换言之,这里需要把实践哲学作为教育人性化的理论的和实践的目的,探讨人性与自由、文化、民主的关系。杜威认为,一方面,和自然科学研究相比较,研究人性的科学还很幼稚;另一方面,对人性的重视引起了伦理的变化,而这些变化又受到道德控制、阶级利益、宗教信仰等方面的直接影响,它们相互作用,使人性的研究具有社会研究的性质。杜威不仅思考作为一种具有自我意识的动物,人具有动作的协调性和连续性,在行动中具有审慎的

---

① 扈中平:《教育目的论》,湖北教育出版社 2008 年版,第 228—251 页。

② 马克思认为,人首先生产能够满足吃、喝、住、穿等基本需要的资料,这是一切历史活动的基本条件,然而,满足需要的活动以及为满足需要而使用的工具将产生新的需要,这种新需要的产生就是第一个历史活动。马克思、恩格斯:《德意志意识形态》,中共中央马克思恩格斯列宁斯大林著作编译局译,人民出版社 2003 年版,第 23 页。

和反思的意识，在行动中不断设定预期性目的，而且作为一种社会性动物，在共同的参与活动中既经受习性的影响，又逐渐形成自己的意识和思想。杜威强调行动情境的多样性、偶然性和变化性，因此，在情境中行动的人是具体的问题—解决者，需要一个发现问题、假设、实验、修正的理智过程，它不仅具有道德性，而且是人类共同体追求自由的重要的方法。①

杜威认为，爱自由是人性构成中所固有的，而且在其中没有形而上学的意志自由，只有具体的自由，包括行动的、社会的和政治自由。首先，就行动的自由而论，把自由规定为行动能力的人已经不知不觉中假定，这种行动能力出自于人的欲望，在行动过程中把人置于先前未知和未确定的领域，因此，行动的自由涉及了三个方面的要素和后果：①行动效率、执行计划的能力；②改变计划、行动进程、体验新奇的能力；③意味着欲念的力量和参与事务的机会。因此，行动的自由离不开智慧。在某种程度上讲，只有我们考察了行动的境况，形成了协调一致的计划之后，我们才能幸运地行动下去。② 其次，就政治的自由而论，它是人性的结果而非原因，因为，政治制度之外的人与人之间的各种关系影响着日常的交往，并深刻地影响着表现在政治和法律规章中的态度和习惯，"不管人性的天然构成是什么，人性的实际活动，即反应于制度和规章而最后又形成制度和规章的式样的那些活动，都是各种职业、兴趣、技能、信仰等等（它们构成一定的文化）的整体所产生的"③。政治的自由必须具备形成文化现状的积极的因素，重视人的第二性的或获得的本性，因为它比原有的本性更为强烈和具有影响力。亦即，重视人的文化性而非自然性，人性在文化的产生中总是和周围的条件以各种方式交互作用着。

杜威认为，历史上各种有关人性构成的意见忽视了这样一个根本问题：人性的组成因素是怎样被激起和被抑制的，被加强和被削弱的；它们的式样是怎样为各个文化条件的互相作用所决定的。也就是说，必须用文化和自然的相互关系来研究人性问题，研究人性特定的构成因素，天然的或已经改变的，怎样和一定文化特定的构成部分交相作用的方式；要说明

---

① ［美］詹姆斯·坎贝尔：《理解杜威：自然与协作的智慧》，杨柳新译，北京大学出版社2010年版，第25页。

② Dewey, *Human Nature and Conduct*, New York: The Modern Library, 2002, pp. 303 – 304.

③ ［美］杜威：《自由与文化》，傅统先译，商务印书馆1964年版，第6页。

在人性这一方面和社会风俗与规章这一方面，两者之间的冲突和一致是由于各种可以记述的可以交相作用的方式所产生的结果。① 因此，反对把任何问题归结为具体个人和具体社会之间的关系的见解，需要重视人性构成的各个方面及其与周围环境的作用关系，实现理智和道德的统一。具体而言，一方面，必须考察人性与社会条件之间相互作用的方式，探索在不同人们的不同组成因素与不同的所谓"社会的"事物，如风俗、规章、传统、制度等之间交互作用的后果，诉诸人性的某一种因素或文化的某一种条件都是危险的；另一方面，要讨论文化的条件，科学、艺术、道德、宗教、教育和工业的条件，从而去发现它们中哪一些实际上促进了人性自然构成的发展，哪一些阻碍着这种发展。②

用人性代替宇宙本性，这是现代民主政治的根源。杜威认为，民主自由的目的就是使人类潜能获得最大可能圆满地实现，如果人类潜能受到剥夺和压抑，那么它将会在适当的时候起来反抗，并要求有表现出来的机会。历史上曾经把人性简单化，利用人性来促进和说明新的政治运动，或者把人性作为道德上和社会上无政府状态的罪因，现在需要恢复人性与民主的联系在道德意义上的重要性。民主确实包含着这样一个信仰，即政治制度和法律应从根本上考虑人性。它必须比任何非民主的制度给予人性以更自由的活动余地。人性论不是单纯的心理学或者经济学方面的内容，也不能把政治和道德权威的根源直接置于人性之中。事实上，关于人性构成的观点都是社会运动的一种反映，即使所谓的动机、冲动，与其说是人性中的简单因素，毋宁说是在文化条件下所构成的复杂态度和结果，因此，人类天性的构成不能说明或解释任何社会上发生的事情，也没有对应采取什么政策提出任何主张。民主态度要求，首先，社会争端并不是由于某些为人性构成所预先决定的东西，应当废弃任何一般的或抽象的力量，致力于观察变化事物之间的相互关系，把原因看作产生事物的工具和媒介，控制事物发生的条件；其次，民主表现于人类的态度之中，是以在人类生活中所产生的后果为衡量尺度的。杜威认为，我们需要检查人类活动的每一个方面，来确定它在解放中所产生的效果，来确定人性潜在力的成熟和果实，发现我们现在文化的一切组成部分是怎样工作着的，然后注意到在需

---

① ［美］杜威：《自由与文化》，傅统先译，商务印书馆1964年版，第24—25页。
② 同上书，第18—37页。

要的时候和需要的地方，把它们加以改变，使它们的活动可以解放和实现人性。进而，即使是抽象人性，它也不是永远一致和永恒的，因为使人性发生作用的条件不断变化，尤其是政治上的民主产生以来。因此，民主不能仅仅依靠政治制度，或者通过政治制度表现出来，它还需要民主的方法，如通过公开讨论来进行说服。但更重要的是，民主的要求和公平的道德要求是内在一致的，自治制度最能体现这种一致，因为它是人性在大多数人类中用以获得最圆满实现的手段。①

第三节 教育人性化研究省思

一 教育人性化研究溯源

近 30 年来，国内有关教育人性化的讨论逐渐演化为一种思潮。关于"人性"、"人性化"、"教育人性化"、"人性化教育"以及与这些密切相关的主题相继出现，"以人为本"、"人权"、"人道"、"异化"、"物化"以及与之相关的教育论著不断增多。对此，西南大学孙振东教授做了较为详细的文献数据统计与分析，并且归纳了我国教育人性化思潮的起因：经济生活条件的改善，提高了人的存在和发展质量的关注度；政治思想的解放，为人性问题的讨论提供了宽松的政治环境；市场经济体制的逐步建立，生产方式和生活方式的多样化，促进了人们对"人性化"的追求；"素质教育"思想的政策化推进，促使对学生个体性更加重视，加强了"人性"的讨论；"以人为本"发展观的人本主义解读，导致了抽象人性论的"死灰复燃"；当代后现代主义的引入和传播，成为我国各领域"人性化"思潮的哲学基础；"新课改理念"是教育人性化思潮的重要组成部分，同时也对教育人性化思潮的兴盛推波助澜。指出，教育人性化思潮具有注重"传统教育"的"非人性"批判、理论基础薄弱、人本主义思想倾向鲜明等特征。建议，需要科学地对待教育人性化思潮：一方面，必须充分估计教育人性化思潮对教育改革的积极影响，肯定其部分主张确实切中了我国教育中的一些弊端，而思潮中出现的模糊认识相反相成，可以促进教育理论建设；另一方面，以唯物辩证的人性观取代人本主义的抽象人

---

① ［美］杜威：《自由与文化》，傅统先译，商务印书馆 1964 年版，第 78—98 页。

性论，从而引导教育关注人性的正确方向。① 令人遗憾的是，孙振东《教育人性化思潮论略》一文没有具体论及 20 世纪 80 年代 "人性、异化和人道主义" 大讨论，而且没有对 1979 年至 1989 年期间有关教育人性化的论文数量出现空白的原因进行分析。事实上，"人性、异化和人道主义"② 大讨论聚焦更基础的人性问题及其政治背景和起因分析，该时期正是教育人性化思潮汹涌澎湃的时候。

这场思潮既全方位地引介现代西方思想，也回归马克思（Karl Max）、恩格斯（Friedrich Von Engels）等人的经典著作。尤其是《1844 年经济学哲学手稿》的出版，对人道主义的马克思主义起到积极的建构作用和影响。当时，讨论的焦点是：人是否是抽象的人、是否存在抽象的人性。同时提出，人是马克思主义的出发点。在教育界，有学者相应地提出，人是教育的出发点③。值得注意的是，这场有关人性、异化和人道主义的论争也被认为是五四以来的一次新的启蒙运动，④ 而且应当纳入历史的、具体的文化思想潮流中去讨论。⑤ 相应地，在教育的 "启蒙运动" 中，讨论的焦点先后出现主体教育、教育人学、生本教育等教育人性化理论，关注学生的独立人格、自主性能力及其权利的维护与发展等，还强调教育在与政治、经济、文化和社会之间的关系中的自身独立意识及其特有的内在逻辑。

由此看来，"启蒙" 是教育人性化思潮的重要背景，教育人性化思潮与 "启蒙" 具有不可分割的联系。随着历史的发展，二者之间的关系更加复杂、深入。许纪霖、罗岗等人所著的《启蒙的自我瓦解》认为，在 20 世纪 90 年代，启蒙出现了自我消解，这既源于人性问题的复

---

① 孙振东：《教育人性化思潮论略》，《教育学报》2010 年第 4 期。

② 参阅中国历史唯物主义研究会《马克思恩格斯列宁斯大林论人性、异化、人道主义》，清华大学出版社 1983 年版；中国社会科学院哲学研究所《国内哲学动态》编辑部《人性、人道主义问题讨论集》，人民出版社 1983 年版。

③ 扈中平：《人是教育的出发点》，《教育研究》1989 年第 8 期。

④ 中山大学袁伟时先生从中西思想交流史的角度认为，中国的启蒙运动并非始于五四，应当追溯到利玛窦到中国传教的时候，而且中国的启蒙运动包括五个阶段，改革开放以来的启蒙运动为第五次启蒙运动。

⑤ 许纪霖、罗岗等：《启蒙的自我瓦解：1990 年代以来中国思想文化界重大论争研究》，吉林出版集团有限责任公司 2007 年版。该书对 20 世纪 80 年代的启蒙文化思想论争进行了概括性的描述，对 20 世纪 90 年代有关 "人文精神"、"后现代与后殖民主义"、"鲁迅"、"民族主义"、"市民社会"、"自由主义与新左派" 等问题进行了总结和分析。

杂性、诠释方法的多样性，而且出于对 80 年代第一阶段启蒙的自我反
思与深化。这种深化体现在：从"尊德性"向"道问学"；从现代化向
现代性的转化；作为主体性的人的解体；关注全球化中的民族国家认
同、世俗社会的神圣性、改革的合法性等。因此，"启蒙死了，启蒙万
岁。死去的是启蒙传统中各种绝对主义的元话语，而永恒的将是启蒙思
想中的交往理性和批评精神"①。相应地，从 20 世纪 90 年代以来，教育
人性论以及教育人性化论域主要体现在：教育的核心问题不再是抽象的
人性解放，而是在具体的国家和社会脉络之中理解人的自由，在这种境
况下，更关注学校、教师的角色地位；② 教育人性化研究更加分化和细
化，关涉教育的生活世界、学生的内在世界和人生的幸福，关注知识/
权力的教育微观政治学等；③ 教育人性化研究进一步拓展到话语分析、
符号斗争、肉身解放④、精神分析等以往被视为边缘的，但又是在哲学
中具有颠覆性意义的话题。

二　教育人性化研究焦点

改革开放以来的教育人性化研究聚焦于教育在现代性中人的价值理性
的得与失。⑤ 这具体反映在下述几个方面。

第一，现代教育非人性化问题。它主要表现在：教育发生了从教化功能
向规训功能的畸变，人的自由发展受到了压制；⑥ 教育应当是一种符合人性及
生命意义生成的社会活动，但事实上，出现了价值偏失的现象，⑦ 亦即人文精
神的失落、创造冲动的消解、自由意志的压抑、个性的丧失、人格的扭曲、

---

① 许纪霖、罗岗等：《启蒙的自我瓦解：1990 年代以来中国思想文化界重大论争研究》，
吉林出版集团有限责任公司 2007 年版，第 42 页。
② 参阅刘云杉《学校生活社会学》，南京师范大学出版社 2001 年版；《从启蒙者到专业
人：中国现代化历程中教师角色演变》，北京师范大学出版社 2006 年版。
③ 参阅冯建军《生命与教育》，教育科学出版社 2007 年版；金生鈜《规训与教化》，教
育科学出版社 2004 年版；石中英《知识转型与教育改革》，教育科学出版社 2001 年版。
④ 闫旭蕾：《话语织体中的身体德性》，南京师范大学出版社 2008 年版。
⑤ 于伟：《现代性与教育》，北京师范大学出版社 2007 年版；吴全华：《教育现代性的合理
性》，广东省出版集团、广东人民出版社 2009 年版。
⑥ 刘春花：《从规训到教化：当代道德教育的人性回归》，《湖南师范大学学报》（教育科
学版）2005 年第 5 期；蒋茵：《规训化教育中教师角色分析与思考》，《当代教育科学》2009 年
第 23 期。
⑦ 庞振超：《培养人性是教育的终极目标》，《班主任之友》2004 年第 4 期；李雪梅：《论
人性化教育》，《教书育人》2008 年第 4 期。

道德的失范等方面。其原因在于科技至上的文化霸权、工具理性的施虐、实利主义的盛行、教育的唯意志主义、教育者的强权意志等。①

　　第二,现代教育人性化中的价值冲突。它主要表现在:目的论价值观与工具论价值观的冲突,亦即现代教育遭遇到技术主义或工具理性的深度控制,这大大限制了学生个性和教育精神伸展的空间,这在很大程度上直接导致学校对追求知识与真理和锻造人格双重教育使命的背离;② 科学价值观取向与人文价值观取向发生冲突,亦即人文教育的实质是针对"人性圆满"的人文养成,与科学主义价值取向并不矛盾,应当采纳科学人文主义的价值取向;③ 现代教育人性化的传统价值观和现代价值观的冲突,亦即教育人性化应当超越传统性善恶论,批判"传统教育"的"非人性",希望使人性自由成为教育人性化的目标。④

　　第三,现代教育人性化的价值趋向。它主要表现在:基于马克思主义人性论立场和人本主义思想倾向,在人性的"动物性—精神性"维度,强调人的基本需要,而在人性的"个人自由—社会制约性"维度,强调个体的主体性;⑤ 基于存在主义教育哲学等现代西方教育哲学,在人性的"个别差异—人类共性"维度,教育人性化应强调人的"个性",而在"非理性—理性"维度,强调人的非理性;⑥ 同时强调教育人性化的价值内容,即关注生命,注重人生幸福,回归生活世界,过有德性的生活;⑦ 进而,对人本主义教育人性化与人文主义教育人性化观进行对比,强调用马克思实践观综合两种观点,建立科学的、人道的教育人性化观。⑧

---

① 杨帆:《人性化教育的探寻》,硕士学位论文,河南大学,2003 年;胡朝阳:《论人性化教育》,硕士学位论文,华中师范大学,2005 年。

② 谢劲松:《技术社会中的人性教育》,《郑州大学学报》(哲学社会科学版) 1997 年第 5 期;张宏喜、徐士强:《教育:跨越功利主义,复归人性关怀》,《当代教育论坛》2003 年第 3 期。

③ 万作芳:《教育异化:概念及表现》,《福建师范大学学报》(哲学社会科学版) 2003 年第 3 期;陈云恺:《人性教育:人文教育的"课程方法"》,《高等教育研究》2002 年第 4 期。

④ 俞吾金:《关于人性问题的新探索:儒家人性理论与基督教人性理论的比较》,《复旦大学学报》(社会科学版) 1999 年第 1 期。

⑤ 杨亚辉、黄正泉:《论教育的人性化》,《高等农业教育》2003 年第 3 期。

⑥ 扈中平、蔡春:《教育人学论纲》,《华东师范大学学报》(教育科学版) 2003 年第 3 期。

⑦ 刘铁芳:《生命与教化》,湖南大学出版社 2004 年版;刘东霞、巴登尼玛:《教育的人性化追求》,《辽宁师范大学学报》(社会科学版) 2006 年第 9 期。

⑧ 孙振东:《教育人性化思潮论略》,《教育学报》2010 年第 4 期;张晓燕:《教育人性化:兼谈以人为本教育观与人本主义教育观的区别》,《上海教育科研》2010 年第 1 期。

　　第四，教育人性化的价值论争。该论争不同程度地受到西方各种思潮的影响，表现出多元化的价值取向，具体包括理性取向、信仰取向、自然取向、社会取向、个人取向等。① 这种多元化趋势使人们对马克思主义价值取向的理解更趋深入和全面，能够面对这些价值取向进行历史唯物主义的把握，从而更加深刻地理解和运用马克思主义实践哲学中人的自由全面发展理论。② 在现代西方教育人性化遭遇现代性困境的背景下，其价值主题经历了从"学会生存"到"学会关心"的过程。但综合起来，其最根本的主题，还是强调教育人性化的价值合理性本身。它主要表现在：重视人的情感性，强调人的个性和人的自由解放，积极探索社会学习、价值澄清和对话行动等理论和方法，回归美好、丰满和自由的人性；③ 针对教育人性化中的人性冲突，提出教育目的应统一于个人自主选择的扩展了的个人幸福，并提出了可行的路径。④

　　第五，教育人性化的实践理性。它主要体现在：合人性的教育与教学过程；⑤ 实现于富有德性的道德教育过程中；⑥ 表现出一种应然的走向，是实然向应然的超越过程；⑦ 而且，随着现代教育人性化实践的发展，需要建立科学的价值评价体系，包含具体的评价主体、原则、性质、特点和标准，最终为人的自由全面发展、个性自由的终极价值目标服务。⑧

　　第六，教育人性化实践哲学的转向。教育人性化是指合乎人性的教育

　　① ［美］马里坦：《教育在十字路口》，高旭平译，首都师范大学出版社 2010 年版；杜威：《民主主义与教育》，王承绪译，人民教育出版社 2001 年版。

　　② 苏联教育科学院编：《马克思、恩格斯论教育》，人民教育出版社 1985 年版。

　　③ 代表性文献有：联合国教科文组织编：《学会生存》，桑新民等译，教育科学出版社 1997 年版；［美］内尔·诺丁斯：《学会关心：教育的另一种模式》，于天龙译，教育科学出版社 2003 年版；［巴西］保罗·弗莱雷：《被压迫者教育学》，顾建新等译，华东师范大学出版社 2001 年版。

　　④ ［英］穆勒：《功利主义》，叶建新译，九州出版社 2007 年版。

　　⑤ 吴亚林：《价值与教育》，北京师范大学出版社 2009 年版；文雪：《合人性的教育论略》，《教育导刊》2008 年第 4 期。

　　⑥ 班华：《新世纪德育人性化走向》，《南京师范大学学报》2002 年第 4 期；周国明：《论道德教育的人性原则》，《宁波大学学报》（教育科学版）2002 年第 5 期；赵世鸿：《论人性与道德教育的人性化》，《思想教育研究》2004 年第 6 期。

　　⑦ 鲁洁：《实然与应然的两重性：教育学的一种人性假设》，《华东师范大学学报》（教育科学版）1998 年第 4 期。

　　⑧ 吴国珍：《教育价值评价尺度不混淆于教育价值》，《北京师范大学学报》（社会科学版）1996 年第 3 期；项久雨：《思想道德教育价值评价的合理性》，《教育研究》2002 年第 8 期。

实践活动，包括对教育是否合乎人性的理性反思和推进教育实践的理性选择等。教育人性化的特殊性与重要性在于，它不仅充分利用人的本性，更强调充分发挥和使用人性能力。具体而言，一方面，教育为了实现一定的目的，在一定的规则或规范指导下选择恰当的手段进行活动，因此，它是在人性的价值规范和经验事实之间进行反思的合理性行动，涉及目的、规则、手段的择决及其理据，具有对相应的教育行动及其规范进行论证和建构的能力；另一方面，教育是出于人性需要而进行的现实和历史文化性行动，它是在社会文化政治的情境中，通过个体与社会互动来进行的，其所蕴含的人性是经验的、偶然的、可变化的，也是生成的、富有创造性和超越性的。换言之，必须考察实践、教育实践和教育人性化之间的内在关联，尤其是在实践中的价值合理性问题，从而更好地理解和把握教育人性化的实质和形式。

第七，现代西方教育人性化研究的有益启示。它们关注教育中人的欲望、话语、意识形态的分析，突破了以往主观主义、客观主义和过程哲学的方法论界限，出现了德性价值理论、功能价值论、交往合理性理论、自然价值论、理想规则功利主义价值论等流派。① 同时，从社会学、政治学和教育学的角度看，它们对教育人性化中个人价值和社会价值对立中的价值选择，意识形态化中的个人自由价值和教育公正对教育人性化的价值合理性的影响等问题进行探讨和分析。② 就教育人性化的价值评价而言，它们从绝对价值判断与相对价值判断，评价主体的利益和需要以及评价环境等角度，为教育人性化的价值评价提供了新的思路。③

总之，以往的教育人性化研究以人的价值作为教育人性化的起始概念及价值取向，研究自我价值和社会价值、主体价值和客体价值、目的价值和手段价值、人道价值与功利价值、潜在价值与现实价值、内在价值与外在价值、人格价值和工具理性价值、生命价值和死亡价值之间的张力，以及它们在社会、文化和个人的关系中表现出来的价值同一性与多样性之间的对立统一，分析、归纳并试图构建教育人性化的理论思维和实践导向，

---

① 王玉樑:《21 世纪价值哲学:从自发到自觉》，人民出版社 2006 年版。

② Thelma Swihart, "What is Humanization?" *National Council of Teachers of English*, Vol. 60 (Dec.), 1971; Joseph J. Blasé, "Socialization as Humanization: One side of Becoming a Teacher", *Sociology of Education*, Vol. 59 (April), 1986.

③ [英] W. D. 拉蒙特:《价值判断》，马俊峰等译，中国人民大学出版社 1992 年版。

揭示"以人为本"教育理念的深层内涵，正视教育人性化研究中最为突出的价值难题，为解决现代教育面临的重大价值问题提供思维空间和实践导向。

三　教育人性化研究反思

教育人性化研究多集中在价值理性的批判和重建，希望教育回归生活世界，强调在日常生活中教育价值返真；重视人性的因素，要求教育合乎人性；重视教育过程、关系中人性的自由发展等。当然，如果从实践哲学的视角看待人性及教育人性化的内涵，也不失为一种较为合理的理解角度。

（一）教育人性化研究中的不足

西南大学孙振东主张用唯物辩证的人性观取代人本主义的抽象人性论，这为教育人性化研究提供一个路径。事实上，在现代西方马克思主义的理论发展中，一方面，从弗洛姆、马尔库塞到哈贝马斯以降的哲学家不仅仅强调人的社会性，而且试图拓展马克思主义人性论的社会学、政治学、文化学、人类学和心理学基础；另一方面，英美分析马克思主义学派人物肖恩·塞耶斯、柯亨等人分析了马克思的规范人性论，尤其是正义、自由等概念，为马克思实践哲学中蕴含的价值理性维度进行了伸张。[①] 而且，就国内教育人性化研究而言，我们仍需要在如下几个方面拓展。

首先，人性的研究范式既要克服中国传统哲学囿于善恶论的讨论范围，也要突破传统马克思主义实践人性论的范式，尤其是人性与劳动机械结合的研究理路。这也是本书要重点突破的地方。也就是说，需要具体考察人性的事实性、价值性及其历史的综合，探讨实践人性论的具体内容和形式。

其次，以往的教育人性化研究没有对教育人性化的渊源和思想流派进行认真而又完整的梳理，所以他们无法进行系统的讨论，自然地出现范畴、概念、内涵的互代或混淆，造成学理上的论证困局。

再次，教育人性化研究有不同的研究视域，而且它们自身也受到不同的社会历史、文化情境影响，其研究方法、思维方式也具有一定的局限性，因此，新的教育人性化研究需要对以往的研究进行批判性反思，吸纳

---

① ［英］肖恩·塞耶斯：《马克思与人性》，冯颜利译，东方出版社2008年版；应奇、刘训练主编：《马克思与诺齐克之间：G. A. 柯亨文选》，江苏人民出版社2007年版。

新的研究成果，确立新的研究范式。

最后，教育人性化问题有其产生的历史必然性，需要对教育现代性问题产生的政治、经济、文化等条件进行探究，从而发现教育人性化研究的现实问题、主题、内容和方法等。

循着上述思路，教育人性化研究应当从实践哲学的视角，把人性中的身与心、善与恶、利己与利他、自我认同、人格等方面，以及教育人性化中的意识、语言、行动以及想象等问题，在教育劳动、教育行动、教育互动和教育活动等总体化实践中进行具体分析和综合，探明人性的自然属性、社会属性和精神属性之间的连续性和相互建构性，体现出教育人性化的综合统一性。概言之，教育人性化研究需要"上天入地"，既需要从理论上阐明其理论逻辑，遵从内在的统一性和总体性，又需要面对异质多元的教育事实和教育问题，遵从实践的矛盾律和辩证法，在教育与人性的互存互生过程中树立教育人性化的规范和规则。

（二）教育人性化研究的反思与进路

教育人性化研究必须具有元意识。所谓研究的元意识，就是探究研究自身的思维方式和话语，树立研究者的自我意识，从而有利于研究的自我选择和自我决定。如何理解教育人性化，可以在分别讨论"教育"、"人性"、"人性化"之后概括出其含义，但更需要对教育人性化研究进行元逻辑分析。例如，根据彼得斯（Peters）的理论与实践的二元划分，理论需要证实，回答"是什么"的问题；实践需要辩护，回答"你如何知道的"的问题。进而，逻辑辩护可以分为自然主义、直觉主义和情感主义辩护三种类型。根据赫斯特（Hirst）和穆尔（Moor）对实践的逻辑分析，教育人性化理论主要是一种实践综合理论，它首先是一种教育价值规范，受到一定的社会文化信念、价值观、知识观和认识论的影响；它又是一种教育实践理论；它还是具体的教育实践，因此三者之间形成如下关系（见图1—2）。① 概言之，教育人性化包括了理念、理论和操作三个层面，如果根据布列钦卡的划分，它们应当包括评价—规范、事实—规律和规范性行动三个方面。

---

① 参阅［英］赫斯特《教育理论》，载瞿葆奎主编《教育学文集·教育与教育学》，人民教育出版社1993年版，第441—466页；唐莹《元教育学》，人民教育出版社2002年版，第177页。

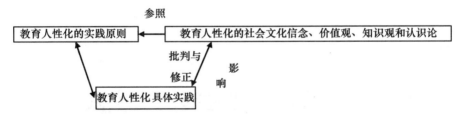

图1—2　教育人性化理论与实践的三维架构

　　值得注意的是，这里的批判意识不仅指自我反思的意识，而且指行动中的反思，尤其是社会行动中的反思与批判，因此"反思作为一种哲学思维方式，总是跟随在事物与过程之后的反省追溯、反复思索，它具有追溯性、超越性、整体性、过程性、必然性等基本特征，可以认为是对实践和科学'整体与过程'的反思；是对'结果与意义'的反思，以及与之相关的'社会反思与自我反思'"①。教育人性化研究的元意识还需要在具体的社会文化背景中综合各类知识，通过具体的教育行动，进行批判性反思，从而呈现教育人性化的解释功能和改造作用，探求教育人性化的实践合理性。布列钦卡的教育科学分类基于批判理性主义，主要偏重于经验哲学的角度，亦即以因果关系知识为核心来批判性建构教育学知识。然而，基于对工具理性知识的批判，教育人性化研究希望通过批判的反思方法论理解教育人性化的价值合理性。因此，本研究必须考察具体的教育行动，把它和没有价值意义的行为主义的教育行为、教育劳动等区别开来，探讨教育人性化实践中的实践智慧和实践理性，使教育解放和复归人性。

----

　　①　刁培萼：《试论实践辩证法·人学辩证法·教育辩证法的关系》，《教育文化论坛》2010年第2期。

第二章　教育人性化的历史实践批判

教育人性化的应然要求与现代教育中人性异化的实然境况，是教育人性化研究的经纬线，但它们首先需要在教育人性化的历史实践中探寻发展的逻辑，并在各种教育人性化研究范式的比较中找到研究的进路，从而最终确定自己的研究架构。

第一节　教育人性化思想的历史演进与实践取向

教育的人性化诉求必然随着历史的变化而发生变化，并且在历史实践中不断地综合和完善，追求和实现完整、丰富、自由、美好的人性。在西方教育史上，人性具有不同的形象，"自然主义、经验主义、理性主义、德行主义、功能主义、历史主义、意志主义、生物主义、自由主义等思维原则的运用，形成了各具特色的人性理论体系，同时也描绘了各种各样的人的形象"[①]。总体而言，教育人性化的历史也经历相似的人性命运，"如果说古代中世纪哲学是在贬低和压抑人的感性存在，近代哲学是有条件地承认和肯定人的生命欲望的话，那么现代哲学就是要无条件地肯定和认同人的感性存在，让人的生命冲动能够得到充分的释放"[②]。

一　德性论的教育人性化思想及其实践取向

英国哲学家罗素（Bertrand Russell）曾无比感叹道，在古希腊所发生

---

　　① 参阅张志伟等《西方哲学问题研究》，中国人民大学出版社 1999 年版，第 274 页；葛晨虹《人性论》，中国青年出版社 2001 年版；赵敦华《西方人学观念史》，北京出版社 2005 年版；王海明《新伦理学》，商务印书馆 2002 年版，第二篇。

　　② 张志伟等：《西方哲学问题研究》，中国人民大学出版社 1999 年版，第 278 页。

的一切都如此令人惊异，以至于直到最近的时代，人们还满足于惊叹并神秘地谈论着希腊的天才。① 前苏格拉底（Socrates）时期的哲学家不但醉心于自然哲学的研究，研究人周围物质世界的构成，而且把周围世界"拟人化"，写成了许多像《荷马史诗》那样的神话故事。那时候，教育的内容和任务主要是参与和祭祀相关的活动，树立起对神的敬畏。按照尼采（Friedrich Wilhelm Nietzsche）的观点，前苏格拉底时期更是狄奥尼索斯（Dionysus）的时代，充满酒神精神的时代，是人性中非理性的生命意志张扬的时代，也是一个在绝境中奋起的、充满悲剧性的英雄时代。也就是说，这时的教育精神蕴含在力量、勇敢、冒险的英雄精神中，表现在充满生命活力的权力意志（will to power）里面，"他们每个人都是一个整体，本身就是一个世界，每个人都是一个充满生气的人，而不是某种孤立的性格特征的寓言式的抽象品"②。

相对于前苏格拉底时期的自然哲学家，苏格拉底转向以人的问题为中心的伦理政治生活，通过对话，以启发式的理性辩证方式思考人生问题，使人成其为自己的主人。"美德即知识"这个重要命题意味着，如果人接受代表着灵魂和理智的理性的控制，拥有了它们，就能辨别真假善恶，就能勇敢地行动，实现行动和知识的统一，使我们变成一个有德性的人。因此苏格拉底认为，美德是可教的，"任何人间所称之为美德的东西"，都可以"通过学习和实践来增进的"。③ 也就是说，无论一个人的禀赋如何，教育的目的都是把人培养成一个高尚的人，教育的任务就是树立起理性和灵性，前者使人摆脱肉体束缚而具有精神属性和道德属性，后者使人优于动物而具有天赋本性，因此，求知与求善的人性实践在德性之中统一起来。④ 柏拉图（Plato）在灵魂与肉体二元对立的基础上提出了人性三分说，即情欲、意志和理性。三者从低等向高等递进，当节制控制情欲，勇敢控制意志，智慧代表理性的主宰作用，并且和谐一致的时候，正义的品德就表现在个人身上，呈现出最完美、最理想的人性。人的灵魂是不死的，它蕴藏着一些普遍的原理和概念。学习就是对先天知识的回忆，是去除可见部分的有关意见的认识，不断地探寻可知世界的认识。而且，每个

---

① ［英］罗素：《西方哲学史》，何兆武、李约瑟译，商务印书馆 2004 年版，第 24 页。
② ［德］黑格尔：《美学》（第一卷），朱光潜译，商务印书馆 1979 年版，第 302 页。
③ 滕大春主编：《外国教育通史》（第 1 卷），山东教育出版社 1989 年版，第 211 页。
④ 张志伟等：《西方哲学问题研究》，中国人民大学出版社 1999 年版，第 280—283 页。

人都有学习和运用真理的先天能力，但需要像在洞穴中转身的人那样，转过身躯，看到普适真理的光亮，用眼睛去思维存在本身。因此，教育人性化的实践任务，首先是开发儿童潜在的能力，让儿童体认永恒不变的真、善、美；其次，教育是探求并从事一种杰出的道德生活，培养道德高尚、依据理性办事的人；最后，教育是实现理想国家、培养具有最高理性的"哲学王"的重要保证，必须通过音乐教育等手段达到人的各方面的平衡，培养体、德、智和美全面发展的个人，以及具有正义、节制、勇敢和智慧的公民。纵观以后哲学的发展，按照列奥·施特劳斯的观点，德性实践的中心问题在于，古典政治使政治服从于道德德性，更服从于理论德性（作为人的目的或人的灵魂的完善）。但在马基雅维利（Niccolò Machiavelli）之后，德性服从于政治，坚持只有政治才是有用的德性，并且使哲学变成服务于人类现实需要的手段，降低了人类的可能性。因此，应当恢复到"善优先于权利"的古典政治哲学中，深刻理解柏拉图的"教育在其最高的意义上而言就是哲学"的自由教育观。也就是说，由政治哲人从事"自由教育"来影响未来公民和立法者，通过教育人特别是教育立法者来进行改革，尤其是那些资质较好的公民或子弟。①

亚里士多德（Aristotle）超越了柏拉图的理念论，转而重视德性实践。他认为，人性是由植物灵魂、动物灵魂和人类灵魂三部分构成的有机体，它们密不可分，但接受理性灵魂的领导。为此，必须首先理解灵魂整体，理解人性目的，然后才能理解其中的部分和实现目的。而且，灵魂有机体是一个逐渐上升的阶梯，动物灵魂包含植物灵魂，而人的灵魂包含了前两者，但人的灵魂却不会寓居在前两者之中，因此，人是自然的小宇宙和最终目的，它因理性灵魂而与其他生物不同。教育应当遵循这种自然的进程，教育的目的及其作用是"效法自然"，"应当首先关心孩童们的身体，尔后才是其灵魂方面，才是关心他们的情欲，当然关心情欲是为了理智，关心身体是为了灵魂"②。他还主张，人生的目的就是实现人所固有的特性，包括理性与非理性、潜在与现实、形式与质料的部分，关键是遵守"中道"，塑造美德，"德性作为对于我们的中庸之道，它是一种具有选择

---

① 甘阳：《政治哲人施特劳斯：古典保守主义政治哲学的复兴》，载［美］施特劳斯《自然权利与历史》，彭刚译，生活·读书·新知三联书店 2003 年版，第 79—80 页（导读）。

② ［古希腊］亚里士多德：《亚里士多德全集》（第九卷），苗力田译，中国人民大学出版社 1993 年版，第 264 页。

能力的品质，它受到理性的规定，像一个明智人那样提出要求"，"德性就是中间性，中庸是最高的善和极端的美"。① 因此，亚里士多德在教育问题上主张以练习和实践来培养德行，以沉思培养心智，使道德和理智都趋于完善。

二　基督教神学的教育人性化思想及其实践取向

基督教的核心观念是原罪说和恩典。基督教人性观认为，罪主要指人对上帝神圣观念和命令的违背，从而造成人的堕落。即使如此，上帝也没有放弃对人的拯救，耶稣之死与复活表现了上帝的恩典。作为上帝之子的耶稣（Jesus）承受了耻辱和痛苦，为人类赎罪。他的获救则意味着，只要人愿意对上帝赎罪，人就能从原罪中获得永生，只有依靠上帝的恩典，人才能获救，这就是"因信称义"。只有人人"因信称义"，才能依靠上帝的恩典而获得意志自由，否则的话，自满自大的人就会开始人性堕落，堕落的人性包括物质占有欲、权力欲和性欲等。对此，现实主义宗教哲学家尼布尔（Reinhold Niebuhr）解释说，人的本质乃是他的自由，而罪即由自由而生，基督教人性观的矛盾就在于，一方面，它坚持人有更高的地位；另一方面，它把人的恶看得更严重，认为，人所具有的自然属性和超越自然的灵性、有限性与具有无限可能性的自由之间的矛盾从来就无法在人的行动中达到和谐，罪就不可避免地产生出来。② 有学者认为，自由教育与基督教人性观及其教育有着内在的必然联系。因为，在神学教育中，把对上帝的信仰和爱普适化之后，就不再从理性人或自然人的人性观看待人，而是用超越性代替了因果性，使身体和灵魂达到了统一，在创造中达至善。③ 而且，一方面，自由存在于罪的界限之内，通过行动克服意志上僭越的过错，保持有限和无限之间的界限，这就是消极自由；另一方面，自由处在精神和自然的交汇点上，其精神的骄傲既阻止它建立另一种和谐，精神自由又打破自然的和谐，从而

---

① ［古希腊］亚里士多德：《亚里士多德全集》（第九卷），苗力田译，中国人民大学出版社 1993 年版，第 36 页。

② ［美］R. 尼布尔：《人的本性与命运》（上卷），成穷译，贵州出版集团、贵州人民出版社 2006 年版，第 18 页；陈跃鑫：《试论尼布尔关于人性的阐释》，《金陵学志》2006 年第 3 期。

③ Edmund Fuller edited. , *The Christian Idea of Education*, New Haven：Yale University Press, 1960, p. 61.

具有积极自由的方面。按照尼布尔的概括,罪因自由而成为可能,但并不必然从自由而来。因此,在以后的新教伦理中,罪的观念衍生为每个信徒的行动戒律,体现出资本主义精神:不只是对物质的追求,更不是物质的享受,而是对物质的追求和对物质享受的禁绝的结合体。据此分析,一方面,基督教的教育目的从世俗生活转向未来世界的不朽生活,必然忽视当下的教育,重视来世的、受到上帝制约的精神方面的教育,因此,在真理、知识和信仰之间建立了现实的、直接的联系,导致教育实践中禁欲主义和身体惩罚盛行;另一方面,人通过赎罪成为超自然的存在,为此,教育传授超自然的价值观,为美德教育塑造道德教育环境,"教育在人类本性基础上有一对相辅相成的目的:提供知识、实践以及培养人类灵性和理性的活动"①。

阿奎那(Thomas Aquinas)的神学人性论认为,人就是"精神存在",人既生活在满足人的自然情欲的现实的、可感知的世界上,也生活在超验的和精神的世界上,后者能够展现人的神性,从而使人达至灵魂的永生。人性的道德行为遵从理性的习惯,就形成了德性,它包括实践德性、理性德性和神性德性。后者使人超越自然的限制,获得一种至善的幸福。② 因此阿奎那认为,教育目的像生活本身一样,是通过培养精神和理智的品德获得幸福。③ 这种托马斯主义的教育原则可以表达为:

> 教育根本上包括着为受教育者必须成为怎样的人和受教育者必须做什么的准备,即为了获得个人被创造的崇高结果,很明显并不存在完全不被人类最终目的所引导的真正的教育,……基督教育把人类整个肉体的和精神的、智力的和道德的、个体、家庭和社会的生活都综合在了一起。④

---

① [美]古特克:《哲学和意识形态视野中的教育》,陈晓瑞译,北京师范大学出版社 2008 年版,第 59 页。

② 滕大春主编:《外国教育通史》(第 2 卷),山东教育出版社 1989 年版,第 100—103 页;张志伟等:《西方哲学问题研究》,中国人民大学出版社 1999 年版,第 288 页。

③ [美]布鲁柏克:《西方教育问题》,吴元训主译,安徽教育出版社 1991 年版,第 7 页。

④ 引自[美]古特克《哲学和意识形态视野中的教育》,陈晓瑞译,北京师范大学出版社 2008 年版,第 61 页。

三　自然主义的教育人性化思想及其实践取向

在自然主义的教育人性化观看来，"自然"是一个与神学中的"超自然"相对的概念；它指的是人在自然中的原初状态，而非形而上学中的宇宙的普遍秩序。在这种原初状态中，人的天性还没有遭到破坏，人的生活由纯粹的动机所驱使。因此，这种主张强调人性本善，即认为情感和意识在人性中具有天生的合理性。① 在起源上，"自然"观离不开文艺复兴之后唯物主义哲学家的人性论的影响。当时，受牛顿机械论影响，他们甚而认为"人是机器"。法国哲学家拉美特利（De La Mettrie）根据笛卡尔身心二元论，提出"人是机器"、"人是植物"等论断。爱尔维修、孟德斯鸠、霍尔巴赫等哲学家发现气候、社会制度、公共意见等因素居然对个人、民族和国家发挥重要作用，它们可以影响人、塑造人，使人成为有道德的人。② 霍布斯（Thomas Hobbes）主张，用自然人性代替超验人性，用人性对抗神性；人的机械性运动产生人的所有情欲和感官快乐；人人都有自私自利的本性，在自然状态下，人对人就像狼一样。据此，人类为自己寻找道德戒律的"自然法"。它首先为了自我保存而放弃超过他人的自然权利，从而实现社会和平；其次通过自愿放弃或转让自然权利而相互订立契约，从而为建立一种社会正义的标准而努力。概言之，必须通过理性的认识论问题来解答人的现实生活问题；如何在充分满足人的自然欲望的同时，产生能够消除人与人之间的纷争从而保证社会生活的正常秩序。③ 与之而言，洛克没有如此悲观，认为人性就是追求快乐和幸福，人性善恶取决于人趋乐避苦的天性，同时，人所具有的权衡利弊的理性能力，使人趋向更大的利益，建立有利于大众的政府。

卢梭（Jean - Jacques Rousseau）的自然主义教育人性观无疑最具代表性。他认为，良心是天赋的自然情感，是依赖直觉而具有的良知良能，是判断真假善恶的规范标准。卢梭主张人性本善，只是社会把人变坏了；人的善良天性中具有两种先天存在的自然情感，即自爱心和怜悯心；前者是人的自我保存，后者是爱他人、爱人类的宽大情怀，二者是教育顺从天性

---

① ［美］古特克：《哲学和意识形态视野中的教育》，陈晓瑞译，北京师范大学出版社 2008 年版，第 76 页。

② 赵敦华：《人性和伦理的跨文化研究》，黑龙江人民出版社 2004 年版，第 58—59 页。

③ 张志伟等：《西方哲学问题研究》，中国人民大学出版社 1999 年版，第 292 页。

的理论基础。他强调人的发展应当遵循自然，"自然的教育、事物的教育和人的教育"协调发展，但后两者要适应自然的教育，即内在器官和才能的发展。这种"归于自然"，遵从儿童天性的教育就是"消极教育"。其主要含义是：

（1）作为人们成长和发展的具有内在价值的儿童阶段，有它自身的教育顺序；

（2）教育最好发送在准备好的环境中，这种环境保持其自然的特征，是通过提供情境，激发孩子的好奇心，并引起一定行动，从而与孩子的学习意愿保持一致；

（3）孩子在许可范围之内学习，他不仅能够做出与自己行为相关的基本选择，也要能够欣赏和承担这些选择的后果。①

这里必须把卢梭的整个思想体系联系起来，思考其实践取向的问题。② 在《社会契约论》中，卢梭希望，通过积极教育建立一个能表达公意的政府，"公民社会只是一群人之间的约定，其中的每个人都成了公意的一部分并且将服从于公意"，"因而，社会有理由迫使他去自由地生活，迫使他以正当的方式行使自己的意志。做到这种压制的办法是教育和惩罚，但真正的人的尊严在于自觉地选择公意，而放弃一己的意志"③。如果说《爱弥儿》中的爱弥儿生活在一个去掉具有社会性质的"公分母"的理想假定的自然世界里，那么社会契约论中的另一个"爱弥儿"就生活在受到公意限制的公民社会中。前者不仅有先验的形而上学设定的嫌

　　①　[美]古特克：《哲学和意识形态视野中的教育》，陈晓瑞译，北京师范大学出版社 2008年版，第 73—74 页。

　　②　"真正的卢梭教育学有两种，一种以《爱弥儿》为代表，现命名为卢梭教育学（Ⅰ）；另一种以《社会契约论》为代表，为卢梭教育学（Ⅱ）"。"卢梭教育学（Ⅰ）在自然状态中论自然人，处理的是个体发展秩序问题或心理事实秩序问题。卢梭教育学（Ⅱ）在社会状态中论政治人，展示的是社会秩序和法律秩序"，"卢梭贡献的两种教育学，开辟了教育学生长和变迁的多种可能，提出了不曾明说的教育学划界问题，显示了教育学命题的矛盾特性，揭示了不同教育学方向的冲突本性，还表现了真汉子的卢梭之正直和爱女人的卢梭的阴柔的两面性格"。董标：《教育学形态研究或"比较教育学"论稿》，载董标主编《教育理论百年文献辑要（增补本）》，华南师范大学教育系（内部资料）2008年版，序言。

　　③　[美]列奥·施特劳斯、约瑟夫·克罗波西主编：《政治哲学史》（下），李天然译，河北人民出版社 1998年版，第 656—658 页。

疑，而且为技术决定论埋下了伏笔。① 后者则有失去个人自由的危险。因此，虽然卢梭教育学对不成熟的科学和自然观念进行批判，但是，其出发点容易经受激情的蛊惑和道德理想国的"暴政"，使人们唯恐逃脱先验和抽象的自由而不及，这一点是教育人性化的实践哲学无论如何都应当需要辨明的。

　　具体分析，一方面，卢梭的教育政治哲学蕴含着洛克式的自由主义实践观："'要寻找出一种结合的形式，使它能以全部共同的力量来卫护和保障每个结合者的人身和财富，并且由于这一结合而使得每一个与全体相联合的个人又只不过是在服从其本人，并且仍然像以往一样自由。'这就是社会契约所要解决的根本问题。"② 另一方面，美国学者萨托利（Sartori，G）为卢梭辩护说："根据卢梭本人的学说，他为民主指定位置，也就是孟德斯鸠（Baron de Montesquieu）为宪政制度指定的位置。这当然是不同的解决方式，但目标完全一样：保护个人自由，使其免受压迫。"③ 但是，卢梭自然主义教育人性观用虚构的爱弥儿寄托教育理想，用"公意"取代了先验的自然法，这种"比附"、"拟人化"、"童话式"方法的跨越在逻辑上是否成功还是一个问题。归结起来，卢梭认识到人性具有情欲和理性两个方面，如何把"自然状态"中的原始情欲和社会状态中的理性要求结合起来，使人类从"自然的自由"走向"道德的自由"，既是困扰卢梭的问题，也是以后的道德理想主义者不断探索的问题。

四　理性主义的教育人性化思想及其实践取向

　　文艺复兴运动以来，理性主义的哲学思维原则去除人性中完全道德化的"上帝"人格形象，凸显具有认知和功利性质的"理性人"形象，统

---

　　① "卢梭自然状态说的主要思想来源，是从其他动物行为中得到的证明。使得卢梭把人的自然状态与动物状态等同的前提，在于近代自然科学提供的对于自然和人在自然中地位的理解。人类不是永恒不变的，不是神创的产物；人类的产生是机械的因果进程运作的结果，在长时间的演进过程中，从较简单的生物演进出了更复杂的生物。……卢梭关于自然人的看法与他对于更完善的政治秩序的看法之间的联系，并不在于人的自然倾向（如同情心）指向人类社会，而在于人的天性的最原始本性，这种最深层的东西才会为人类技术所选择。"［美］普拉特纳等：《卢梭的自然状态》，尚建新、余灵灵译，华夏出版社 2008 年版，第 102—105 页。

　　② ［法］卢梭：《社会契约论》，何兆武译，商务印书馆 2003 年版，第 19 页。

　　③ ［美］萨托利：《民主新论》，冯克利、阎克文译，上海世纪出版集团、上海人民出版社 2009 年版，第 493 页。

一人的感性力量与理性力量、自然属性和社会属性、利己之心与利他之心。笛卡尔（Rene Descartes）认为人本身"是一个在思维的东西，那就是说，人是一个在怀疑，在领会，在肯定，在否定，在愿意，在不愿意，也在想象，在感觉的东西。"①"我思"是没有具体内容的纯粹活动，是以意识活动为对象的自我意识或反思意识，从自我的思想活动，我们可以得到自我必然存在的结论。因此，"我思"是自我实体的本质，"我在"是自我实体的存在，二者之间存在必然联系，而非因果推理的结果。这决定了，在身心二元对立的主体哲学中，只有以自我意识为中心，才能把人从宗教和其他外在权威的束缚中解放出来。

康德（Immanuel Kant）认为，人既是感性存在，服从现象界的因果律；又是理性生存物，它超越现象世界的必然性，由人的自由意志来决定。如果人完全服从现象界的感性支配，那么人就无法与动物区别开来。因此，人的理性存在是人性的最主要和决定性因素。人的欲望产生恶，人应当正视恶的存在。但是，作为理性存在的人，人可以通过完全遵从利他的绝对命令，产生意志力量或义务感，形成至善，从而克服感性世界中恶的作用和影响。康德从其哲学体系中提炼出三个思想运用于教育："一是关于主体建构的哲学观念，二是关于先验主义伦理学，三是关于社会历史的观念。"②康德把儿童看作不是受动的而是主动求善的个体，教育的目的不是回归自然，而是培养富有理性、获得自由的人。康德的教育人性化思想主要体现了一种道义论的实践观，它具体体现在下述三个方面。

（一）"成人"的教育人性化目的

康德教育人性化思想中的"人"是复数的"人"，是超越于现实社会的理想的大同社会的人，是"培养能坚持自己确认为合乎正义的事物的自由人"③。首先，他指明"人只有通过教育才能成为人"，并努力回答"什么是人"、"人成为人是如何可能的"。前者是人的"去动物性"等特有属性的问题，后者是把教育作为一种手段。其次，康德反对教育是仅仅为了满足现在的需要，主张教育要适应未来社会，只有理想的教育才能造就理想的人。"孩子们应该不是以人类的当前状况，而是以人类将来可能

① ［法］笛卡尔:《第一哲学沉思集》，庞景仁译，商务印书馆 1986 年版，第 27 页。
② 王坤庆:《论康德对教育学的贡献》，《教育研究与实验》2001 年第 4 期。
③ ［德］弗·鲍尔生:《德国教育史》，滕大春、滕大生译，人民教育出版社 1986 年版，第108 页。

的更佳状况，即合乎人性的理念及其完整规定为准进行教育。"① 在面向未来的理想的教育中，"1）受到规训。2）人必须得到培养。3）人们必须注意，要让人变得明智，以便能够适应人类社会，在社会上受欢迎，有影响。4）人们必须注意道德教化"②。为了使人的理性得到发展，教育必须用"道德律"或"绝对命令"来规范约束自己，用文化与经验来武装自己。

（二）培养认知主体的教育人性化知识观

康德认为，人的教育要服从一定的顺序，"根据康德的先验论，康德承认知识必然是从感官获得的材料，但知识离不开人的自我意识或统觉的作用"③。首先，"是对认识能力、感官、想象力、记忆力、注意力以及机智这些知性低级能力的培养"，"在高等知性能力方面，则是对知性、判断力和理性的培养"。④ 对前者，康德强调教育要遵循自然的原则，要把儿童当儿童看待，各种心理功能要协调地、整体地进行。对后者，康德强调学生的自主性，"培养人心灵能力的最佳方式，是让一个人自己去做他想做的事"⑤。其次，强调学生的主动性。知性是概括，判断力则是"知性如何加以运用"，理解是使人认识普遍的规律和原则，理性"在这里他不是思辨理性，而只是对所发生事情的前因后果的反思"⑥。最后，强调学生的创造性。"问答法必须靠苏格拉底式的方法产生规则"⑦，在这里，康德主张运用归纳推理的智育方法，从推理中产生新知识。康德的认识论已经有了"心理学"的基础。《纯粹理性批判》的先验演绎第一版被认为是主观主义的心理演绎，在《论教育学》中已出现感觉、兴趣、注意、记忆力等词汇，以及心理功能与教育关系的论述。这无疑加深了对儿童的认识，有利于教育的进行。更重要的是，对儿童内在世界的发现就是对儿童主体地位的发现与重视。

（三）道义论的教育人性化实践论

康德把人类进化的历史划分为：生物本能、性本能、认识能力和普遍

---

① ［德］康德：《论教育学》，赵鹏、何兆武译，上海世纪出版集团 2005 年版，第 8 页。
② 同上。
③ 戴本博：《西方教育史》（中），人民教育出版社 1990 年版，第 228 页。
④ ［德］康德：《论教育学》，赵鹏、何兆武译，上海世纪出版集团 2005 年版，第 32 页。
⑤ 同上书，第 33 页。
⑥ 同上书，第 16 页。
⑦ 同上。

理性四个阶段,它们"综合体现的是人的三种特性的不断发展,即物性、人性和德性"①。由于教育在物性中发挥不了作用,只能在人的发展的人性和德性阶段才起作用,因此,在《论教育学》导论的开篇,康德说"我们所理解的教育,指的是保育(养育、维系)、规训(训诫)以及连同塑造在内的教导","规训或训诫把动物性转变成人性"。② 这个阶段的教育是消极的教育。它更多地体现为服从,服从于老师、家长的命令。但也要逐渐发展孩子的"善良意志",最终使儿童服从自己的善良意志或理性意志,这是一种自觉的服从,最重要的服从,从此儿童的主体性意识开始萌芽,开始成长。从训诫到塑造,儿童或学生从服从规则向服从准则过渡,"道德培养必须以准则而非规训为基础"③。按准则行动就是:排除欲望的驱使,服从内心的道德法则。"准则必须从人自身出发确立起来","准则也是法则,但却是主体的,他是人自己的知性产生出来的"④。因此学生甚而成人的服从表现为服从义务的规则,服从于理性的指导,决不意味着是奴性的,"真正的道德教育应当是道德的陶冶,……因为他本身体现了一种对尊重道德律的主动性、积极性"⑤。义务分为对自身的义务和对他人的义务。前者"是要在其自身的人格中保持人性的尊严"⑥。人性的尊严即自尊,自尊才能自信、自强,但不要和他人比,"他在他的理念中有一个原型,可以把自己与之比较"⑦。理念就是理性的概念,在具体行动中表现为自制、谦虚等。对他人的义务体现为,不超出理性,不侵犯他人自由,遵守各种集体包括国家的规则等。所以,对他人的义务是一种消极的、被动的道德遵守。但是,如果没有对他人的义务,对自身的义务就无从谈起,正是对他人的义务使康德主体教育思想的内涵更加全面、更加丰富。最后,康德道德教育的目的何在?"实践性的教育或道德性的教育则是指那种把人塑造成生活中的自由行动者的教育。"⑧ 简单地说,就是由遵从"意志自律",遵从理性,过渡到自由的王国。"因此,依据理

---

① 肖朗:《人的两重性和教育的两重性》,《教育学》2003 年第 5 期。
② [德] 康德:《论教育学》,赵鹏、何兆武译,上海世纪出版集团 2005 年版,第 35 页。
③ 同上。
④ 同上。
⑤ 戴本博:《西方教育史》(中),人民教育出版社 1990 年版,第 224 页。
⑥ 同上。
⑦ 同上。
⑧ 同上。

性所做出的选择就是实现了人的自由。"① 如何选择？选择欲望驱使的东西还是以理性为根据的东西？显然是后者，因为人的主体就体现为理性的选择，以崇高理想为指南的，以自身的道德实践为检验的选择。由此可知，康德不同于卢梭之处在于：教育管束人的自然本性，而儿童通过服从道德法则获得自由。

康德教育人性化思想的历史意义在于，通过理性的自由的人的形成，"人的天性将通过教育而越来越好地得到发展，而且人们可以使教育具有一种合乎人性的形式。这为我们展示了一种未来的更加幸福的人类前景"②。

五　生命哲学的教育人性化思想及其实践取向

生命哲学的教育人性化观把生命问题和人性问题结合起来，并基于哲学、心理学、生物学等方面的变革，试图突破理性、权威和共性等对人的生命意志的压制，建立起具有欲望、冲动和自由意志的丰富个体。在叔本华（Heinrich Floris Schopenhauer）看来，人性并不具有二重性，只有人的生存意志创造了整个世界，所以整个世界都是人的生存意志的显现和表象，即"世界是我的表象"。反之，我们作为认知的主体，我们的意志是第一性的、形而上的，因此，"世界是我的意志"，整个世界不过是意志的客体化。生存意志就是一种无法遏制的和盲目的生命冲动。在生存意志支配的世界，生命活动就是求生存、满足、自保和快乐，是人和动物所共有的，二者之间只有意识存在与不存在的区别而已。而且，人完全是欲求和需要的凝结体，它使人成为利己主义者和贪得无厌的人，并引起世界的无休止的争斗。这样，人的智慧都投入到欲望的满足中，酿成了生存的悲剧，并无法避免，因此生命的意义就是否定生存意志。与叔本华不同，尼采（Friedrich Wilhelm Nietzsche）视人生悲剧为生存意志的炼狱，人生的真理就是超越人生的悲剧性，关注生命、超越生命，在狂放和沉醉的狄奥尼索斯酒神精神中实现自我的超越，发展和强化人的"权力意志"（will to power）。"权力意志"通过创造活动实现生命的充实，从而创造、释放和享受生命。也就是说，创造

① 戴本博：《西方教育史》（中），人民教育出版社 1990 年版，第 216 页。
② ［德］康德：《论教育学》，赵鹏、何兆武译，上海世纪出版集团 2005 年版，第 6 页。

是生命的根本，没有先验的道德法则和永恒不变的善恶，善恶的本质就是自我超越。

　　按照尼采的理解，教育人性化的生命思想产生于这样的背景，即在支离破碎的科学、民族的权力斗争，以及遭受货币经济和享乐经济而导致的"教育死亡的征兆"的时候，教育机构一方面尽可能地扩展教育的冲动，另一方面减少和削弱这种冲动，教育被要求放弃它最高的自负的要求，以效劳的方式从属于国家的生活方式。因此，尼采努力返回到一种原初的、真正的教育需要，即一种在其真实的、人性的整体上塑造和教育人的教育。当然，从另一个角度讲，尼采的教育人性化观的核心是培养"超人"。它是人道的、整体的"对人的克服"，是"上帝死了"之后把人置于自身之上。尼采形象地讲，人仿佛被置于一条软索之上，被悬在深渊之上，置于虚空之中。也就是说，人的此在是处于危险之中，传统的幸福、理性、德性、正义和教养等对于尼采对人的新规定来说不再具有约束力。在尼采看来，教育人性化的生命观应当激发未特定化的人性，满足生命渴求永恒的形而上学的冲动；反对"庸众"教育，克服人的平庸化；"轻蔑自己"，超越自己，教化出天才的、伟大的个体。

　　在法国哲学家柏格森（Henri Bergson）的教育人性化思想中，他用"自我创造"代替了叔本华、尼采的"意志"，认为人是自我创造的主体，它源自"生命冲动"。生命冲动是万物的本原，其连续的变化是世界进化的原因，宇宙间万物的矛盾都源自生命冲动向上形成的生命活动和向下堕落形成的动植物和无机物的生命活动之间的矛盾斗争。生命活动本质上是人的意识活动，它借助对生命进行自我认识的直觉来把握，而非理智思维。生命冲动和直觉的认识论都是生命自由意志的体现，而生命意志体现在深层自我之中，不受因果必然性的支配，因此，只有保证生命冲动的创造活动得到释放，生命自由意志得到维护，人类社会才能获得自由。

六　历史文化主义的教育人性化思想及其实践取向

　　近代历史主义的教育人性观肇始于文艺复兴时期，他们通过人文学科和文化研究对人的创造性和自由进行探索。皮科（Giovanni Pico）认为，人性的本质是自由，人的命运完全由人的自由选择来决定；人是令人惊异但又本性不定的生物，因此人依据他所自由选择的生活，可以把自己的本性塑造为植物性、兽性或神性。① 蒙田（Montaigne）则提醒我们注意到人性的两面，尤其是其弱点，也就是，人过于自负，容易在自然的优越中造就骄横的一面。帕斯卡尔（Blaise Pascal）主张从两极的观念入手考察人的本性，"本能和理性，是两种天性的标志"。一方面，重视理性，赞美人的思想，"理性指使我们远比一个主人专横得多，因为不服从主人我们就会不幸，而不服从理性我们就是傻瓜"，"人不过是一根芦苇，是自然界中最脆弱的东西，但他是一根会思想的芦苇"，"我们的全部尊严都在于思想"；② 另一方面，人又是脆弱的，人"不需要整个宇宙武装起来就可以毁灭他，一团水蒸气、一滴水就足够杀死他"，"人既不是天使，也不是野兽，不幸的是想扮演天使的人却扮演了野兽"③。此外，歌德（Johann Wolfgang von Goethe）认为人性是进行感觉、体验和思维的统一体；人的智力和道德使人和动物区别开，艺术是体现人性整体性的精神活动。维柯（Giambattista Vico）的"新科学"是关于人类本性和人类自我发展的科学，主要研究历史中生成变化的人性。他认为，全部人类历史按照神的时代、英雄的时代和人的时代的发展顺序进行。神的时代是富有想象力和创造力的人类童年时期，在英雄时代人为了生存而争斗，胜利者相信自己具有高贵的本性，因此享有特权地位，但是随着理性认识能力的提升，会发现人性是共同的，人与人之间没有等级差别，民众的观念和语言成为社会的主流，因此，人的时代降临了。然而，人的时代因囿于规则、享受安逸而丧失创造力和趋向腐败。

卡西尔（Enst Cassirer）认为，由于人类通过符号来表示丰富多样的人类文化生活形式，因此"我们应当把人定义为符号的动物来取代把人定义为理性的动物。只有这样，我们才能指明人的独特之处，也才能理解对人开放的新路——通向文化之路"④。人性是一种功能的人性圆周，"语言、神话、宗教、艺术、科学、历史，都是这个圆的组成部分和各个扇面。因此，一种'人的哲学'一定是这样一种哲学：它能使我们洞见这些人类各自的基本结构，同时又使我们把这些活动理解为一个有机整体"⑤。因此，文化是人的第

---

① 赵敦华：《人性和伦理的跨文化研究》，黑龙江人民出版社 2004 年版，第 38—40 页。
② 帕斯卡尔：《思想录》，谭善明译，陕西人民出版社 2005 年版，第 123、125 页。
③ 同上。
④ ［德］卡西尔：《人论》，甘阳译，上海世纪出版集团、上海译文出版社 2003 年版，第 42 页。
⑤ 同上书，第 107 页。

二天性,人需要后天的文化教育。也就是说,教育人性化就是一个文化实践过程。杜威(John Dewey)在《我的教育信条》中开宗明义:

> 我认为一切教育都是通过个人参与人类的社会意识而进行的。这个过程几乎是在出生时就在无意识中开始了。它不断地发展个人的能力,熏染他的意识,形成他的习惯,锻炼他的思想,并激发他的感情和情绪。由于这种不知不觉的教育,个人渐渐分享人类曾经积累下来的智慧和道德的财富。它就成为一个固有文化资本的继承者。①

七 科学主义的教育人性化思想及其实践取向

科学主义的教育人性化观认为,科学知识最有价值,它源于经验,在问题情境中通过不断试验,求取最佳的实现手段和最有效的结果。它强调科学教育对人的心智的提高和民主参与社会的重要性,"科学教育的最大特点,就是使心智直接与事实联系,并且以最完善的归纳方法来训练心智;也就是说,从对自然界的直接观察而获知的一些个别事实中得出结论。由于科学教育具有这样重要的特点,其他任何教育都无法代替它的"②。同时,它预设人是"生物人"、"行为人"等前提。"生物人"的人性观认为,个体和社会、身体和意识,都是通过自然选择、基因遗传而产生的一种自然行为,它通过人的神经系统或行为模式或语言模式得到科学的理解和合理的说明。③ 达尔文(Robert Darwin)的生物进化论的意义在于,它突破了亚里士多德和基督教以来的人类起源说的目的论范式,脱离了上帝和先验论的预设,一方面阐释了自然世界对人生存发展的选择功能;另一方面又说明人在和同类物种之间进行竞争的过程中所具有的适应能力。此后,马克思、弗洛伊德(Sigmund Feud)、斯宾塞(Michael Spencer)、杜威等人都受达尔文进化论的影响。斯宾塞的"适者生存"原则主张,一切有利于自己生存的原则既是动物的本能,也是人的本性,人的利己是个体根据自己的利益有意识地适应环

---

① [美]杜威:《学校与社会·明日之学校》,赵祥麟等译,人民教育出版社2004年版,第3页。

② [英]赫胥黎:《科学与教育》,单中惠、平波译,人民教育出版社2004年版,第91页。

③ 赵敦华:《人性和伦理的跨文化研究》,黑龙江人民出版社2004年版,第65页。

境的结果，利他也仅仅是利己的一种方式而已。这样，人被看作是长期进化过程中的自然突变物，教育从传统和社会阶级的束缚中解放出来。科学不仅反对权威和教条，而且作为一种生活方式，不断地对现成的惯例展开自由、公开的质疑，这也是一种民主的精神，因此，科学和民主被置放在一起。① 在现代，"生物人"表现为基于现代分子生物学的"基因决定论"。它认为，人的一切行为和社会现象是基因的产物，基因决定人的性格和行为。有人甚至认为，"为了获得任何国家和国际效率的重大进步，我们不能依靠社会和政治制度的剧变或对世界政治机器的特别修补，或甚至改变教育，此点非常清楚。但我们必须越来越多地依靠增强人们智力和行为能力的遗传水平"②。

　　一般地讲，科学主义的教育人性化观采取实验科学的方法论的立场，把自己的注意力集中于人类行为的方式，而不注重关于人的理论。他们主张通过观察人的行为，特别是"刺激—反应"及其强化作用，探讨人在环境中的控制和效果。人的行为都是环境中的各种客观相互作用关系的作用所致，思维、情感也不例外。因为思维通过言语行动来观察，而言语行动是以喉头为中心的肌肉运动，情绪则通过观察身体的内在活动变化来概括，如脉搏、呼吸的变化。这种"行为人"的人性观认为没有事实判断和价值判断之分。亦即，任何价值判断都等于事实判断，因为价值判断就是人的行为是否得到强化的结果；人并没有绝对的尊严，因为人的尊严产生于别人对自己的褒奖，科学的行为分析揭示了人的荣誉行为主要受到外界环境的有效影响。斯金纳（Burrhus Frederic Skinner）认为，行为技术是一个中性的行为，它的使用后果或使用者决定了行为的善恶性质，因此，在人类文化中，应当关注控制者和被控制者之间的关系，避免专制的控制，需要安排有效的反控制，使控制和反控制平衡，而且让控制者也同时成为被控制者。③

　　科学和技术给人类文明带来了具体的变化，对人性的物质欲望的满足

---

　　① ［美］罗伯特·梅逊：《西方当代教育理论》，陆有铨译，文化教育出版社1984年版，第85页。

　　② ［美］杰里米·里夫金：《生物技术世纪：用基因重塑世界》，付立杰等译，上海科技教育出版社2000年版，第156页。

　　③ ［美］B. F. 斯金纳：《超越自由与尊严》，陈维纲等译，贵州出版集团、贵州人民出版社1990年版，中译者序。

具有巨大的推动作用。技术实践在亚里士多德那里是一种"制作",而杜威认为是"理智的技巧","我们有一种智力工作的技术,用这种技术,使事物的发现和组织,累积进行,使这一研究者能够重复别人的研究,加以证实或推翻,并且增加知识的总量。而且,这些方法通过运用,能自求完善,提出新问题,新研究,改进旧的程序,创造新的、更好的程序"①。这种把人类看作"技术动物"的立场,是"唯科学主义"的结果。事实上,杜威也反对这种技术决定论,认为如果工具俨然成为主人,并且它像有自由意志一样起作用,那么这并不是因为它有意志,而是由于人类没有意志。他主张科学"人文化"和人文"科学化",走向科学的人文主义;教育更应当如此,例如,学校科目相互联系的真正中心不是科学,不是文学,不是历史,不是地理,而是儿童本身的社会活动。而且,教育不能在科学的研究或所谓自然研究中予以统一,要在人类的活动中使自然本身成为工作的中心。总之,"科学之所以有价值正因为它给我们一种能力去解释和控制已有的经验,我们不应当把它作为新的教材介绍给儿童,而应当作为用来显示已经包含在旧经验里的因素,和作为提供更容易、更有效地调整经验的工具"②。而且,"教育是生活的方式,是一种行动的方式。作为一个行动,教育比科学更为广泛。可是科学使从事教育的人更聪明,考虑更周到,更了解他们在做什么,因此使他们在将来能纠正和丰富他们从前所做的工作"③。

八　存在主义的教育人性化思想及其实践取向

最早的存在主义者克尔凯廓尔(S. A. Kierkegaard)重视个体的极端重要性和个体的选择,强调每一个人都要在美学的、伦理的和宗教的生活方式中做出选择,当然,"飞跃到上帝的怀抱"的宗教生活方式无疑是他最理想的选择。胡塞尔的现象学为存在主义提供了"面向实事本身"的现象学方法,即不做任何科学假定,对现象如实描述;研究人的意识,从

---

①　[美]杜威:《杜威教育论著选》,赵祥麟、王承绪译,华东师范大学出版社1981年版,第227页。

②　[美]杜威:《学校与社会·明日之学校》,赵祥麟等译,人民教育出版社2004年版,第3、10页。

③　[美]杜威:《杜威教育论著选》,赵祥麟、王承绪译,华东师范大学出版社1981年版,第281页。

"先验自我"转向"人的存在",从"纯粹本质"转向"生活世界"。在萨特(Jean – Paul Sartre)看来,任何讨论"人性"的一般命题都是不成立的,因为"存在先于本质",也就是,我们每个人必须自己去发现自己的存在,然后决定我们自己选择和造就成什么,而不是讨论和追求真假的抽象理论;我们注定是自由的,自由是无限的,作为意识的自为存在区别于作为无意识客体的自在存在,它是自由的,因此决定了人的任何选择都是自由、自觉的和主观的;当然绝对的自由意味着绝对的责任,即无条件地承担责任和苦恼。归结起来,存在主义的教育人性化观的核心是人的个体存在。它关注人的目的和意义而非科学真理和形而上学真理,尤为重视个人自由,因此,教育应该指导人意识到他的环境条件,促进他顺利地投入到有意义的生存条件中去。教育的重要目标是:①发展个人的意识;②为自由的、合乎道德的选择提供机会;③鼓励发展自我认识;④发展自我责任感;⑤唤醒个人的承诺感。①

存在主义的教育人性化观的实践取向体现在海德格尔(Martin Heidegger)的"此在"概念中。"此在"就是生存中的人,"此在的'本质'在于它的生存",因此,"这种存在者的存在总是我的存在。这一存在者在其存在中对自己的存在有所作为"。②"此在"只有通过非本真状态达到本真状态。"此在"的三种存在方式——沉沦态、抛置态和生存态分别对应着过去、现在和将来。在沉沦态中,"此在"必须把现实中的"恐惧"转向本真的"焦虑",从而迎接人生的挑战;把非本真的闲谈、好奇和含混转变为本真的"言谈",从而根据对过去的解释和对将来的理解,把语词符号加以运用;把非本真的理解如等待、观望和忘记等转向"筹划",使世界适应自己的计划,把可能性变为现实。最后,海德格尔用"烦"来呈现"过去—现在—将来"的整体结构。"烦"的本真的、最后的形式是"面对死亡的决断",即"向死而生"。它并不是指"实现"死亡,不是停留在终结的可能性上,"向死存在,作为先行到可能性中去,才刚使这种可能性成为可能并把这种可能性作为可能性开放出来"③。归结起来,海德格尔的存在、烦、生存就是实践,而且是一种涵蕴最为深广的实践。

---

① 陈友松主编:《当代西方教育哲学》,教育科学出版社1984年版,第228页。

② [德]海德格尔:《存在与时间》,陈嘉映、王庆节译,生活·读书·新知三联书店2006年版,第49页。

③ 同上书,第301页。

也就是说，人的此在的意义乃至整个世界的意义，并不是由自我意识或者概念揭示出来的，而是由这种特殊含义上的实践本身加以揭示的。在教育理论界，"海学"或"海派"蔚为壮观，生存教育、理解教育等都有海德格尔的踪影。但是，像阿多诺（T. W. Adorno）在《否定的辩证法》中所批判的那样，海德格尔的"无名"的实践哲学具有一种"条顿化的神秘主义"，创造了存在的神话，最终走向同质化的暴政，失去了人的反思和批判的力量，最终泯灭人性。

> 海德格尔对存在的狂热崇拜、对唯心主义精神崇拜的抨击当然是以对存在的物化的批判为先决条件的。但是海德格尔的存在同它的相反极，即精神根本不加区别并像精神一样是压抑的，只是不如精神透明而已，而精神的原则是透明的。因此，比起精神哲学来，海德格尔的存在甚至更不能对统治的本性进行批判的自我反思。①

九 人本主义的教育人性化思想及其实践取向

人本主义的教育人性化观认为，教育的目的和功能，也是人的目的、人本主义的目的，与人有关的目的，在根本上就是人的"自我实现"，是丰满人性的形成，是人能够达到的或个人能够达到的最高度的发展。② 人本主义在当时的各种心理学派对人性所做的各种描述之外，还发现人还有一种更高的本性。这种本性是"似本能"，是人的本质的一部分，即人有高级需要。人不满足于低级的需要，不断地追求更高级的需要，这些生理驱力或需要包括从生理需要、安全需要、自尊需要到自我实现的需要，必须在前一种需要得到满足之后才会产生下一种需要。理想的教育应当是让儿童发现自我同一性和使命的内在教育，因此要让儿童自己发现生活是可贵的、美好的，同时也是超越虚假的严肃问题。进而，强调体验的重要作用。在具体的体验中，存在与价值并不分离，每种价值和需要都同等重要，他们都是人性的不同方面而已。当然，只有那些追求自我实现的人才能更享受基本需要的满足。

人本主义的教育人性化观还重视交往实践，以及在交往中人的个性的

---

① ［德］阿多诺:《否定的辩证法》，张峰译，重庆出版社 1993 年版，第 95—96 页。
② ［美］马斯洛:《人性能达到的境界》，林方译，云南人民出版社 1987 年版，第 169 页。

形成。罗杰斯（Carl Ranson Rogers）以病人为中心的治疗法，反对使用预定的理论和技术，主张在人与人之间（例如，我们学校里所存在的人与人的关系），通过平等对话，帮助人打开他自己获得经验的道路，使其成为一个充分发挥作用的人，"……一个处于变动过程中的人，而不是已经达到某种状态的人，……一个直接经验着现在的人，……能够使他的整个有机体在复杂的情境中自由地发挥作用，从大量的可能性中选择一种行为，而这种行为在此时此刻最容易使人感到真正的满足"[①]。自我实现中的"自我"概念是复杂的、变化的，决定着人们如何反应或处理极其多样的环境。它是关于"是谁"和"是什么"的概念，不仅包括他的中心信念系统，而且包括一个人自身的形象以及别人的评价。[②]

从实践哲学的角度看，人本主义的教育人性化观强调以人为中心，发展人的潜能，追求人的自我实现，体现了教育人性化的应然诉求。人本主义的教育人性化观深受心理学、存在主义和人本主义哲学的影响，因此，人本主义与以人为本中的"人"还需要进行具体的、历史的考察。同样，马斯洛（Harold Maslow）的"需要"作为一种"似本能"，把"需要"作为一种客观需要，是人性的必要前提和具体内容，因此，教育是否满足儿童的需要成为是否人性化的一个客观标准，儿童的基本需要和精神需要成为教育人性化的动机。当然，这里存在着"需要"是否一定具有阶段性和层次性，以及在具体历史情境中，存在如何满足这些需要、需要是怎么确定的、是谁确定的、谁的需要应当得到满足、满足谁的需要等问题。它们必然受到不同阶层利益和具体历史的、现实的条件的影响，因此"需要"概念不再是一般的、永恒的概念，而是具体的、现实的和个体化的概念，这将在下文有关马克思的人性理论中进行具体的探讨。

第二节　教育人性化研究范式

上一节历时地考察了各种教育人性化思想的实践取向，这一节将共时地比较各种人性研究范式，探寻教育人性化的研究范式。

---

① ［美］罗伯特·梅逊：《西方当代教育理论》，陆有铨译，文化教育出版社1984年版，第235页。

② 同上书，第236页。

一   教育人性化的进化论研究范式

达尔文的生物进化论改变了人性研究的范式,使生物学成为人性研究的理论基础,成为近代以来人性研究的重要方向,因此,在他们看来,"基督教的独创论、本质论、目的论和生机论的哲学、生物学中的拉马克主义,以及其他相关的学说都没有存在的必要了"①。

(一) 何谓进化人性论

达尔文在拉马克(de Lamake)提出人性"用进废退"和"获得性遗传"的进化论基础上,提出"自然选择"的古典生物进化论。认为,物种是由低级到高级、由简单到复杂逐步演变而来;不是物种适应自然,而是自然选择决定物种的生存,即使物种内部的个体与个体之间的生存斗争都无法和自然选择的作用相比;遗传性变异和生殖过剩与生存条件的有限性之间的矛盾是物种演变的内外原因。达尔文还把进化论运用到人类社会的研究中,认为人是自然选择的结果,无论是人的身体结构和心理能力,都与动物极其相似;人和动物一样具有一些基本相同的本能,如果人所具有的几种感觉和低等动物的相同,那么他的基本的直觉能力一定也是和它们一样的。人也有和动物相同的少数几个本能,如自我保全、两性之爱、母亲对新生子女之爱、母乳喂养的欲望,等等。但人所具备的本能,比在进化系列中仅次于他的一些动物来,似乎少了些。② 达尔文认为,人不仅具有个体的本能,表现出利己心,而且在群体的自然选择中具有社会本能以及以此为基础的道德良心,表现为利他心;个体本能比社会本能强大,但后者更为持久;社会本能主要体现为乐群、同情、怜悯、友爱等,它是道德良心形成的心理基础;人的良心主要体现在个体本能与社会本能发生冲突时,人会选择社会本能所代表的行为,而且良心得到了语言和习惯的强化,逐渐成为一种心理机制和行为规范,因此,进化中的人性价值具有了功利主义与道义论的特征。

在 20 世纪 70 年代,现代的综合进化论出现了。社会生物学奠基人威尔逊(E. O. Wilson)把达尔文的进化论推进到基因选择论,调和利己本能、社会本能与性本能或动物性和社会性之间的矛盾,通过研究动物社会

---

①   赵敦华:《人性和伦理的跨文化研究》,黑龙江人民出版社 2004 年版,第 143 页。

②   [英] 达尔文:《人类的由来》,潘光旦、胡寿文译,商务印书馆 1986 年版,第 99 页。

来了解人类社会。威尔逊认为，基因是绝对自私的，无论是绝对利他行为还是相对利他行为，唯一的目的就是生存，即不断地扩大自己在基因库中的频率。因此，人类的一切行为，包括攻击行为和利他行为，以及人的品质、社会文化等，都是从自私的基因出发的，这和霍布斯等人的主张没有区别，只是他从生物学出发考察人性，以微观的基因为基础考察人性而已。

（二）进化人性论的可能性实践

进化论的人性研究范式基于生物学，把人文科学和自然科学结合起来，继承和发展西方传统人性论的自然主义精神，坚持其经验主义的方法。更为重要的是，威尔逊和达尔文都相信人和动物具有连续性，人首先是一个动物，人的高级的特性都由动物发展而来。在威尔逊的眼里，人和动物的基因具有几乎相同的基因；自由意志不是人和动物的区别所在，人的自由意志都只不过是统计学上的测不准原理的应用而已。[①] 归结起来，无论哪种进化人性论，都揭示了人性发生的过程就是一个在实践中不断适应、改组和改造，创造无限可能性的过程。据此，赵敦华对人性论做了如下推理：

前提1：人性是在选择压力下自然形成的人类适应特征，包括心理机制和与之相应的社会行为模式；

前提2：人类的心理机制是相对固定的，有较大的弹性；社会行为模式的适应程度却有相当大的不同；

前提3：一些社会行为模式在选择压力下的变化和人类心理机制的固定不变是相互对应的人类适应特征；

结论：存在着共同的人性。[②]

前提1把人性视为个体适应特征的集合概念，不把生物属性或可遗传性当作适应特征的必要条件，而是把先天或后天获得的自然特征作为人性

---

① 参阅［美］爱德华·O.威尔逊《论人性》，方展画、周丹译，浙江教育出版社2001年版，第一、二章；［英］皮特·J.鲍勒《进化思想史》，田洺译，江西教育出版社1999年版，第十二章；米满月《达尔文和威尔逊：生物人性论的奠基及其在当代的演进》，《湖南师范大学社会科学学报》2009年第2期。

② 赵敦华：《人性科学何以可能》，《哲学原理》2006年第1期。

的标志；前提 2 适用于具体的活动，心理机制和社会行为模式在具体活动联系紧密，只是在适应性上具有较大差异，前者对环境的适应是相对稳定的，有较大的伸缩性，后者的适应性是不稳定的，有程度高低之分；前提 3 把人类固定的心理机制和不同群体的多样的、变化的社会行为模式相对应，二者的关系不是因果关系，也非一一对应的逻辑关系，而是在不同环境的选择压力下形成的适应性，因此它服从于进化论的科学解释。赵敦华最后得出结论，人性应当在下列不同层面实现其基本条件：

（1）自然特征：在"自然选择"压力下形成的适应特征；

（2）心理特征：这些适应特征主要指个人发育过程中自然形成的心理机制；

（3）社会特征：这种心理机制与一定的社会行为模式相对应，并驱动适应的或不适应的社会行为；

（4）人类共同特征：人类的每一个所具有的自然禀赋。①

（三）教育人性化的进化论实践与批判

进化人性化论表明"人直接是自然的存在物"，因此，人的生物属性对教育的影响是直接的，它是教育人性化的直接依据。教育学家斯宾塞、赫胥黎、杜威等都受到达尔文进化论的重大影响。进化论是斯宾塞的教育思想的理论基础，尤其在他提出的智育、德育、体育的过程中。他认为，从教育生物学方面来看，可以把教育看作一个使有机体结构臻于完善并使它适合生活事务的过程，智育、德育和体育都是人性进化的一个阶段。在智育中，智力活动是大脑神经丛的完善，每学一堂课，每做一件事，每一次观察，都包含着一定的神经中心的某种分子的重新安排。在德育中，遗传的体质必然是决定品格的主要因素，"道德教育的原则"是对于每一个行动必须习惯地体验到自然的反应。由于低级的生活方式的提高是通过随着这种或那种行为所带来的享受快乐和遭受痛苦而达到的，所以，现在所达到的生活方式的进一步提高，也必须通过享受快乐或遭受痛苦来达到。在体育中，像低等动物那样，幼小时不要像成人那样劳动，要使生活有利于身体的发展；对身体健康来说，感觉是最可信赖的向导，不良的体育管

---

① 赵敦华：《人性科学何以可能》，《哲学原理》2006 年第 1 期。

理的危害，是忽视这些向导造成的。从斯宾塞的教育目的论来讲，为完满的生活做准备的科学知识也是最终产生进化论的知识。值得注意的是，斯宾塞的进化思想早于达尔文进步论思想的提出，而且，他认为进化、运动是由外力推动的，而非像达尔文所主张的生物的内部矛盾运动。①

杜威认为，达尔文进化论用"自然"本身来说明"自然"，其革命性不亚于哥白尼革命，它表现在：人和社会都被视为自然的一部分，使人抛弃了目的论概念，关注和探究事物发生的现实的、具体的、特殊的条件和价值，"经验"从而获得了新的意义；"有机体"与"环境"之间的一种相互作用，经验的意义就是人的自然生长、生活和历史的统一，因此，它们成了"教育即生长"、"教育即生活"、"教育即经验的改组与改造"等命题的哲学基础。② 在杜威看来，教育处于和生活、经验、环境的关系之中，涉及有关人的三门科学——生物学、社会学和心理学。生物学意指"生活之科学"，心理学是指基于可变化人性基础上的社会心理学，它决定着教育的方法，社会学决定教育的目的。后两者都应以生物学为基础，前两者都应以社会民主为目的。因此，教育类似于个人的生长（教育即生长）；通过教育而得到生长，个人的经验即得到改造（教育即经验的改造），而经验就是文化；个人经过经验的改造而获得对环境的适应，使个人得以生存和发展，个人的发展又离不开社会环境，即人与人之间的传达；个人有生有死，通过教育使社会积累的经验得以传递。③

从实践哲学的视角分析，达尔文的进化论在历史上被视为一种假说，把人置于生物进化的顶端，容易导致人类中心主义，而且，其在社会中的机械运用形式——社会达尔文主义，常常被视为种族主义思想的源头。④威尔逊的生物人性论不承认达尔文进化论中的社会本能和良心，但对文化在人性发展中的作用没有足够的重视。而且，进化不等于进步，生物学意义上的适应性生存在社会历史中具有不同质性，自然科学的解释模式直接

---

① 王承绪：《斯宾塞的生平和教育思想》，载 ［英］ 斯宾塞《斯宾塞教育论著选》，胡毅、王承绪译，人民教育出版社1997年版，第32—36页。

② 田光远：《科学与人的问题：论约翰·杜威的科学观及其意义》，复旦大学出版社2006年版，第31—36页。

③ 陈桂生：《教育原理》，华东师范大学出版社2000年版，第194页。

④ 参阅 ［法］ 德尼·布伊康《达尔文与达尔文主义》，史美珍译，商务印书馆1999年版，第四、五章；［英］ 狄肯斯《社会达尔文主义：将进化思想和社会理论联系起来》，涂骏译，吉林人民出版社2005年版，第五章。

搬到人类历史演进中来，容易导致自然主义的谬误，"进化是进步的反面"，"达尔文表现了生物学中的无能为力"，"如果有多种不同和任意的方法来理解进化原理，那是因为它的大多数支持者之所以接受它，不是出于理智的原因，而是出于政治的原因"。① 因此，在教育人性化的具体实践中，还需要进一步思考下列问题：既然人性是"人类的普遍本性"，那么教育人性化实践需要思考这些能力实际上如何依赖于特定的社会和"历史时期"，因此，这些与教育实践相关的人性能力决不会被所有成员同等程度地意识到；更需要明确的是，教育现代性中，这些人性能力既会发展也会受到压制，某些人充分发挥了自己的人性潜能和能力，但其他人由于各种形式的社会统治则没有实现这种能力。

二　教育人性化的复杂性理论研究范式

(一) 何谓复杂人性论

首先，复杂人性论认为，人性是一个"半岛似的概念"，是一个连续的系统。法国哲学家埃德加·莫兰 (Edgar Morin) 批判以往人性研究的各种范式极容易陷入封闭状态，也就是"孤岛"的状态。主张人类学不应断绝自己与"自然主义"的联系，把人类精神和人类社会与生物世界对立起来，切断人类—文化、生命—自然和物理—化学之间的关联，而应当相互蕴含、相互作用，形成一种"半岛似的概念"。"半岛似的概念"表现了人在自然中的特异性，使人不孤立于他的自然起源；其中，起连续作用的主要是实践的复杂性，其驳杂的和不确定的标志、征象是那种永远不能成功地完全吸收或化解无序而需要无序因素的支撑和帮助来实现其组织作用的有序，"生动"的有序是不断再生的有序，无序不断地被吸收、排除、抛弃、回收、转变，无序不断地再生而社会有序也随之不断再生，这就是复杂性的"矛盾"，复杂性的逻辑、秘密、奥秘和自组织都意味着"一个社会因为它不断地自我破坏所以不断地自我产生"②。

其次，复杂人性论认为，人性有自组织性。在复杂性理论中，生命是建立在复杂性逻辑上的永恒的再组织系统，和热力学中随着分子无序化和

---

① 〔法〕索雷尔：《进步的幻觉》，国英赋、何君玲译，光明日报出版社 2009 年版，第154—155 页。

② 〔法〕埃德加·莫兰：《迷失的范式：人性研究》，陈一壮译，北京大学出版社 1999 年版，第29—30 页。

组织解体的趋向而呈现的熵不同，生命则是随着组织化和复杂化增长的趋向，亦即负熵。同时，生态学改变了自然的概念，竞争和配合在生态系统的复杂的基础中起决定作用。通过这些相互作用，形成了若干个循环，也形成了一个总的有机体，一个自我组织的整体，使生物和环境之间不仅有了能量的交换，而且有了负熵，也就是具有生命的复杂组织和信息的交流，因此，生态系统中自然和人类社会或文化之间成了两个开放系统，形成了相互包容和互存的整体，"一个生物系统愈是具有自主性，它愈依赖于生态系统。事实上，自主性以复杂性为前提，而复杂性意味着和环境之间的多种多样的极其丰富的连续，也就是说依赖着相互关系；相互关系恰恰构成了依赖性，而这种依赖性是相对的独立性的条件。同理，在自然界享有最大自由的人类社会以对自然界的多种依存性来滋养它的自主"[1]。进而，动物行为学改变了对动物的看法，认为，动物的行为同时是经过组织的和起组织作用的，因为动物进行通讯，在相互表现中接受和解释特定的行为包含的消息，涵盖了一个复杂的符号学领域，超出性关系而涉及各种各样的个体间的关系。最后，生物—社会学设想人类社会是生物自组织的基本形式之一，在发现了这些动物群体之中的复杂的组织形式后非常有必要使用社会的概念，从而代替以往称其为乌合之众、兽群、鸟群之类的概念，而且，"人们认识到，通讯、符号、礼仪都不是人类的独占物，它们有着在物种进化的历史上可以远远上溯的起源"[2]。

　　再次，复杂人性论认为，人性是悖论性或矛盾性的存在。它认为，人是智人加狂徒，在智人那里最关键的东西是大脑和环境之间的关系的不确定性和模糊性，也构成了主观性和客观性、想象事物和现实事物之间的不确定地带，由此，智人的世界产生了大量的与生物系统内部相应的错误，因此，人类的真理包含着谬误，人类的秩序包含着无序，复杂性、发明、智慧、社会的进步既是"由于"，又是"随着"，又是"不顾"无序和错误的。而且，必须承认人所具有非理性的东西，如喜庆、舞蹈、痉挛、眼泪、享乐、陶醉、痴迷等，都是人类的本性。同时，历史社会的无序是智人本有的无序的表现和产物，人类社会中的无序多于自然界中的无序，这

---

　　① ［法］埃德加·莫兰：《迷失的范式：人性研究》，陈一壮译，北京大学出版社 1999 年版，第 14 页。

　　② 同上书，第 18 页。

些非但没有减损智人的力量，反而奇迹般地促进了人口增长、技术进步、经验—逻辑思想的发展、更复杂的国家和社会等。此外，智人—狂徒的悖论是逻辑操作、感情冲动和基本的生存本能之间、调节和放任之间的永恒的组合性的游戏，但正是发生于无意识深渊中超自然的混乱无序及其奇异和脆弱的现象，也由于情感的深厚力量、梦幻、忧虑、情欲可以浇灌逻各斯，因此，把智人的头脑真正地变成了一个超级复杂的系统。总之，"现在我们可以理解，是智人脑的把多种成分联邦式地整合为一、加强其间的相互联系的结构，使得有可能把生物的方面、文化的方面和精神的方面（这些成分同时是互补的、竞争的和对抗的；它们的相融程度依个人、文化、时代而十分不同）联邦式地整合在生物—心理—社会—文化的惟一系统中"①。

最后，复杂人性论认为，人是"类存在"。人的本性就是"类的存在物"，意识是人类本性的基础或大脑超级复杂性的产物，它具有反思的能力，即认识返观其自身，从而使自己变成认识的对象的能力。因此，人性的多样性统一于超级复杂的系统的统一性中，"这个统一性，是许多再生性原则的总体（我们不能忘记第一个再生性原则是生物—遗传原则）；从这些再生原则出发发生了智人的所有头绪纷繁的发展"②。社会是在每个新的复杂化的过程中自我重新建立的，因此原始社会不是人类社会的最初基础，却是新的基础，是人类社会的第二次诞生。性欲不仅仅是人的生理基础，而且在社会发展中，它使家庭诞生，也使家庭内部以及它和社会、其他家庭和个体之间在爱情、配偶、婚姻中具有了互补性和竞争性。对欲望的控制和规则约束之间的矛盾造成了社会生活具有了双重性，异族通婚等制度在加强民族和个人的多样化的同时，也停止了生物进化过程，该过程到智人为止，产生了新的族类。换言之，亲属关系在宏观结构和微观结构之间进行着生物—社会—文化的连接作用。文化在原始社会具有更多的融合功能，作为认识、技术和传统的文化资本维系着一个独特的共同体，语言和姓名把个人的身份和一定的社会文化建立了区分和归属关系，因此，文化的精神领域确定每个个人和每个社会的身份特征，文化系统作为

---

① ［法］埃德加·莫兰：《迷失的范式：人性研究》，陈一壮译，北京大学出版社1999年版，第115页。

② 同上书，第130页。

再生系统保障一个社会的永久的自我产生和自我再组织。文化遗产和基因遗传结合起来，组成一定的文化模式，塑造出"基础人格"，但也创造出新型的个体复杂性。"文化编码"维持社会系统的完整性和同一性，保障它的自我延续或不变的再生，从而抗拒不确定性、随机事件、混乱和无序。

（二）复杂人性论的实践的综合

埃德加·莫兰认为，人从灵长类动物开始进化，进入猿人时期，就是产生人类社会的时期，也是其中产生文化的时期。人类化的动物、自然中社会和与生物进化相联系的文化的创生使生物主义和人类学主义的两个认识论上封闭的领域有了开放的可能。而且，社会—文化的创生离不开实践，最早的人类实践源自猿人双脚行走的活动和垂直站立的姿势。在实践过程中，猿人的进化过程被想象为遗传、环境、大脑、社会和文化的相互干预产生的复杂的、多方面的形态发展过程（见图2—1）。①

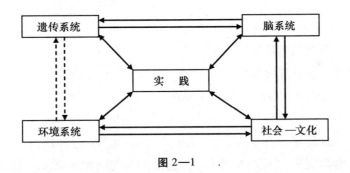

图 2—1

猿人进化过程中，狩猎活动强化和复杂化了脚—手—脑—工具的辩证的相互作用，促进了古社会的形成，既保留灵长类社会的统治—等级原则仍然发挥重要的作用，又产生合作—社会主义原则。在原人社会，由于把技术整合到经济活动中，因此，经济组织也是严格意义上的文化现象。语言作为一种组织化的基本类型，把具有若干层次的等级结构和推论的组织结合起来，语言就变成了文化资本，在整合的社会系统中进行首尾衔接的自我核心化运动，因此是语言创造了人，不是人创造了语言。当然还需补

———————

① ［法］埃德加·莫兰：《迷失的范式：人性研究》，陈一壮译，北京大学出版社1999年版，第43页。

充说：猿人创造了语言。语言是文化的标志，但人的文化本性还需追溯到人的自然形成过程，尤其是大脑在实践中的进化，从而使大脑具有潜在的未完成性，可以不断学习和适应。大脑进化、青春化和文化的发展与不断增长的社会复杂性互生互动，使文化成为人的本性，"文化发挥着补充作用加入到本能（遗传的程序）衰退和组织性智能增进的过程，它同时被这个衰退（意味着青春化）和这个增进（意味着大脑进化）所增强，并为这两者所需要。它构成了一个'记录器'、组织性资本、信息的源泉，适于滋养大脑智能，给启发性的活动策略指示方向，给社会行为编制程序"①。

综上所述，实践规定与创造着人性，包括了人的本性、特性和属性，也包括了人性的历史性，"动物和人类的区别仅在于人类是实践的存在。动物因为其活动不能构成有限行为，所以不能创造与自身相分离的创造物，而人类通过对世界的行动可以创造出文化和历史的天地。只有人是实践的——作为真正改造现实的反思和行动，这种实践是知识与创造的源泉"②。

（三）教育人性化的复杂性理论探索

复杂人性论的实践综合性意味着，教育人性化实践也具有自身的复杂性和综合性，具有连续性与非连续性、整体性与自发性等特征。

首先，"人的半岛似的概念"意味着：教育人性化应当把人的生物属性、社会属性和精神属性统一起来，并且根据每种人性属性所特有的规定性进行系统的教育。具体而言，"人性"与"物性"相对时，"人性"意指"生命的本能"、"生物的特性"，这是人与物的根本区别，因此，教育应当直面人的生物属性，直面"沉重的肉身"，直面人的"食色之性"；"人性"与"兽性"相对时，人性意指人的社会属性，所以教育应当在人性自由与秩序之间寻求辩证关系，实现每个人的和全社会的自由发展；"人性"与"神性"相对时，人性意指人的精神属性，故而，教育应当满足每个人的精神需求，超越本能、社会规范的束缚，达至人性的自觉。③

---

① ［法］埃德加·莫兰：《迷失的范式：人性研究》，陈一壮译，北京大学出版社1999年版，第72页。

② ［巴西］保罗·弗莱雷：《被压迫者教育学》，顾建新等译，华东师范大学出版社2001年版，第48页。

③ 宋剑、扈中平：《教育与人性：教育人学研究的永恒命题》，《教育理论与实践》2007年第9期。

其次，教育中个体的发展具有典型的自组织特征，这将作为"看不见的手"的人性特征对教育产生的影响，① 因此，教育应当遵循儿童生命发展的内在逻辑，顺应、促进生命生长。杜威提出的"教育即生长"的首要条件是儿童的未成熟、未特定化状态。生长不是填补儿童的未成熟状态和成人的成熟状态之间的空缺，而是，儿童自身具有一种寻求补偿的力量，具有可塑性，顺从习惯的倾向，从而主动地选择环境。因此，"教育即生长"意味着，教育的过程，在它自身之外没有目的，它就是它自己的目的；教育过程是一个不断改组、不断改造和不断转化的自组织过程，而且，学校作为教育的形式化和制度化组织，应当通过组织保证生长的各种力量，以保证教育得以继续进行；学校系统也应当人性化，在"看不见的手"的自组织动力下满足学生的生长。②

再次，教育应当"率道修性"，遵从人性悖论性和矛盾性地发展的过程。《中庸》开篇有言："天命之谓性，率性之谓道，修道之谓教。"这里的"性"就是人性，具体而言，人性涉及与生俱来且不为人力所改变的自然之性或本能，与生俱来而可改变其方向或强度的基本情感、人为的"欲求"和器官的官能等。这里的"道"包括了人之道与天地之道，人之道即"人之所以为人"的道理或原则；天地之道即"物之所以然"，是万物的根源或宇宙原始，是中国哲学中的形而上学的本体，是"精神"或抽象的、本有而一贯（或永恒）的"本体"。③ 人之道与天地之道都属于人的社会属性与精神属性，率性修道就是出于人性、顺乎人性、发展人性的实践活动。教育的本义寓居其中，"人的天性将通过教育而越来越好地得到发展，而且人们可以使教育具有一种合乎人性的形式"④。

最后，教育人性化是"类生命"⑤ 生长的过程，是在自我和文化之间不断进行的历史性超越过程。教育人性化必须注意人性结构的内在关系的连续性和开放性，既要实现从物性、兽性和神性向动物性、社会性和精神

---

① 倪胜利：《大德曰生：教育世界的生命原理》，广西师范大学出版社2006年版，第69页。

② ［美］杜威：《民主主义与教育》，王承绪译，人民教育出版社2001年版，第49—62页。

③ 参阅钱穆《中国思想通俗讲话》，生活·读书·新知三联书店2002年版，第22—26页；贾馥铭《教育的本质：什么是真正的教育》，世界图书出版公司2006年版，第46—47页。

④ ［德］康德：《论教育学》，赵鹏译，上海世纪出版集团2005年版，第6页。

⑤ "类生命"最早由高青海教授提出，意思是，由于人的本能欠缺同生存需要的矛盾，使人产生一种新的、超越生命功能的需要，即支配生命活动的"超生命的生命"。它是动物所不具有而人所特有的生命存在形式。冯建军：《生命与教育》，教育科学出版社2004年版，第21页。

性的超越，也要在生产劳动、交往活动、艺术活动中实现现实性的超越。中国学者章斐宏提出立体人性架构，认为人类具有人性的先天架构，人性的现实性是在人性先天架构的基础上发展起来的，而且人性在现实中所体现的东西高于先天架构。但人性的先天架构并未在现实人性架构中被取代，而是继续发挥作用，随着人性的后天架构的无限扩充而萎缩甚或消糜。人固有的人性架构在内部欲性因子和外部环境因子的作用下，通过个体人性的一般发展出现质的分化，即人性随着人的（总体和个体）自然体质的发展而发展；人性随着人的（先天和后天）理性状态的发展而发展；人性随着人的（继承和突破）社会理性的发展而发展。[①]

"类生命"的生长不仅本身具有教育意义，而且需要教育的参与，其过程是一个不断创造、更新的过程，因此，教育人性化的"类存在"是多要素、多层次、多阶段的，但从创造性和超越性而言，它就是一个创造活动的统一体。无论"人是理性的动物"、"人是政治动物"、"人是社会性动物"，还是"人是符号的动物"，教育都是从人能运用理性，使用符号的角度，创造性地使用人的欲望、理性和文化，在人在实践过程和形式中理解人的本质，从而把人的动物属性和社会属性、精神属性联系起来。"语言、艺术、神话、宗教决不是互不相干的任意创造。它们是被一个共同的纽带结合在一起的。但是这个纽带不是一种实体的纽带，如在经院哲学中所想象和形容的那样，而是一个功能的纽带。我们必须深入到这些活动的无数形态和表现之后去寻找的，正是言语、神话、艺术、宗教的这种基本功能。"[②] 因此，卡西尔满怀信心地说，人性意味着"我们寻求的不是结果的统一性而是活动的统一性；不是产品的统一性而是创造过程的统一性"[③]。

三　教育人性化的实践人性论范式

从上面两种教育人性化研究范式可知，通过实践，教育人性化得以规定和统一，因此，从实践人性论的视域研究教育人性化，将具有理论和实践的适切性。在教育人性化活动里面，人性都统一在人和自身、环境、世

---

① 章斐宏:《第三种人性》，译林出版社 2006 年版，第 1—11 页。

② ［德］卡西尔:《人论》，甘阳译，上海世纪出版集团、上海译文出版社 2003 年版，第107 页。

③ 同上书，第 133 页。

界的相互作用过程中，"人的突出特征，人与众不同的标志，既不是他的形而上学本性也不是他的物理本性，而是人的劳作（work）。正是这种劳作，正是这种人类活动的体系，规定和划定了'人性'的圆周"①。但问题是，教育怎样才能实现人性的圆周：神话、宗教、语言、艺术、历史和科学？如何保证人性各要素的连续性与超越？在教育人性化的理论与实践中，新的人性研究何以能具有开放性、内在收敛性和外在的发散性，并能经受经验的和实践的验证？

（一）　实践何以能规定人性

何谓"实践"？实践一定是指人类的活动，人类之外的自然，包括植物或动物的行为以及假想的上帝的创世，都不是实践，因为"实践的含义永远有两层：其一是有意愿地，在活动和行动中创造的可能性；其二是实践在扭转人类遭遇困境时对'必要性'的回应"②。也就是说，人类之外的自然不会有意愿或意向地创造，人类之外的上帝根本没有必要扭转困境，而人不仅是唯一需要实践和能够实践的造物，人的实践需要和能力也奠基于这种人与人之外的自然和超自然的不同，因此，人通过实践把自然对象化，同时，在对象化的过程中创造人化的自然。

马克思的实践人性论首先批判费尔巴哈的旧唯物主义的人性观。费尔巴哈提出了"我欲故我在"，认为感性才是人的内在本质；脱离自然性，脱离感性，就是脱离人性，最终将会导致人性的异化。真实的人是那种充满感情和充满爱的人，是那种有着强烈的求知欲和意志力的人，是那种回归到感性存在的人。这种从感觉主义到个人主义、利己主义的思维逻辑是天然合理的，体现了生命之爱。它要求把超自然的东西回归自然，把超人的东西复归人本身，因为，即使像宗教那样的东西，都是人根据自己的形象创造出来的。马克思认为，费尔巴哈的人性论发展了人性中的能动方面，但是，他只是从客体的或者直观的形式去理解事物、现实和感性，而不是把它们当作人的感性活动，当作实践去理解，不是从主观方面去理解实践批判的意义。实践人性论所理解的人的本质，并不是单个人所固有的抽象物。在其现实性上，它是一切社会关系的总和。实践人性论的任务不

---

① ［德］卡西尔：《人论》，甘阳译，上海世纪出版集团、上海译文出版社2003年版，第107页。

② ［德］底特利希·本纳：《普通教育学：教育思想和行动基本结构的系统的和问题史的引论》，彭正梅等译，华东师范大学出版社2006年版，第14页。

只是解释世界，更在于改造世界。①

首先，人性在实践中生成，所以，人性是实践的结果，而不是先天存在的抽象物，而且人性具有向应然生成的开放性和结果性。马克思认为，实践不仅创造了人，赋予人以各种属性和特性，而且人是能动的、生产性的存在，人用生产其生存手段的事实，使自身与动物区别开来。人性的具体的生成还体现在，现实的个人通过活动，把历史科学中的自然史和人类史联系起来，相互制约。但是，人性的历史更主要是人类史，因为意识形态不是曲解人类史，就是撇开人类史。

其次，实践规定了人的"类存在"。马克思认为，类存在就是人把自身当作普遍的因而也是自由的存在物来看待。生产、生活、劳动是人区别动物的特性，"生产生活就是类生活。这是产生生命的生活。一个种的整体特性、种的类特性就是生命活动的性质，而自由的有意识的活动恰恰就是人的类特性"，"有意识的生命活动把人同动物的生命活动直接区别开来。正是这一点，人才是类存在物"。② 在马克思的哲学中，实践就是人的本性，是人作为人应有的、使人成其为人的内在规定性，"通过实践创造对象世界，改造无机界，人证明自己是有意识的类存在物，就是说是这样一种存在物，它把类看作自己的本质，或者说把自身看作类存在物"③。

第三，实践规定了可能的人性，使人性具有丰富性、开放性和个性，以及创造性和超越性。人性何以能够超越本能，并通过经验层面的感知和观察，迈向无限的想象与可能的空间？生命、肉身体认、意识对象化、劳动、对话、反思以及自由幸福的追求都是实践创造人性的可能形式，因此，人性是实践选择的结果，"为了在充满可能性的丛林之中，标示出前进的道路，建设美好的、温馨的和殷实的家园，人类依然需要不断地作出选择"④。进而，人有敬畏自然之心，人有僭越自身理性的梦想，而且想象力会对人性本身产生理想性的设定和超越，甚而形成一定的神秘性，但它们通过实践，在一定的社会关系中形成和表现了人的社会性和精神性。

---

① 《马克思恩格斯选集》（第一卷），人民出版社1972年版，第16—19页。

② 马克思：《1844年经济学哲学手稿》，中共中央马克思恩格斯列宁斯大林著作编译局译2000年版，第57页。

③ 同上。

④ ［美］伊斯雷尔·谢弗勒：《人类的潜能：一项教育哲学的研究》，石中英、涂元玲译，华东师范大学出版社2006年版，第55页。

海德格尔认为，"此在"诗意地栖居在天地神人之间，人性与神性的交融无限美好，人性荡漾于浪漫与现实、理想与实在、神性与理性之间。事实上，这种"此在"的延展就是人在历史性中的具体的个体活动，是一种诗意化的、浪漫主义的实践。

第四，实践规定了人性的历史性。在生理学意义上的"生命"、心理学意义上的"需要"、社会学意义上的"同情、怜悯、交往"、伦理学意义上的"自由、幸福、正义"，都是人性的具体内容，都是人性实践的社会构建，因此，杜威说人性探讨的任务"就是研究人性特定的构成因素，天然的或已经改变的，怎样和一定文化的特定的构成部分交相作用的方式；要说明在人性这一方面和社会习俗与规章这一方面，两者之间的冲突和一致乃是由于各种可以记述的交相作用的方式所产生的结果"①。但是，这些人性的具体内容和人性要素的交互作用，只有在人的实践中以及对于这个实践的理解中才能得到合理的解决。也就是说，它们既是生产劳动的结果，也是在一定的社会形式中进行的。因此，人的动物属性、社会属性和精神属性相互联系，在历史、社会与文化环境中的交互作用从未停止过，人性的意义不断在发生变化，其结果是很难明确区分人性各种属性之间的界限。

第五，实践规定了人性的现实革命性。由于实践是人类感性的现实活动，因此，在实践中生成的人性具有多样性，"我们的困难在于对人性知道的太少"②，同时，实践的创造性决定了人性具有无法估量的潜能，即使在高度理性控制之下，人性都会以不同的方式突现出来。现实中，我们之所以不能割离人性的各个方面？因为实践的人性和人性的实践构成了人性"圆柱体"各个方面，人性要素间的关系不是从人的自然属性向人的社会属性、精神属性发展的、单向的、线性的关系，而是在生产劳动、交往和艺术活动中的互动关系整体。在现实中，人性的活动和环境的改变是一致的，相互之间的互动不是机械的活动，而是一个革命的实践的过程，需要进行理论的批判和实践的革命改造。换言之，人性在实践中的形成过程不是一帆风顺的，也不是机械的，更不是科学实验过程，它需要从各种关系的矛盾方面去理解和把握，通过排除矛盾

---

① ［美］杜威：《自由与文化》，傅统先译，商务印书馆 1964 年版，第 25 页。
② ［美］赫舍尔：《人是谁》，隗仁莲译，贵州人民出版社 1994 年版，第 5 页。

的方法实现人性的超越。

（二）实践的人性化含义

教育人性化理论与实践的契合点在于教育行动本身是求善的具体行动。虽然教育人性化作为一种应然的或理想的追求，既可以停留在亚里士多德理论、实践和制作三种人类活动中去探讨，也可以在以实践智慧为核心的实践范畴中来把捉。但是，教育人性化的价值"理论"在康德那里仍是一种纯粹实践理性，它是自明的，无须批判，所以根据康德的建议，只有对一般实践理性的批判才是必要的。也就是，教育人性化与实践所蕴含的价值—规范和经验—事实必须在一般实践理性中考察。虽然康德回溯到行动动机中去建立道德义务的做法值得启迪，但在面对"做"（to do）的具体实践行动的时候，必须回归亚里士多德的"实践"本义及其历史变化中，揭示教育人性化行动的多层含义。根据亚里士多德的实践哲学，"行动之善"才是教育人性化实践哲学的标志性特征。亚里士多德对人类活动进行区分（见表2—1），认为，实践领域应当包括行动、慎思和恰当的生活。同时，实践领域不仅与理论领域有别，而且保持在二者之间的中道位置。为此，不能把理论领域的科学模式直接应用到行动中，也不能机械地制作，需要审慎的德性和恰当的生活。科学、技艺、幸福和福利所带来的效益都服务于"行动之善"，服务于生活的德性。历史证明：每当实践忘记并偏离"中道"的时候，实践就走向非人性化，因此，需要从不同的角度重温和重释亚里士多德的实践论，把包括教育实践在内的人类实践活动拉回到人性化的轨道上来，并且不断丰富和发展实践哲学的范畴和意义。

表2—1　　　　　　　　　亚里士多德对人类活动领域的区分①

	理论领域	实践领域	制作领域
1. 活动	观察（view）	行动（act）	做（doing）
2. 知识类型	科学（science）	深思熟虑（deliberation）	技艺（skill）
3. 达到的目的	幸福（happiness）	恰当的生活（proper life）	福利（welfare）

①　Nathan Rotenstreich, *Theory and Practice*, The Hague: Martinus Nijhoff, 1977, p. 18. 载徐长福《走向实践智慧：探寻实践哲学的新进路》，社会科学文献出版社2008年版，第91页。

麦金太尔（A. Maclntyre）的德性—实践论认为，"实践"是"意指任何融贯的、复杂的并且是社会性地确立起来的、协作性的人类活动形式，通过它，在试图获得那些既适合于这种活动形式又在一定程度上限定了这种活动形式的优秀标准的过程中，内在于那种活动的利益就得以实现，结果，人们获取优秀的能力以及人们对于所涉及的目的与利益的观念都得到了系统的扩展"[1]。实践能够给人们带来各种善，包括内在的善和外在的善，因此，善附属于实践，而不是使实践成为一种追求善的活动。而且，过有德性的生活离不开实践，德性与实践的关系主要体现在：首先，德性维持人们在实践中发生的关系，使人们获得内在于实践的善；其次，德性维持个人生活的形式，在这种个人生活形式中，每个人追求作为其个人整体生活的善；最后，德性维持传统，而传统为实践和个人生活提供所必需的历史关联。[2]

阿伦特的行动—实践论强调行动在实践理论中的决定性地位。她认为劳动（labor）、工作（work）和行动（action）是积极生活（vita activa）的三种根本性的人类活动，这三种活动都分别对应于人在地球上被给定的生活的一种基本境况。劳动是人身体生物过程相应的活动，身体自发的生长、新陈代谢和最终的衰亡，都要依靠劳动产出和输入生命过程的生存必需品，因此劳动的人之境况就是生命本身。工作是与人存在的非自然性相应的活动，即人的存在既不包含在物种周而复始的生命循环内，它的有死性不能由物种的生命循环来补偿。行动是唯一不需要以物或事为中介的，直接在人们之间进行的活动。它相应于复数性的人之境况，亦即不是单个的人，而是人们生活在地球上和栖息于世界。阿伦特把行动作为整个政治生活的中心。也就是说，行动是在人们之间进行的活动，这个条件是一切政治生活的特有的条件。它不仅是必要条件，而且是充分条件。人的本性是无法言说的，人的境况也不等于人的本性，但人不是局限于地球的生物，对自己的认识需要从整个人的境况和地球之外的阿基米德点来俯瞰。[3]

伽达默尔（Hans – Georg Gadamer）的理解—实践论认为，实践是生

---

① ［美］麦金太尔：《追寻美德》，宋继杰译，译林出版社2003年版，第239页。

② 参阅 ［美］麦金太尔《追寻美德》，宋继杰译，译林出版社2003年版，第14章及其以后；姚大志《何谓正义：当代西方政治哲学研究》，人民出版社2007年版，第247页。

③ ［美］阿伦特：《人的境况》，王寅丽译，上海世纪出版集团2009年版，第1—5页。

活形式，即生活的基本状态，生活一如生活所出现的那个样子，是生活的整体、全体。实践首先表现为实践智慧，是处于一种由信念、习惯和价值构成的活生生的关系之中，置身于具体的情境，通过对话，不断地阐释实践的情境和把握自己如何去做的智慧。这时，一切行为都是相互的，生活形式具有你—我特性、我—我们特性和我们—我们特性。在我们的实践事务中，我们被理解所指引，而理解就发生在对谈之中。实践不在于行为者对预先给定职能的适应，或者想出恰当的方法以达到预先给定的目标，那是一种技术。相反，实践在于在共同的深思熟虑的抉择中确定共同的目标，在实践反思中将行为者自己在当前情境中具体化。①

哈贝马斯（Jürgen Habermas）的交往—实践论批判马克思把实践简化为技艺，而技艺问题主要着眼于在既定的目的（价值和准则）的情况下，手段合目的理性的组织，以及在不同手段之间的理性选择。那么，何谓哈贝马斯的"实践"：

> 相反，实践问题着眼于规范，特别是行为规范的接受或拒绝（我们可以据理支持或反对行为规范的公认的要求）。按其结构用来解释实践问题的那些理论，是以深入探讨交往行动为目标的。在这些理论框架中获得的种种解释，当然不是直接作为行为定向器作用。确切地说，这些解释是在反思的意志形成的治疗联系中获得合法价值的。因此只有当实际对话的制度上的条件在广大公民中得到满足时，这些解释才能转化为富有政治成效的启蒙过程。②

哈贝马斯把人的价值理性或规范考虑进来，而它们主要是交往实践建构的结果而非先天的准则。反观目的—合理行动中的技术合理性，它通过价值中立标准，抹杀了人类旨趣在行动中的作用，把行动中人的自我意识和反思驱除，导致自由、意义的丧失，因此，哈贝马斯用交往行动代替目的—合理行动，用互动代替了劳动。反观技术或工具理性，它们在现代社会中施虐的缘由是以创制或制作模式完全代替了实践，舍弃了实践中所蕴

---

① ［德］伽达默尔、杜特：《解释学 美学 实践哲学：伽达默尔与杜特对谈录》，金慧敏译，商务印书馆2005年版，第76页。
② ［德］哈贝马斯：《理论与实践》，郭官义、李黎译，社会科学文献出版社2004年版，新版导论。

含的价值理性，以及实践所追求的闲暇、浪漫和民主等丰富内容。它们似乎维持了人的生存，但这种生存是一种主客体对立的占有性关系，导致人与自然关系的紧张，并且在人与人的社会关系中出现蕴含压迫性逻辑的同一化运动，导致人性向兽性的堕落。这一点也在霍克海默（M. Max Horkheimer）和阿多诺（T. W. Adorno）对启蒙的批判中被深刻地揭示出来。

如何避免对实践的工具化与技术化的理解和运用，困扰着现代社会的操作者、解释者和理论专家们。布尔迪厄（Pierre Bourdieu）的"实践感"理论认为，实践并非是客观的，或理论家们书斋里或头脑中的模型，实践常常受到"习性"（又称"惯习"）的影响。"习性是持久的、可转换的潜在行为系统，是一些有结构的结构，倾向于作为促结构化的结构发挥作用，也就是说作为实践活动和表象的生成和组织原则起作用，而由其生成和组织的实践活动和表象活动能够客观地适应自身的意图，而不用设定有意识的目的和特地掌握达到这些目的所必需的程序，故这些实践和表象活动是客观地得到'调节'并'合乎规则'，而不是服从某些规则的结果，也正因为如此，它们是集体地协调一致，却又不是乐队指挥的组织作用的产物。"① 带有习性的实践感会在具体的情境中根据问题进行调适，这样，实践就是习性和实践场域之间无意识契合的过程，是行动结果和行动方法、历史方法、历史实践的客观化产物和身体化产物，是结构和习性的辩证之处。

（三）教育实践的人性化内涵

人性的结构、功能、特性和发生机制必须在历史的、现实的人性中去探寻和建构，"人的所有劳作都是在特定的历史和社会条件下产生的"，"人类不应当用人来说明，而是人应当用人类来说明"。② 这种把实践置于具体的历史情境中研究人性的方法就是历史唯物主义的具体运用。从知识形态上讲，教育实践是一种综合性的规范—描述性的陈述系统，"教育的实践理论有一个实践的而非科学的目的：人们创造它们是用来为教育者提供为了合理的教育行动所需要的实践知识。它们涉及一个在社会、文化、

---

① ［法］皮埃尔·布尔迪厄：《实践感》，蒋梓骅译，译林出版社 2003 年版，第 80—81 页。
② ［德］卡西尔：《人论》，甘阳译，上海世纪出版集团、上海译文出版社 2003 年版，第 108、101 页。

制度上都有限的教育行动范围"①。从知识论的角度看，教育实践揭示自身在知识形态中的规范性描述形式。布列钦卡认为，实践教育学的基本的元理论问题在于它的科学性程度以及目的的实现问题，其最终的问题是一些政治问题和道德问题，解决这些问题不能简单地依靠根据教化、批判和科学性而作出的决定，而是必须依靠具有高区分度的深入研究。因此，实践教育学具有下列目的：为了达到下列目的，为教育者提供一个可评价的对相关社会—文化情境的解释；列出教育目的，为教育行动和构建教育制度提供实际的观点、规则、建议和指导，引起、促进和支持那些围绕教育者的教育活动的价值取向和意向。而且，实践教育学包括情境分析的、目的论的、方法论的、动机的和职业的伦理学取向的要素。它不是机械的、顺从主义的教育学，而是为了生活在多元社会的教育者所提供的、一种无拘无束的理论性建议。在这个社会中，它只是代表了大量的并列建议中的一种建议。换言之，实践教育学施加给教育者的这种驱动性的影响，可能比设想的更不直接、更不理性，强化现存的倾向可能是最重要的因素，而且，它在获得专业—道德取向的动机目的方面有局限性，具有"批判性特征"，当它受请求、劝告所支配或试图引起感情和进行规劝时，它又是"可接受诉求的"。②

　　此外，还需从"求善"角度理解教育实践的人性化内涵。所谓"善"，按照罗尔斯对善的定义，一旦我们确定了一个对象具有某个具有合理生活计划的人能够合理地要求的那些性质，那么，我们就已经表明它对于他是一种善。而且，如果某些东西对于人们能够普遍地满足这个条件，那么它们就是人类的善。③ 相应地，教育实践的善是指：首先，教育实践的主体必须是具体的个人，他的境况、能力和生活计划等是教育实践必须考虑的个体要素，他的意向、目的和意图影响到教育实践的具体行动；其次，教育实践不同于教育理论，它是从特殊到一般，需要实践智慧的行动，正因为如此，教育实践是个体人的主观合理性探求过程，富有了个体审美的特性；再次，教育实践是在文化背景中进行的，不仅受价值规范的影响，而且在具体的教育行动受到习性的影响；复次，教育实践是在

---

① ［德］布列钦卡：《教育知识的哲学》，杨明全、宋时春译，华东师范大学出版社 2006 年版，第 211 页。
② 同上书，第 219—225 页。
③ ［美］罗尔斯：《正义论》，何怀宏译，商务印书馆 1988 年版，第 399—400 页。

具体的时间和空间中进行的，包括心理感受的时间性、身体空间、社会空间、心理空间等，它们交互汇聚，发挥作用，但随着教育主题或内容的演化而交互更迭，形成多元决定的教育实践过程；最后，教育实践是一个多元、多维伸展，非线性地进行的过程，其中生命的溢动、逻各斯的理性化、个人英雄主义都在意识活动、操作活动、对话活动中彰显，但它始终充满着价值理性的范导，这个价值理性就是"人是目的，不仅仅是手段"。如果以因果逻辑占主导的知识—工具取向居于决定性的地位，那么教育就变成了"制作"或"创制"，而非教育实践了。

（四）教育人性化的实践范畴

教育人性化问题不是知识问题，而是实践问题，前者求真，后者求善；善在亚里士多德那里就是实践哲学的研究范围，因此，教育人性化应当属于实践哲学的范畴。综合上述对教育人性化概念、教育人性化价值理论的分析和教育实践的特性，可以看出，教育人性化实践及其价值取向决定了教育人性化的具体形态，因此，从实践哲学及其范畴的角度探析教育人性化，才能较为全面地研究教育人性化的属性、性质、特性和方法，大致勾勒出教育人性化的实践哲学范畴（见表2—2）。

表2—2　　　　　　　　　教育人性化的实践哲学范畴

	非实践形式		实践形式		
	信仰	行为/制作	行动	理解/解释	批判
人性价值 （消极—积极）	权威 /自然价值	目的性 /工具性价值	交往价值	精神价值	解放价值
教育活动类型	教育体验	教育行为/劳动	教育行动	教育解释	教育互动
教育活动性质	精神活动	工具—策略行为	交往实践	文化实践	批判实践
教育人性化目的	遵从 绝对主观性	遵从 必然性	社会性 超越	主客观精神 超越	综合性 超越

一般地说，上述教育人性化实践在其特定时期都具有一定的合理性。但是，教育人性化毕竟是追求价值合理性和实践合理性的过程，它既要找回意义，又要实现自由。前者主要指人所具有的自我意识、自我选择、自我决定和自我实现等方面的人性能力以及它们在行动中所具有的、近乎"神性"的无限潜力；后者指任何行动必须与反思交互进行，形成自我与

主观世界、客观世界和社会世界的互动关系。^① 据此分析，技术实践不具有反思性；古典人文教育强调体验，主张精英教育和德性的教化功能，但是，它的行动没有理据，容易使人丧失反思的能力；教育解释也具有类似问题，它强调反思和行动，但因其缺乏批判而易于陷入相对主义的泥潭。^② 因此，教育人性化必须考虑在教育行动中，通过教育行动的分化和综合，进行批判性反思和行动，实现教育人性化。这一点在哈贝马斯、弗莱雷、阿普尔（W. Apple）等批判教育学家那里已经充分地体现出来。概言之，教育人性化不仅包括体验、认知、交往和价值理性，而且包含人性的非理性因素的运用，是知识与智慧、情感与理性、物质与精神、消极与积极、自在与自为的辩证统一，是人的生命、劳动、言语和审美实践的综合，它具体体现在生命实践、肉身实践、劳动实践、交往实践和审美实践等教育实践形式之中。

第三节　教育人性化的实践架构

这里，主要根据德国教育学家底特利希·本纳（Dietrich Benner）的人类总体实践和教育人性化实践原则，探析教育人性化的实践架构。

一　人类总体实践的非等级性和开放性

教育人性化是教育实践的总体原则。它意味着，在具体的历史和社会中，各种实践形式之间相互作用，任何一个行动领域的变化都可能影响其他领域；行动的总体是开放的、非等级性的。也就是说，人在与自然、社会、自身的相互作用中，"劳动、伦理、教育、政治、艺术和宗教，作为

---

① 中山大学哲学系倪梁康教授从现象学角度对"反思"总结：首先，反思行为以"自身意识"存在为前提，而自我意识是以"群体的在先存在"为前提；其次，反思是心智所具有的一种有意识的、关注性的自身修改和限制的能力，通过这种能力，个体能够让他自己采取他人所采取的态度，能够更好地顺应社会的过程；最后，"反思"具有双重特征：它是个体的主观体验，是"私人的"，而且，这种经验具有共同的结构，即"自身具有一种从社会的行为举止中产生的结构"，它们共同具有"私人性"的特征。（倪梁康：《自识与反思》，商务印书馆2002年版，第596—597页）。但根据米德对"反思"的解释，反思是一种"只有在社会行为中才能出现的、个体体验向自身的回返活动"。综合上述观点，可知：反思离不开行动，是行动中的意识、思维和社会关系的自反性和建构性相互作用的过程。

② 参阅［德］哈贝马斯《解释学要求普遍适用》，载曹卫东主编《哈贝马斯精粹》，南京大学出版社2004年版。

社会必需的人类实践形式，由于它们多方面相互依赖性而构成了人类赖以保持和推进其自身存在的基础"①。

（一）教育人性化实践的两个特征

就教育人性化实践的特征而论，教育人性化实践必须把教育劳动、教育行动、教育互动和教育活动区分开来，把它们置于人类的总体实践中，才能分辨出教育实践的人性化内涵。其中，最为重要的原因是教育行动具有实践哲学的特性："一种行动具有以下方面即可称为实践，第一，如果它源于一种不完善或一种困境，它改变这种困境，却不消除这种不完善；第二，如果人通过这种行动获得了其确定性，但这种确定性不是直接出于人的不完善性，而首先是通过其行动达到的。"② 从哲学人类学的角度看，与动植物和"上帝"相比，人是唯一"未完成"和"不完善"的生物，因此，人才有实践的需要和必要。换个角度讲，人的"未完成"和"不完善"还意味着：人必须通过具体行动才能获得自身的确定性。实践的两个特性是相互关联的，缺一不可，体现出了实践概念的两个特征："第一是人的不完善性这个特征，它是可以塑造的，但不能过渡到完善性；第二是人自己可创造的确定性的这个特征，它是可阐释的，需要不断重新实践的，它们适用于劳动、伦理、政治、艺术和宗教，而这些都各有其特殊形式。"③就教育劳动而言，教育劳动的必然性诞生于人类生存所具有的原始的、必须通过改造自然获得基本的生活资料的必要性里面。就教育的道德—礼仪而言，它是在对教育实践动机的审视和判断中不断重新适应变化的行动情境的道德规范。就教育政治行动而论，它是在未来的筹划过程中，通过相互协商，保持民主开放的精神，解决各种必要性的困境，实现一定的政治统治。就教育的宗教行动而言，它是人面对死亡而自我设计的生存幻象，是活着的人面向死亡的人的实践。就教育艺术行动而论，它是对世界的描绘，是在各种实践形式之间的复杂而有张力的关系中获得美学的体验和想象。

人类实践的两个基本特征不可分离，而且两个基本特征不能被践踏，否则，就会出现非人性化行动以及非人性的危险。如果教育劳动仅仅是人

---

① ［德］底特利希·本纳：《普通教育学：教育思想和行动基本结构的系统的和问题史的引论》，彭正梅等译，华东师范大学出版社 2006 年版，第 9 页。

② 同上。

③ 同上书，第 18 页。

与自然之间的生存关系，而忽略了生产中人与人之间的共存的实践本质，那么人将在教育劳动中成为对象化活动的受动者和纯粹的消费者，人性异化就会不可避免地发生。如果教育政治行动完全能够把未来的不完善性设计成完美的规划，并按照未来的完美规划来实践，那么教育政治实践及其所富含的公平和民主就会消失。如果教育的道德—礼仪完全按照礼俗和伦理规定来行事，那么对行动动机判断、行动效能的评价和行动者的选择自由就无从谈起，更不用说提高行动者的道德感情、道德认知和道德评价的能力。如果教育的宗教实践宣称自己解决了所有人生意义和世界起源的问题，那么教育的宗教实践就无须个性的体验和反思，更无宗教问题可言了。因此，人类总体实践在劳动、伦理、政治、教育、艺术和宗教等人类共存的实践形式范围内，基于人的不完善性和"未完成性"，通过实践追求确定性。

（二）教育人性化实践的四种形式

就教育人性化实践形式而论，教育人性化追求一般的实践理性，它不仅包括认知理性、交往理性、价值理性等理性因素，而且包含人性的非理性因素，最终形成了包括肉身、话语、他者等要素在内的新实践哲学。

首先，受到教育现象学、后现代教育理论等教育哲学流派或思潮的影响，教育人性化实践哲学关注肉身实践。认为，肉体不仅是人自身可以主宰的身体，而且人的肉身性存在也体现在人只能以肉体属性为基础的感觉、发觉、察觉、感知和理解自身和他者的关系和过程，实践的前反射的必要性源自于一种原始的、无法继续向前追问的肉体性，我们出于为了和通过肉体，体验到肉身和他者、他物的世界，并感知到他者和他物的世界作出的反应，并且不把身体当作精神生物的形式对待自我关系。同时，肉体的整体及其部分器官并非由于特定的实践而特定化，它们都指向肉身性体验和表达。嘴巴不仅是味觉器官，还是语言表达和美学感知器官；使用手改造自然，但手又是其他实践的器官。因此，广义上讲，人的肉体就是人实践的机体，肉体所传达的印象和表达没有特定的目的性，其本身由特定的方式所决定，并具有不确定性，其结果是，肉体传达的自我和世界的关系比"文化传递的意义更原始"。

其次，教育人性化的实践哲学还关注语言实践的自主性，反对语言工具论。也就是说，在教育人性化的语言实践中，语言既是对世界的词语描述和命名，也是对人与世界以及人与人之间的中介；既是说话者的交流和理解，也是人对世界内容的交流和理解；既是一般的语言规则，也是具体的所说与所指。语言的交往总体性决定了语言实践的多向度的、建构性的和开发的意义体系，因此任何策略性、工具性语言实践都会破坏语言意义的表达。

再次，存在主义把自由单纯界定为选择的自由，但更应当关注选择什么的自由，它源自于自身的不完善的困境，所要选择的内容也随着实践的进展而发生变化，任何最终的选择都不是确定的，并不出于一种给定的可能性进行选择，因此，选择本身是不确定的。同时，选择的自由源自于实践的必要性，实践的必要性不是来自任意，却恰恰是限制这种任意。因此，只有超越单纯的选择自由和随意的任意性自由的界限，才能在肉体与人和物的世界发生关系时提出实践自由的要求。只注重单纯的选择自由不能限定选择的可能性，仅仅注重随意的任意性自由则忽视了选择的必要性。

最后，人类实践的自由必须通过历史的自由，展现人与其现实的关系。正如海德格尔所言，当"此在"面对当下时，"此在"把未来的筹划和过去的回忆召集到面前，呈现出本真的自我。也就是说，人探寻确实性的各种不完善的行动本身是历史的，行动在自然改造、伦理习俗改革、未来规划、美学表现和宗教意义等方面赋予自身和历史的确实性也是历史的。人类实践可以转变源自不完善的困境，但必须避免把人类实践创造的历史性上升到人类命运的历史决定论或宿命论中，服从于客观的历史规律，无视实践的可能性，把实践中的某一种选择的可能性当作历史的终结者，舍弃了历史中人类主观创造的不确定性和无限可能性，而且反对把人类宣布为历史主人，夸大了人类实践的可能性中的任意性自由，无视通过自身实践寻找到其确定性的必要，无视人类实践的局限性，把人类假设为历史的主人。

概言之，教育人性化实践形式可以概括为肉身实践、自由实践、历史性实践和语言性实践。值得注意的是，由于教育人性化的实践合理性意味着教育人性化实践不能脱离"中道"、"内在的善"等方法和价值，所以，如果要正确理解这些实践概念，那么就不能曲解实践概念，把它简化或过度延伸（见表2—3）。

表 2—3　　　　　　　　　　　　**实践的概念和曲解**①

简化实践的曲解	人类实践的概念	过度延伸实践的误解
身体作为机体	肉体性	身体作为机器
选择的自由	自由	任意性自由
人作为历史的牺牲者	历史性	人作为历史的主人
语言作为世界的反映	语言性	语言作为约定俗成

（三）教育人性化总体实践秩序

综合教育人性化实践的特征与形式，发现，人类总体实践包括了肉体性、创造性的自由、开放的历史性和交往行动的语言性，表现出特有的实验性，并通过劳动、教育、伦理、政治、艺术和宗教等共存的实践行动，改变不完善人性基础上的困境和问题，创造出现实的确定性。因此，教育人性化实践必须维护人类总体实践的多重联系，尊重肉体性、历史、自由和语言性的实践形式，协调各种实践任务（见图 2—2）。

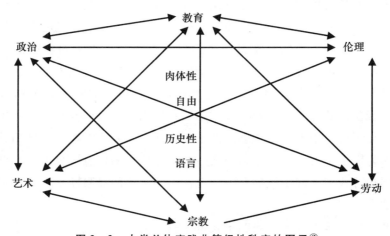

图 2—2　人类总体实践非等级性秩序的图示②

---

① ［德］底特利希·本纳：《普通教育学：教育思想和行动基本结构的系统的和问题史的引论》，彭正梅等译，华东师范大学出版社 2006 年版，第 26 页。

② 同上书，第 27 页。

根据本纳教授的解读，教育和其他五种人类实践处于非等级秩序之中，图示中间填写的概念，即肉体性、自由、历史性和语言，表明人类实践在存在和共存的有限性基础上，必须保持实践理性的精神，例如，自由既不是任意性自由也不是选择性自由，历史既不是统治的历史也不是宿命，肉体性既不是有机体也不是机器等。

二　教育人性化实践的基本原则①

本纳认为，教育实践作为人类总体实践的重要内容，其本身就具有总体实践的特点，这是由它所具有的四个基本原则决定的，那就是：可塑性原则、主动性要求原则、教育转化原则和非等级性原则。

（一）可塑性原则

教育学家赫尔巴特（Herlart）在《教育学讲授纲要》中提出：教育学的基本概念是学生的可塑性。也就是说，人的天资确定性不能定义教育实践中个人的可能性，应当用人的可塑性来取代，同理，环境确定性不能定义教育实践的社会方面，应当用主动性要求原则来取代。根据康德和赫尔巴特之道德人是"人和教育的全部目的"的观点，人的可塑性主要是道德意志的可塑性，即人参与总体实践的确定性和人类实践既接受又自发的肉体性、自由性、历史性和语言性。本纳认为，赫尔巴特的可塑性概念批驳了对人类确定性宿命论的环境决定论和遗传天资决定论。可塑性原则把人的天资的不定型性作为教育责任的出发点，明确肯定人可以通过教育实践达到定型，因此，可塑性是教育互动的原则，是一种相对的原则，它把教育实践作为个体的、主体间的和代际之间的实践，拒绝把教育行动降格为仅仅是完成由天资或环境决定的影响。②

（二）主动性要求原则

为了教育互动的进行，除了学生的可塑性之外，还需要学生的主动性，即主动性要求的原则。教育互动只有通过促成受教育者的主动性，才

_____

① 参阅［德］底特利希·本纳《普通教育学：教育思想和行动基本结构的系统的和问题史的引论》，彭正梅等译，华东师范大学出版社 2006 年版，第 27 页；彭正梅《解放和教育：德国批判教育学研究》，华东师范大学出版社 2008 年版，第 192—203 页；彭正梅《教育的自身逻辑》，《全球教育展望》2009 年第 11 期。

② ［德］底特利希·本纳：《普通教育学：教育思想和行动基本结构的系统的和问题史的引论》，彭正梅等译，华东师范大学出版社 2006 年版，第 50—51 页。

能承认可塑性原则;主动性要求只有作为具有可塑性的人之间的互动才真正可能。教育实践只有通过受教育者参与自己的教养过程,才能与他们的可塑性发生关联,发挥其主动性。这两个原则的辩证关系所蕴含的悖论要求受教育者做他还不会做的事,把他肯定为那种目前还不是未完成的或未完善的人,只有通过主动性才能成为人,这标志着教育实践的特殊性,从而区别于其他实践。因为,教育实践提前预设了自己的终结,否则就是不正常的,但如果经济实践中不断持续的分工、工业化和计量化导致自己的终结,那么它就堕落为越来越不把人看作劳动主体的商品生产。教育实践的终结性意味着通过受教育者的主动性要求去切合他们的可塑性,把教育权威转化为受教育者对自己的权威,进而"凡受教育者没有外来要求而能主动时,教育已达到了其终点;凡人在某种严峻的生活情况中重新需要他人要求其主动性,以保持或重新形成其可塑性,胜任他们在现在经验范围内没有准备好去完成的任务,教育实践就可能获得新的起点"①。

(三)教育转化的原则

本纳认为,狭义的教育互动并不涉及教育实践的社会方面,而且教育实践从人类其他实践中分离出来之后,它和其他实践具有同等而且相互作用的关系。因此,一方面,他反对让教育实践完全服务于社会对教育制度的要求;另一方面,不能基于儿童的可塑性和主动性要求原则,过分夸大社会之于教育的危害,使教育实践脱离其他社会实践领域对其发生影响。卢梭既在《爱弥儿》中描述了人类实践的肉体性、自由性、历史性和语言性的自然教育,又通过《社会契约论》使我们明白,教育实践必须在以自由和主体相互尊重为基础的社会条件下才能实现。

如果没有社会的现实及其对教育过程的影响,那么教育行动将不可能。语言、习俗、伦理、知识形式和内容已经先于儿童出生而存在,它和环境影响的区别在于,他必须通过人类行动来实现对教育的影响。因此,上述两个基本原则中未来的不确定性并不在人的第一性的天赋中,也不直接在与环境影响的共同作用中产生,而是由社会决定的。进而,必须考虑把社会影响转化为教育上合理的影响原则。该原则将彻底检验这些社会要求,包括其复杂的实现条件,重视它们的具体困难,探讨怎样把阻碍教育

---

① [德]底特利希·本纳:《普通教育学:教育思想和行动基本结构的系统的和问题史的引论》,彭正梅等译,华东师范大学出版社2006年版,第68页。

实践成功的社会现实和要求转化为教育上合理的要求，并使教育互动在教育思想和行动的基础性原则意义上成为可能。教育中存在幼稚的立场，它们把教育行动制度化的延伸当作一个重要的契机，希望借助专业化的教师施行的实践获得更大空间，从而满足未成年人可塑性和主动性要求的基础性条件。同时，也存在政治上实用的立场，认为只要有利于保证公共教育体系中的公平挑选，就是合理的，无视儿童的可塑性和主动性要求。

（四）非等级性原则

人类总体实践在人性分化之后应当保持一种非等级的秩序。它源自古希腊的等级—目的论的秩序模式和近代启蒙运动的等级性—工具论的秩序模式。从《理想国》中教育在人性秩序中的地位可以看出，教育被看着政治统治活动的实用部分，它服从于理念的分有、"善"的理论和哲学王的培养任务。在亚里士多德那里，教育是引导下一代辩证思考和合目的地遵从城邦国家总秩序的有机组成部分。劳动、工作（work）和行动的实践分类在古希腊社会中表现为：一些人捕捉鹌鹑，另一些人喂养它们，而当今的统治阶级食用它们。亦即：在学校教育里面，既有教学活动，也有脱离劳动义务的"闲暇"和在闲暇中进行的城邦国家的政治和理论实践。后者属于理论的沉思，与人性目的直接对话，因此居于自足的本体地位。近代以来，人自己构建的秩序关系代替人与宇宙目的或神圣目的的关系，这种关系把所有人类活动作为工具服务于人的理智构建，但它也是等级性的。它把自然科学和通过量化的社会科学对世界现象进行的数学化解释放到最高地位，把蕴含道德价值的实践活动放到最底层。因此，教育实践非等级秩序原则既反对把劳动、伦理等置于一种等级关系的秩序序列，也反对把其中的一种实践形式居于优先的地位，更坚决反对把自然科学置于最高的理性地位，让蕴含政治公平价值的人类实践去独自承担后果。

至此，教育实践的四个基本原则分别对应于教育理论、教养理论和教育制度及其改革的理论，同时兼顾教育实践的个体—互动的基础性原则和人类社会总实践中的调节性原则，具体内容见表2—4。①

---

① 根据本纳的原著以及彭正梅归纳的图表，笔者对图表内容进行了适当的改动。参阅[德] 底特利希·本纳《普通教育学：教育思想和行动基本结构的系统的和问题史的引论》，彭正梅等译，华东师范大学出版社2006年版，第98页；彭正梅《解放和教育：德国批判教育学研究》，华东师范大学出版社2008年版，第197页。

表 2—4

教育行动理论	个体方面的基础性原则	社会方面的调节性原则
A 教育理论	(2) 主动性原则	(3) 教育转化原则
B 教养理论	(1) 可塑性原则	(4) 非等级性原则
C 教育制度及其改革理论（或教育机构理论）	(1) 可塑性原则　(2) 主动性原则　(3) 教育转化原则　(4) 非等级性原则	

三　批判性实践的方法论

虽然本纳的教育的行动框架构成了教育人性化实践的"理想类型"，具有一定的理论正当性和实践合理性，但是，与具体实践的情形相比，还需要进一步的批判性讨论。正如杜威所言，教育的最重要的任务就是使所有教育参与者学会思考。教育人性化不能像所有浪漫主义者主张的那样，认为心胜过头脑，非理性的直觉的观念是最可靠的；或者害怕科学和理性的观念，认为"跟着感觉走"的教育就是人性化的教育。事实上，教育人性化必须反对唯科学主义或唯浪漫主义，在理性与非理性之间寻找中立的认识论立场和综合统一的实践路径，维护人在教育中可塑性、主动性和自主性。又由于人是通过社会交往创造自己的人，因此，教育人性化实践必须培养参与者的批判意识和能力，使教育中的人具有在各种经济、政治、文化的具体关系中独立思考和行动的能力，从而维护自己的自由和尊严。

理论的终极追求和实践的合理性建构是教育人性化实践的重要内容，因此，教育理论与教育实践之间的关系问题一直是教育基本理论的核心问题之一，把二者区别和联系起来，一直是教育基本理论的重要任务。[1] 哈贝马斯认为，马克思所主张的"理论"在两个方面是反思的，亦即"理论随着对自身形成过程中的联系的反思和对它所预期的运用过程中联系的反思把自己理解成它所分析的那种社会的生活联系的一种必要的催化要素；这就是说，理论把社会生活的联系作为一种构成整体的强制性联系来分析，并且认为这种联系是可以废弃的"[2]。而且马克思重视经验事实的

---

[1]　郝文武：《理论的终极追求和实践的合理性建构》，《教育学报》2009 年第 4 期。

[2]　［德］哈贝马斯：《理论与实践》，郭官义、李黎译，社会科学文献出版社 2004 年版，第 2 页。

认识优先权及其基础性地位，相应地把实践尤其是革命性实践置于理论的基础的和优先的地位。布尔迪厄则在具体行动中寻找到了习性和实践场域的无意识契合，使实践感优先于理性认知，并且引导和约束着人们的行为。哈贝马斯通过批判和实践的结合，较为成功地解决了理论与实践的关系问题。他认为，理论的就是批判的，因为批判是一种具有实践意向的社会理论，而且批判社会理论的要求只有在有关人员的对话中得到兑现。这样，在批判中，理论和实践建立起直接的联系。进而，实践不同于技术活动之处，恰恰在于它的批判性。也就是，在行动规范的认可和拒绝中，必须提出理由来支持或反对，从而形成有效性主张。详言之，批判性实践包括四个方面的内容：交往行动、合理论辩、公共讨论和政治文化。对此，这里不再展开论述，在本书第四章及后面的章节有相关的论述。

　　尤为重要的是，教育人性化的实践离不开批判的介入，如果没有批判的意识、思维和方法，那么教育人性化的理论与实践都无从谈起。因为，"原来认为在这种哲学中仅仅具有可能性的批判性向度，则变成了这种哲学的最有价值贡献：'批判'之所以能够与'实践'结合，是因为'实践'被发现本来就是'批判'的"①。此外，就像黑格尔所提出的财产和权利对哲学和社会理论的重大意义一样，现代教育作为形式化和制度化的教育，不仅需要重视非形式化和非正规教育的地位和作用，还需要在规范伦理学和规范制度内论证和争取自由、平等和正义，为教育人性化的实现创造理性的、理想的和现实的条件。

　　综上所述，只有从实践哲学的视域理解和实践教育人性化，才能使教育人性化成为现实的、具体的行动，但其前提必然是确定实践哲学的基础、范畴和意义。此外，受当今英美实践哲学的影响，教育人性化的实践哲学还需要在规范伦理学和规范制度内讨论自由、平等和正义等人性化意义。同时，除了对教育人性化的实践哲学基础、范畴和意义的研究，还需要深入到人性中的身心关系、善恶关系、利己利他关系、自我认同、人格以及教育人性化中的意识、话语、道德等实践哲学内容。

---

　　①　童世骏：《批判与实践：论哈贝马斯的批判理论》，生活·读书·新知三联书店2007年版，第35页。

第三章　教育非人性化问题析理

　　所谓教育的非人性化，就是对人成其为人、成其为完美的人的使命的扭曲。它具体表现为：抹灭人的存在价值，把生命的灵动性、多样性、个性抹杀掉了；人性自由、价值和个性的阙失。弗莱雷认为，非人性化不仅在本体论上是可能的，而且是历史现实。也就是说，教育的非人性化确确实实地存在于具体的历史范围之内，现实中的教育正是维护这种非人性化的主要手段之一，只要人们关注自己是什么样的"存在"、是怎样"存在"，或者说，关注反映这种对人作为世间的存在以及与世界并存，那么教育的非人性化问题就呈现出来了。① 教育非人性化主要体现在两个方面：一方面，教育中人性的异化；另一方面，教育实践中的非人性化行为。前者主要体现为价值虚无主义；后者体现为教育脱离实践的内涵，变成机械的教育行为。由此可知，教育人性化是我们的历史使命，它以消除非人性压迫为条件；为了实现人性化，超越将人降格为物的有限境况是绝对必要的。②本章之教育非人性化的社会病理学分析将通过教育非人性化问题的呈现，分析虚无主义与教育非人性化的关系，展示教育实践中的非人性化实践形式，探寻教育人性化实践的解放之路。

第一节　教育价值虚无主义：人性异化的表征

　　教育现代性中的价值困境及其吁求需要再度审视与重构人性。由于现

---

　　① ［巴西］保罗·弗莱雷：《被压迫者教育学》，顾建新等译，华东师范大学出版社 2001 年版，第 1—2 页。

　　② 同上书，第 50 页。

代性现象的本质是它根本没有本质，它是逐渐从去除本质中走出来的，如果再次从教育现代性问题中寻找永恒的人性依据，那么这无疑是历史的反复。与之相反，人性的意义在教育现象中作为复数概念，需要在具体的、历史的行动与建构关系中探索其意义。它必须被置于现代现象的形态结构之中，即"人类有'史'以来在社会的政治—经济制度、知识理念体现和个体—群体心性结构及其相应的文化制度方面发生的全方位秩序转型"① 的现代性现象之中。

正是在这种全方位秩序转型中，西方世界对自视为负有启蒙全人类责任的理性产生了怀疑。胡塞尔（E. Edmund Husserl）在《欧洲科学的危机与先验现象学》中指出，赋予理性自身以全部意义、价值和目的的理性自主在科学的自我理解上发生了危机，而且科学和理性未能回答自由及生活的意义问题，严重影响了普通人对科学、生活、人生等方面的任务、准则及其目的的自我理解和自我认同，这就是虚无主义的事实和威胁。尼采和海德格尔认为，虚无主义是苏格拉底和柏拉图理性主义以来西方历史的根本特征，是西方历史的逻辑与规律，而且将统治以后的数世纪。

一　价值虚无主义与人性异化

虚无主义批判是对现代文明的反思，是教育中人性异化的社会、文化背景，而且教育中的物化等问题都与虚无主义的发生和发展具有内在的必然联系。在现代性的批判中，马克思、尼采和弗洛伊德是最早的并深刻切中现代性问题的思想巨人。他们都在现代性批判中发现了虚无主义问题，从社会、经济、文化和心理等方面进行了批判，并提出了自己的拯救方案。因此，教育非人性化深深地植根于虚无主义问题之中，它透视了教育中人性价值、意义的阙失，同时，为教育人性化预先设定了意义，对教育进行意义和价值的建构具有重要的实践哲学意义。

（一）何谓价值虚无主义

虽然虚无主义肇端于古希腊，但明确提出并进行充分论述的是尼采，② 因此，尼采哲学被视为西方形而上学的完成和后现代的开端。根据尼采对欧洲

---

① 引自刘小枫《现代性社会理论绪论》，上海三联书店 1998 年版，第 3 页。
② 根据海德格尔对"虚无主义"词义的梳理，"虚无主义"最早由德国哲学家海因里希·雅各比提出，后由屠格涅夫传播开来，具体指：唯有我们感官体验到的存在者，才是现实的，其他的都是虚无。参阅［德］海德格尔《尼采》，孙周兴译，商务印书馆 2004 年版，第 669—670 页。

17—19 世纪虚无主义历史的考察,17 世纪的贵族政体 (aristocratism) 试图发现人、发掘人,但又试图抹去个体的痕迹,以便使劳作尽可能地表现生命;18 世纪的女性主义 (feminism) 表现出以卢梭为代表的情感主导性及其证明,遗憾的是该世纪的无忧无虑、开朗、考究和洒脱的精神没有流传下来;19 世纪的兽道主义 (animalism) 更丑陋、更现实,具有庸众性,因而更善良、正直,显得更真实,但屈服于现实,意志薄弱,这时候的欧洲人不怎么为本能感到可耻,为了将来承认自己的绝对自然属性即非道德性,他们迈出了相当大的一步。①

自称是欧洲第一位虚无主义者的尼采认为,虚无主义 (nihilism) 就是最高价值的自行贬黜。它了无目的。探问其由,则无可奉告。虚无主义的公式是:没有什么东西是真的,一切都是允许的。② 当彻底的虚无主义关涉到公认的最高价值的时候,它就宣判了生命、权力意志等绝对不确定性存在的罪行,而且使人认识到,我们无丝毫权利去规定似乎神圣的和真正道德的彼岸世界和物自身,我们的这些认识是"真理"塑造的结果,因此,也是道德信仰的结果。虚无主义的悖谬在于,假如我们信仰道德,那么我们就谴责生命。尼采进一步区分了积极和消极的虚无主义。前者是精神权力提高的象征;后者则是精神权力下降或没落的象征。现代虚无主义不是存在的世界,而是现代社会无能的表现,是颓废逻辑学。善与恶是颓废的两个类型,社会问题是颓废的结果。尼采主张,要否定一切使人软弱和使人衰竭的东西,肯定一切使人强壮、使人积蓄力量、为力感辩护的东西。③ 因此尼采的虚无主义有两个方面的含义:它既是最终没落和对存在的厌恶的表现,又是生命意志或权力意志的表现。前者集中表现在"上帝死了"的隐喻之中;后者则是在虚无的无底深渊之上重建人的生命力,体现出个体的差异、肯定、能动和创造的精神和勇气。它不同于叔本华 (Schopenhauer) 弃绝生命于表象世界的悲观主义,不同于从柏拉图到康德的理性和基督教的信仰。尼采认为理性和信仰作为幻象,维护贬抑生命、崇尚虚伪道德、压制肉身的"奴隶道德",是奴隶、下等人借用谦卑、平庸和同情来谋取自身利益、压制主人和贵族的卑鄙手段。

---

① Friedrich Nietzsche, *The Will to Power*, New York: Random House, 1967, pp. 9 – 61.

② Ibid. , p. 9.

③ Ibid. , pp. 9 – 33.

海德格尔在两卷本的《尼采》中解说了自己的虚无主义观。他认为，尼采的虚无主义是一种新的形而上学，即生命的形而上学，还是一种存在者的存在者，是把感性世界当作真实的，把生命意志力归属到人的主体性之下，代替了理性在传统形而上学中的位置，因此它是一种颠倒的形而上学。海德格尔认为，虚无主义应该关注存在的存在。虚无源于对存在的遮蔽，特别是对语言和思想范畴的歪曲，也源于柏拉图以来把存在归于永恒不变的东西。更为严重的是，人们对真理和技术的痴迷使人们彻底遗忘对存在的生成流变性的探讨。如果否定一切语言和思想范畴，则容易导致最庸俗和最野蛮的欲望占统治地位；如果对存在的遗忘，则易于促使人体验神秘和奇迹。因此，虚无主义把存在视为不同于存在物的东西，是无物持存或混沌与深渊，它置自身于时间之流，通过人的历史性存在，唤起一切思想、范畴和秩序的诧异。[①]

威廉·巴特勒（William Barrett）总结说，西方虚无主义源于宗教的衰微、社会的理性安排和科学的有限性。宗教衰微是从中世纪末以来现代历史的事实，是人的整个心理进化的一个主要阶段，启蒙运动和新教的兴起对宗教的"无限理性"进行了限制，同时把宗教意识和整个人性的深层无意识生活割裂开来，从而使人处于巨大的"虚无"边缘；面对着现代趋向标准化的群众社会的大潮流，人在他能够发动但控制不住的物质力量面前产生了虚弱感和被抛弃感；科学在征服自然的过程中也发现自身的局限性，从而使人的防范能力和力量过快地衰减。[②]

通过考察从尼采及其之后的虚无主义的谱系，大致可以归纳出虚无主义的四个含义：首先，虚无主义是指最高价值的虚无。其次，指超感性世界的真实性被揭穿为虚构，其虚无本性呈现出来之后，感性世界也变成虚无了。倘若感性世界也是虚无的，那么人们感受到的会是双重的虚无。再次，在感性世界和超感性世界都是虚无之后，虚无主义将探寻新的意义，尼采的"超人"和马克思、卢卡奇的"无产阶级"都是这种虚无主义克服之后新意义的载体。最后，是指在经历了虚无主义的洗礼和炼狱以及力

---

① ［美］列奥·斯特劳斯、约瑟夫·克罗波西主编：《政治哲学史》（下），李天然等译，河北人民出版社 1998 年版，第 1020—1023 页。

② ［美］威廉·巴特勒：《非理性的人》，段德智译，上海译文出版社 2007 年版，第 25—43 页。

争创造新价值的努力之后再升腾起来的普遍的、彻底的虚无主义。①

（二）价值虚无主义与人性异化

虚无主义是现代性的起源，是"上帝死了"之后，人的最高价值罢黜之后的虚空。尼采借用疯子的话向世人宣告"上帝死了"②。海德格尔认为，这里的"上帝"不仅指基督教中的上帝，而且，指超感性世界。"上帝之死"不是尼采提出之后才有的事情。事实上，自现代西方哲学诞生以来，人类逐渐不再信仰上帝，也就慢慢把"上帝"窒息。文艺复兴和宗教改革把以神为本位的宗教思想转向了以人为本位的理性世界，人直面自身的感性存在而体验到自身的价值。笛卡尔"思，故我在"的命题怀疑除自我意识之外的一切东西，实际上树立了人的理性主体价值。康德把"上帝"划定在感性和知性认识论之外，"上帝"无疑丢失了自然哲学的领地。黑格尔把"上帝之死"仅仅视为真理的整全历史或基督教拯救循环的一个环节。帕斯卡尔（Pascal）认为，上帝的失落与人性的腐败与堕落同时发生，人性的固有缺陷使人无法领略到超感性存在的存在。他们用上帝之死来揭示人类正处于沮丧、失望、迷惘的困境之中，最终失落了人类精神的安全感。克尔凯廓尔（S. A. Kierkegaard）从个体人存在的角度发现，上帝之死是由于受难的个体无法体验到超感性世界的广阔无际的意义而丧失了信仰。

"上帝死了"中的"死亡"，按照海德格尔的解读，意指：柏拉图（Plato）以来的形而上学没有作用力和生命力了，形而上学历史空间中的超感性世界，即观念、上帝、道德法则、理性权威、进步、最大多数人的幸福、文化、文明等，必然丧失其构造力量，从而成为虚无的了。因此，它必须用一种新设定的价值来代替，"上帝死了。依照人的本性，人们也会构筑许多洞穴来展示上帝的阴影的，说不定要绵延数千年呢"③。亦即：上帝曾经占据的位置留下印迹，它所留下的影子或空白还无时不影响着人，所以它产生两种虚无，一种是上帝死了之后留下的价值真空，另一种就是人的价值地位力图替代它，但人的总体性存在还没有建立，甚而被不断地消解着。

---

① 刘森林：《虚无主义与马克思：一个再思考》，《马克思主义与现实》2010 年第 3 期。

② ［德］尼采：《快乐的科学》，黄明嘉译，华东师范大学出版社 2007 年版，第 208—210 页。

③ 同上书，第 191 页。

尼采发现，现代人都是装腔作势，缺乏作为稳定阵脚的本能，即使是科学的信念，都意味着作为生命本能的自我保存不再是基础性的。现代性的图景类似于镜子的隐喻，表面是活泼的，内在的原则却是冷酷的。现代精神装饰着各类道德时尚，事实上，宽容意味着缺乏判断是非的能力；同情是三分之一的冷淡、三分之一的好奇、三分之一的病态兴奋；客观是个性和意志的缺乏与了无爱意；"自由"相对于规则而具有浪漫主义色彩；"真理"相对于伪造和谎言而具有自然主义意味；称其为"科学的"就是教条的人文，亦即，书贩子和附加的小说代替了创作本身；"情感"意指无序和无节制；"深度"意味着混乱和象征的极度喧嚣。

在尼采看来，现代性的罪恶是过劳、好奇和同情。"现代性"的特征是：中介形式的过度发展；典型个性的萎缩；传统被打破，包括学校的传统；本能作为哲学上的准备，更加具有无意识的价值，它追寻人的意志能力、目的和手段的意志，其君临天下的地位也衰落了。[①] 因此，在现代社会，"人类"并没有进步，甚而进步根本没有存在过。总的面貌就是一个巨大的实验工厂，整个年代散布着零星的成功，失败却处处都存在，那里没有秩序、逻辑、一致和约束力。[②] "进步"的信仰，在理智的更低阶段，表现为向上生长的生命，但这毕竟是自欺欺人，在理智的高级阶段，它表现为生命的衰落。[③] 因此，尼采总结说：真理就是谬种，没有它，特定的有生命的种类就无法生活；与之相反，生命的价值才是关键。

在现代社会，群畜（herd）道德盛行，它们是精神的衰退、道德的虚伪和吞噬个体的快乐感，是启蒙之后权力意志的扭曲。它们主张，公正、自由和平等就是对有权力的人提出要求并使其脱离出来，是没有取得权力优势的人阻止竞争者权力增长的结果；权力欲是最大的罪恶，道德等于廉洁奉公、绝对正确，幸福都是值得奋斗的目标；崇尚自我克制，使人更无主见，更少意志，更拉帮结派，启蒙运动和社会主义都隐藏着对生命意志的否定。[④] 虚无主义在现代性中的表现还在于文化（culture）与文明（civilization）的对立。从道德上讲，文化的伟大时代是腐败的时代；与之相反，对人驯化的文明时代是人们寄望和必然如此的时代，也是对最勇敢

---

① Friedrich Nietzsche, *The Will to Power*, New York: Random House, 1967, p. 48.

② Ibid. , p. 55.

③ Ibid. , p. 70.

④ Ibid. , pp. 41, 53, 58, 61–62.

和最具精神本性不宽容的时代。①

　　海德格尔基于存在虚无主义的视角认为，尼采的权力意志把自身设定为最高价值，当所有陈旧道德价值消失后，仍然遗留下一种价值，即贬值者的价值，而且尼采的价值仍然依赖于感觉的对象化，保留了形而上学的残余。按照中国学者莫伟民的解释，尼采基于价值的视角，试图摧毁隐藏在哲学体系和道德习惯背后的所有前提和偶像，从而确立起人的创造者地位，但海德格尔把价值视为一种考察"此在"的隐藏本质的一种方法。②因此，海德格尔认为西方形而上学把"存在"价值化了，遗忘了存在本身，"假如一切'是'（ist）都系于存在（sein），那么，虚无主义的本质就在于，存在本身是虚无的。存在本身乃是在其真理中的存在，而这种真理归属于存在"③。

　　海德格尔认为，人性的"异化"发生在把"此在"与他者打交道的"共在"和日常生活中"此在之沉沦"。前者反映了人际关系的淡漠，人们相互之间保持一定的距离、平均的状态、平整作用、公众作用、卸除责任与迎合等性质；后者指此在在日常的"闲谈"、"好奇"和"两可"中失掉了人的本真性。这和克尔凯郭尔此前把人在社会中的存在看作非真实性存在，以及萨特（Sartre）视他人为地狱具有同样的性质，而且它可以进一步归结到海德格尔对技术和制度物化和异化的认识。因为，海德格尔认为，技术是一个"座架"，它掩盖了人们对存在的追问，这和马克斯·韦伯（Marx Weber）揭示人生活于工具理性的"铁笼"具有同样的意义。但这里的"异化"不同于马克思（Karl Marx）的"异化"，后者是在人的生产交换中人受其劳动工具和成果奴役的状态。

　　鲍德里亚（Jean Baudrillard）立足于再生产时代，认为现代社会是真实世界消失的时代，人类社会由真实过渡到了"超真实"，即由符码统治的拟真统治的时代。在拟真时代里，意义、真实、以真实为对象的辩证法都死亡了。人们生活在这样的时代里面，即冷漠、透明、非价值、非真非假、幻觉的世界里面，所以，每个人都是虚无主义者，此时的虚无主义不再具有尼采所主张的权力意志的创造性和积极性，虚无主义的代名词是

①　Friedrich Nietzsche, *The Will to Power*, New York: Random House, 1967, p. 75.
②　莫伟民:《主体的命运》，上海三联书店1996年版，第161—162页。
③　[德]海德格尔:《林中路》，孙周兴译，上海译文出版社2004年版，第278页。

"消失的逻辑"。在"消失的逻辑"中，人们受资本统治下单向给予的逻辑支配，乐此不疲地追逐由社会不断制造的欲望、需要和幻象，生命意志就消失在拟真的世界里面。①

二　教育价值虚无主义

虚无主义不仅是知识理性发展的伴生物，而且在现代社会是技术统治的必然结果，是人的总体性价值的流逝。在自由主义教育中，相应地出现了各种拯救价值的方案，极端右派希望树立传统的权威，重塑或返回古典自由主义整全价值，如列奥·斯特劳斯。启蒙运动以来实证主义者则颂扬技艺在建立自由与民主价值过程中对人的潜能解放的重大作用。此外，不乏中道论者，他们希望整合科学与人文价值，使教育适应日益分化的各类知识类型。因此，教育首先必将置身于这种历史境遇中，溯源于价值、道德、存在和历史的虚无主义，探寻教育合乎人性的价值合理性。

（一）"总体人"的消解

在教育现代化过程中，现代教育的人性价值日益缺失，教育的功利化、意识形态化、唯科学主义对教育的人性价值直接构成了挑战；在日常的教育实践中，轻视、蹂躏甚或抹灭学生的生命、生存和发展权利的行为不断发生，这直接威胁到人性存在和人性自由。福柯（Michel Foucault）在《词与物——人文科学的考古学》宣告"人死了"，因为他发现，以人为经验对象的人文科学在数学、语言学和生物学的夹缝中生存，人的主体价值在精神科学与人种学中不停地被拆解而断裂。这意味着，在现代社会，人的意识和灵魂、主体性和人性遭遇到知识和权力的限制，人的意义和价值也跌入到前所未有的困境。此时，现代教育不再是针对人的内在灵魂而传授完全人格的人文知识，却是对人的肉体进行制度化权力运作，把人规训成为一个能自动生产和再生产权力/知识和话语的主体。②

从非形式化教育、形式化教育、实体化教育到制度化教育的教育现代

---

① Jean Baudrillard, *Simulacra and Simulation*, Michigan: University of Michigan Press, 1994, pp. 159–163.

② 张旭：《人文主义及其教育的不可能性：海德格尔及福柯论人文主义》，载《思想与社会》编委会编《教育与现代社会》，上海三联书店2009年版，第94—95页。使用海德格尔、福柯等哲学家的观点来研究人文价值教育的缺失，尤其是人的缺席的问题，还可参阅［美］威廉·V. 斯潘诺斯《教育的终结》，王成兵等译，凤凰出版传媒集团、江苏人民出版社2006年版。

化进程中,① 教育遭遇到技术主义的深度控制。教师和学生之间的关系本来不是一种冷冰冰的社会身份或角色关系,但在形式化和制度化教育背景下,他们各自的肉身、情感、个性等人性诸特性,以及他们相互之间的自由、民主、平等、关爱等人性关系却容易被忽视,他们之间的关系也就变得冷冰冰的了。而且,人的受教育权利时常遭受到各种权力的干预,甚而个人的生命、幸福、生存、自尊等基本权利也遭到侵害,同时,工具理性统治下的教育世界在压制人性的潜能与自由的同时,也与生活世界走向人性的对立。

据此反思,教育对象难道只是一个纯粹的意识性存在,一个赤裸裸的认识主体,教育的世界难道仅仅是一个科学探讨和技术处理的对象性世界,而作为本体存在与价值主体的人已经不复存在。作为普遍化、抽象化和一般化的否定性力量的个体人的焦虑、恐惧、战栗,难道就不是教育的人性要素。难道教育就只有规训、律令和总体化理想,就没有对不完美、不完整人性的宽容仁爱,就不需要平等对话、个性的张扬和自我认同。因此,现代教育如何彰显人的本性,不断解放和发展人性,追求和谐发展的"圆满人性",实现教育人性化的应然追求,成为当今教育理论与实践的时代任务。

按照"启蒙的辩证法",启蒙是虚无主义的直接结果。在现代教育实践中,教育一直被视为一股重要的启蒙力量。教育启蒙意味着,充分利用人的理性能力,追求自由、平等、博爱、人权、正义、真理、理想等人类终极性价值目标,发挥人的自主性,摆脱人的未成熟状态,实现人的解放,因此,"人只有通过教育才能成其为人","人只有通过教育,通过同样受过教育的人,才能被教育"。② 当然这主要从教育具有培养人的内在总体价值和在个体社会化中的个性成长而言的,与"教养"的内涵相一致。然而,当知识理性僭越总体的人性,甚而成为人性的上位概念时,教育启蒙必然导致人性的价值位移,知识人取代了总体人。"思,故我在"意指人的理性认识具有唯一的确然性,也奠定了认知理性在"认识你自己"的道路上的独尊地位,使"关心你自己"的传统人文价值走向边缘;"知识就是力量"则预示着实证主义知识论的泛化,使人与知识几乎

① 参阅陈桂生《教育原理》,华东师范大学出版社 2000 年版,前言。
② [德] 康德:《论教育学》,赵鹏、何兆武译,上海世纪出版集团 2005 年版,第 5 页。

画上了等号，使启蒙理性同一化为实证理性、肯定理性，丧失了教育启蒙的自我反思的否定性力量以及解放人的使命。进而，从知识社会学的角度看，教育的技术理性在促进人的社会化和个体化的同时，其目的理性代替了价值理性，它追求一种能使人统治自然的知识形式，剥夺了知识的价值蕴含，遵从没有自我意识的物化逻辑，仅仅留下知识的工具性功能与作用，其技术功能逐渐统治了人们的生活。此外，人性的物质欲望借助技术理性的力量释放出来，使这个社会"集体性的疯狂"，人们生活兴趣的中心从精神世界转向了权力、货币、技术为代表的物欲世界和表象世界，人的"物化存在"使人从事着机械重复的"西西弗斯"似的工作，因此，知识的神话替代了启蒙，而这种启蒙教育也倒退了，使自己成了神话，人类不是进入真正合乎人性的状况，而是堕落到一种新的野蛮状态。①

现代教育不但建制了千校一面、千师一面和千生一面的模式化、标准化教育，而且发生了从教化功能向规训化功能的转变。教育本来应当成为一种符合人性及生命意义生成的社会活动，但是，教育却走向非人性化，体现为教育的工具化、物化和异化，包括劳动、语言、艺术和交往的异化。"人与人之间的关系获得了物的性质，并从而获得一种'幽灵般的对象性'，这种对象性以其严格的、仿佛十全十美和合理的自律性掩盖着它的基本本质，即人与人之间的关系的所有痕迹。"② 教育的启蒙精神不再是理性的启示，不是对"存在者"的总体把握。教育的机械化和合理化就是按照目的理性来塑造教育对象的活动，教师和学生在教育过程中的创造力越来越少，热情阙失，意志沮丧，人成为片面化或"单向度"的存在。最终，"总体人"在这种"异化"与"物化"中慢慢地消解。

（二）教育中"个体的终结"

在现代教育中，个体在与类的关系中遭遇到异化甚或终结的命运。教育中的价值虚无主义使超越于自我关注的主体价值和意义不再具有合理性，人的教化脱离了信仰，却又陷入理性的幻象当中。换言之，在社会平面化、均质化和功利化之后，人人均等，大众平庸，人的生命活力和个性被高度压抑，自我认同的确然性遗失了，纯粹理性的精神已经无法拯救鲜

---

① ［德］霍克海默·阿多诺：《启蒙的辩证法》，渠敬东、曹卫东译，上海世纪出版集团、上海人民出版社 2006 年版，前言。

② John E, Grumley, *History and totality*, New York：Routledge, 1989, p. 133.

活的个体。只有生命意志才能重拾和拯救人类的生命之光，冲破各种挫折和逆境，形成具有生命活力和丰富个性的"超人"。福柯宣告了作为大写的、普遍意义的人的消逝。其反讽性含义在于：教育必须通过对作为"一个个个人"的自我关注，通过个体的感性经验，尤其是身体体验，在充满歧异、多元和竞争的思想竞技场进行自由实践，追求个人自主。同时，福柯警告说，"个人自主"也可能成为专制或专权的幌子或产物，需要避免被"石化"或"晶体化"。因此，个人自主更应当是一种态度，需要不断提高警惕、增强反思和创造，"个人自主性概念的核心是一个人拥有自我意识的观念和思想反思的能力，以及'动机或意志力结构'的观念；简而言之，我们有意志，我们也有理性；我们有欲望驱使我们行动；我们就那些行动来进行推理和反思"①。

在马克思和现代西方马克思主义者那里，现代教育的个人价值"空场"得到深刻揭示和批判。马克思分析了资本主义的生产方式，批判资本主义用商品交易的方式买卖人，用等量的尺度衡量人，把人等同于计算中的单位数量，不仅使人，而且使具有各种感性需要和个性差异的个人也不复存在。哈贝马斯在《合法化危机》一书中直接提出"个体的终结"的命题。他首先分析了后期资本主义的文明危机，其中合法化危机和动机危机是最深层次的危机，也是认同危机的主要表现形式（见表3—1）。

表3—1　　　　　　　**后期资本主义文明危机类型表**②

危机类型		危机实质	危机表现
系统危机	经济危机	经济系统的持续性危机	利润率下降
	合理性危机	政治系统的产出危机：转嫁的系统危机	合理性欠缺
认同危机	合法化危机	政治系统的投入危机：直接认同的危机	合法性欠缺
	动机危机	文化系统的产出危机	合作动机欠缺

---

① ［英］詹姆斯·D.马歇尔：《米歇尔·福柯：个人自主与教育》，于伟、李珊珊译，北京师范大学出版社2008年版，第96页。

② 本表综合了哈贝马斯和复旦大学王凤才两人的内容。参阅［德］哈贝马斯《合法化危机》，曹卫东译，上海世纪出版集团2009年版，第52页；王凤才《蔑视与反抗：霍耐特承认理论与法兰克福学派批判理论的"政治伦理转向"》，重庆出版社2008年版，第122页。

正因为如此，"个体的终结"在教育中主要表现为个体自我认同的困难。主要体现在：受教育时间的延长使越来越多的人在青春期早期产生社会心理迟滞和延长；教育所提供的解释模式与个人所感知到的社会现实之间的差异越来越大；社会化过程中平等家庭结构的发展和中产阶级教育方式的普及导致更多的青春期问题；人们只能根据自己的角色行为来确定社会地位的普遍基础，学生的人格与个性在青春期发展危机中只能采取退却、冷淡、抗议或批判的态度。①

实现教育人性化的个体价值取向与个体化实践的转换，是分析和把握教育人性化问题的必然要求；立足于教育人性化个体价值取向的历史唯物主义的分析，更是教育人性化的应然要求。据此分析，人原本渴求在具有规范意义和道德意义的生活世界中栖息。但是，在现代社会，首先，科学主义方式控制了世界观信仰方式，不断压制着生活世界中具有身心偶然性的个体；其次，道德的形式化、犬儒主义意识、丧失自由精髓的民主、遭受到普遍社会化模式摧残的实践理性等，使个体的自我认同无法实现；最后，虽然科学技术的进步迫使人不断地强化自我反思意识，试图通过该意识使自己战胜自身的客体化，然而，个体在日益增多、愈加紧密的网络中逐渐脱离自己的世界观，异化为一种"非本真性"存在。②哈贝马斯在《交往行动理论》中分析："'个体在自我扬弃过程中必须用肉体和灵魂根据技术规则来重新塑造自己'，但是，如果对行为的控制由人格立法过渡到'自主秩序机制越来越顺利的运作'，企业以及管理组织的行为领域所具有的秩序机制以及深入到个别组织成员主体性当中的适应命令就会显示出来。"③教育的本义是长善救失，使个性和谐发展。在现代社会，教育则使个体完全社会化，如果学校教育变成一种准官场、准企业和应试教育倾向的"教育事业"，那么"反教育"的教学活动就丧失其教养功能和价值。④

（三）教育中生命的训化

杜威"教育即生活"的命题意指：教育不仅必须正视当下的生活，

---

① ［德］哈贝马斯：《合法化危机》，曹卫东译，上海世纪出版集团 2009 年版，第 96 页。

② 同上书，第 129—140 页。

③ ［德］哈贝马斯：《交往行为理论》（第一卷），曹卫东译，上海世纪出版集团、上海人民出版社 2004 年版，第 335 页。

④ 陈桂生：《教育价值的缺失与寻找》，《北京大学教育评论》2010 年第 4 期。

活在当下，生命的意义也在当下，而且教育必须超越当下，创造可能生活，满足精神存在的需要，这是生命的生长性和创造性的意义。但是，在现代教育中，生命的意义不断地消解。中国学者冯建军在《生命与教育》一书中对此做了以下几个方面的归纳：第一，人文教育的失落，今天的人文教育主要指针对唯科学主义、理性至上、功利主义和物质主义、享乐主义的流弊提出的，教育只教人掌握"何以为生"的本领，放弃了引导受教育者对"何以为生"的思考和与受教育者进行灵魂对话的机会。第二，教育与生活割裂，生活离不开人生存中的体验，教育就是在共同的社会生活过程中体验自身、教育自己，但是，科学的纯粹事实化脱离了人的生活意义，学校教育的高度形式与应试教育的评价体系抑制了人们对生活中生命的丰富性和生长性的体验，使儿童的生活成人化、孤立和压抑。第三，绝对主义的客观知识泯灭生命的灵性和创造。经验知识的客观性要求学生的认识尽量符合"客观存在、客观对象、客观本性"，否认了主体在知识形成中的作用，排斥了人的主观性、历史性和文化性，学生就成了"容器"，失去怀疑的能力。第四，极端的道德理想主义培育了无根的生命，在人性有机体的矛盾运动中，它超越人的现实性、历史性存在的事实，寻找的是一个终极的、永恒的、完美的、至善的世界，从而脱离了现实生活世界，违背了具体的生命，成为一种抽象的、异在的东西。第五，规训压抑了自由的生命，规训是让儿童服从于外在的权威或纪律，压制生命的生长。它主要表现在高度划一的制度、纪律、教学行动和个性标准上面，使学生失去激情、个性和创造性。第六，病理性教育压制着生命。沉重的学习负担，剥夺了儿童自由活动的时空，通过不同形式的体罚、病理性语言等不当的教育方法、形式，侮辱、诋毁学生的人格和尊严，影响他们生命的健康成长。①

　　生命不仅是人的灵魂或精神性存在，而且应当是一种生命力，一种超越性的能力：超越物性而获得动物性，超越兽性而获得社会性，超越神性而获得精神性。当然对现实的、具体的个人而言，生命主要是在实践中的人性超越。教育虚无主义不仅体现在终极价值的虚无化，而且通过教育本身的虚无化来生产新的价值需要和"虚无人"。教育罢黜了生命的最高价值之后，教育没有了终极价值，就只有功利的价值、世俗的价值，而且任

────────────

① 冯建军：《生命与教育》，教育科学出版社 2004 年版，第 43—67 页。

何人都可以出于自我生存与保存，以自己的欲望的满足为目标，使教育可以服务于任何特定情境中的任何目标。教化精神的衰落意味着，人们的精神和人格湮灭在庸俗的毫无节制的欲望之中，落入专门化的训练和社会化控制之中。①

第二节　教育实践的"劳动化"：非人性化行动

教育实践有许多形式，而教育理论研究应当是一种特殊的教育实践。除此以外，教育实践还包括教育劳动、教育行动、教育互动等形式。当我们分析当今表述教育实践的日常用语、描述性话语和专业概念的时候，发现，目前国内的教育学论著、教材对教育实践的解释和定义模式或隐或现地具有教育"劳动化"解释模式的影子。如果不进行概念的深究或追问，那么"教育劳动"甚而成为教育实践的代名词，尤其在讨论教育与上层建筑关系，或者教育与经济、社会、文化等的关系的时候。在中华人民共和国教育史上，"劳动教育"一直被视作自由全面发展教育目的的基本内容和重要途径。改革开放之后，我国教育理论界开始质疑和批判来自苏联的教条主义的"劳动"和"劳动教育"概念，兴起了有关"教育与生产劳动相结合"问题的大讨论。大讨论主要关注教育与劳动相结合中劳动的性质和教育的构成问题、教劳结合的历史进程、国外教劳结合概括以及教劳结合的新趋势等内容。② 由此看来，这些讨论把教育看作一种具有独立性质的实践形式，无论是德育、智育、体育、美育和劳育（俗称"五育"），都不能简单地把它们等同于劳动、生产或生产劳动。此后，瞿葆奎先生认为，虽然劳动教育极为重要，但与其余四育相比，无论从逻辑上，还是从马克思、王国维等人的提法来看，它是另一类、另一层次的教育，它应当是人的全面发展的综合体现而不是其中的一部分。③ 也就是说，劳动教育应当仅仅是教育实践的一种综合形式。通过劳动教育，发展

① 金生鈜：《规训与教化》，教育科学出版社 2004 年版，第 220—223 页。

② 瞿葆奎主编：《教育基本理论之研究（1978—1995）》，福建教育出版社 1998 年版，第 662—710 页。

③ 具体的争论内容，参阅黄济《关于劳动教育的认识与建议》，《江苏教育学院学报》（社会科学版）2004 年第 5 期；瞿葆奎《劳动教育应与体育、智育、德育、美育并列?》，《华东师范大学学报》（教育科学版）2005 年第 9 期。

和培养德、智、体、美四育是自然而然的事情,解决了身心分离、体脑对立等人性论问题。同时,"劳动教育"还意味着,教育是与劳动相结合的教育,但这还没有,也不能完全阐明教育本身的实践性质,因为劳动教育是教育实践的一种形式,如果把教育实践简单化为劳动教育或教育劳动,无视教育本身的特殊性,那么它不仅会歪曲劳动的本意,而且使教育劳动简化为追逐利益的工具或规训化手段,导致非人性化的后果,这种现象也被称为教育的"劳动化"。①

一 "劳动"词义考

劳动教育不同于教育劳动,后者把教育视为劳动的一种形式,和生产劳动、文化劳动等相并列,而劳动教育是教育的一种形式,是和活动教育、交往教育等并列的教育活动形式。因此,如果假定"教育"是一个众所周知的概念,那么"劳动"概念的意义就成为研究的重点。

（一）"劳动"是"辛苦"和"教养"

"劳动"英文为 labour,最接近的词源为拉丁文 laborem 和法文 labor,labour 的最早意涵是"工作"和"辛苦"（痛苦）。作为动词,意指犁地或在土地上耕作,其意义可以延伸到其他种类的手工工作与任何费力的工作。② 在圣经故事里面,劳动被认为是上帝在亚当、夏娃偷吃禁果而犯错之后对第一对夫妻施加的惩罚,在基督教里面是被人所瞧不起的可恨的行为,甚而意味着苦行和被迫的行为。11 世纪宗教改革之后,基督教改变了对劳动的态度,宣扬:参加劳动是服从上帝的自然表现,并有助于加强对上帝的忠诚度,例如:基督教宣传"不劳动不得食"的口号,它意味着劳动是光荣的。到中世纪后期,劳动是解决失业问题的药方,劳动受到教会的保护。③ 17 世纪之后,劳动不再与"痛苦"相联系,洛克把劳动力和土地的紧密联系作为私有财产产生的必要条件。在亚当·斯密的

---

① "教育劳动化"一词参考了南京师范大学 2010 届博士学位生赵荣辉的博士学位论文及其发表的论文（赵荣辉:《论教育的"劳动化"》,《教育学术月刊》2010 第 11 期）的内容。本书得益于此,在此表示衷心感谢! 但是,本书主要从劳动概念辨析、马克思的劳动概念以及现代西方马克思主义对其批判的论述中,阐明教育劳动化的非人性化含义和后果,从而为教育行动、教育互动等教育人性化实践哲学的论述奠定基础。

② ［英］雷蒙·威廉斯:《关键词:文化与社会的词汇》,刘建基译,生活·读书·新知三联书店 2005 年版,第 256 页。

③ ［法］福西耶:《中世界劳动史》,陈青瑶译,上海人民出版社 2007 年版,第 5—17 页。

《国富论》中，劳动成为政治经济学概念，意指生产要素。此后，其现代意蕴转化为抽象化的经济活动和社会劳动阶层。①

　　根据海德格尔的弟子、德国哲学家洛维特（Karl Lowith）的考证，在19 世纪，"劳动"和"教养"是市民社会的两个对立统一的实体，虽然劳动是"雇佣工人"的生存形式，"教养"是"有教养者"的特权，但是，获得市民教育的特权是"雇佣工人们"的追求，而有教养者必自称为"脑力劳动者"，借此为自己的特权争取合法性的外衣。从当时德国"劳动"与"教养"相结合的国家社会主义运动历史，我们依稀发现了中国"文革"时期劳动教育的影像。

　　　　国家社会主义把青年大学生送到劳动营，与人民相结合，用政治"世界观"，即市民阶级教养的一种衍生物，来灌输给雇佣工人群众。无论是把劳动与教养激化为两个互为条件的极端，还是把它们抚平为一个中间的"民间文化"，都从两个方面证实，劳动处于一种它并不把人教育成人的状态中。②

　　归结起来，"劳动"有两个基本含义："劳累"与"成就"，但是，就人的存在无非是在世界中的一种活动而言，劳动绝对是属于人的存在。黑格尔不把劳动当作与游手好闲或游戏相区别的个别的经济活动，而是人创造自己的生活并同时塑造世界的基本方式和方法。在黑格尔的绝对精神概念中，劳动是自我存在和异己存在之间的运动，因此，它不是特殊意义上的体力劳动和脑力劳动，而是在决定论的意义上充满精神的普遍性。黑格尔还认为，劳动是相对于自然的"否定性行动"，它不是本能，而是一种"理性活动"，是人与其世界之间，人的需要与满足之间进行调节的一个"中间环节"。劳动成为一种抽象普遍的劳动，忙于满足自身的普遍可能性，因此劳动是"需要体系"中的第一个环节，这就是市民社会的劳动。黑格尔认为，劳动的本质是：人只有生成才"存在"，人必须创造自己本身和他的世界。这种生产性的劳动发展出理论与实践上的"教养"，

　　① ［英］雷蒙·威廉斯：《关键词：文化与社会的词汇》，刘建基译，生活·读书·新知三联书店 2005 年版，第 257—259 页。
　　② ［德］卡尔·洛维特：《从黑格尔到尼采》，李秋零译，生活·读书·新知三联书店 2006年版，第 355—356 页。

即多种多样的知识、设想对某些目的来说适当的手段的灵活性、对错综复杂的和普遍的关系的理解等。而且，劳动通过对业务的习惯和对他人意志的顾及进行教育，教育出客观的、实际的活动和普遍的技能，对人加以管教，使人上升到精神上普遍的东西，所以劳动者不同于懒惰的野蛮人，他们同时是有教养的人，是建设性地提高自己的需要的人。但是，劳动教育人的原因在于，它作为一种塑造的或教育的活动自己本身就是精神性的，并且能够抽象。①

　　基于黑格尔的劳动理论，C. 勒斯勒尔把劳动理解为占有与解放的过程，是为一个从活动着的精神产生的"占有"过程，它属于自己给自己设定目的的人的道德规定性。他认为有双重的占有方式，即个别生物直接吸纳自然、同化食物的占有方式和以机器和工具等二级器官为中介的间接的占有方式。前者是人和动物共有的；后者是只有人才有的，是占有工具进行创造的劳动过程，它的完全展开发生在市民社会，形成了"无限进步的创造性"和"人格性的占有"，试图实现一种建立在相互劳动之上的"普遍自由和教养"。②

　　（二）劳动是"实存"

　　存在主义哲学家克尔凯廓尔（S. A. Kierkegaard）认为，劳动对于自我生成具有重要意义。因为，自我根据自己本身的运动是一个"自由的行为"，个人通过它而居于各种关系之上，但作为具体的个人，每一个人都首先必须吃、喝、穿和住，即必须"实存"（existence），为了实存，必需资本和货币，但如果没有他们，也只有通过劳动而生存。如果要把人当作人对待，那么每一个人的规定性都不是为了微薄或宽裕的生计，而是必须宽裕地享受这一生计，因此，"人是不死的"。如果说前面出于生计的证明是从美学的角度看的，那么把劳动看成是人的义务，这是伦理学家的看法。他们认为，劳动自身并不是负担，而是一种伦理的砝码，它是相对于既不必也不能劳动的动物和植物所特有的完善，凭借自己的劳动挣得自己的需求，并恰好也在食物的筹措中保持了尊严的人。因此，人在为自己

---

① ［德］黑格尔：《法哲学原理》，范扬、张企泰译，商务印书馆2009年版，第209—210页；［德］卡尔·洛维特：《从黑格尔到尼采》，李秋零译，生活·读书·新知三联书店2006年版，第358—364。

② ［德］卡尔·洛维特：《从黑格尔到尼采》，李秋零译，生活·读书·新知三联书店2006年版，第365—367页。

的劳动追寻一种"更高贵的名声",这种名声规定着劳动与自己和他人的生活的关系,同时把劳动表现为他的荣誉和愉悦。

尼采反思劳动在人的生活中的地位,认为,劳动不再是一种塑造世界和人的力量,而是被感受为一种压迫和负担。尼采批判劳动的目的是捍卫需要充分时间、有闲暇去做的沉思。由于现代世界不遗余力地推崇勤奋,才使劳动和闲情逸致之间、基督教的凝神和世俗的事务之间的等级秩序解体,现代"充分利用时间""愚蠢而又狂妄的"勤奋比其他一切都更多地瓦解宗教生活,教育出无信仰的人。

> 现在,这一事实被人们相当不敬地叫做"劳动的赐福"。劳动将受难者的注意力从他的痛苦中转移开去,从而减轻他的痛苦。由于他不停地劳动,他的头脑中就很少有空位留给痛苦,……因为人类的意识是个狭窄的小屋。……就使他们从此把他们所恨的东西看成是一种享受,一种相对的快乐,……而奴隶对他们自己的命运的不满本来就不是僧侣发明的。①

无疑,存在主义和生命哲学也有类似于"劳动"的概念。海德格尔的"烦"就是劳动概念的等价物,其含义分别是为自己烦心和为某物烦心,但根据奥古斯丁的 cura(烦)之概念的神学起源,这种实存上的本体论的"烦"没有塑造世界的意义。②

综合上述词义分析,"劳动"与动词意义上的教育有直接的关联,正如 A. 卢格所言言:劳动和教养是一回事,它的本质就是教育;劳动随时都在重新创造人性,唯有劳动才促进和解放人性。③ 也就是说,"教育"和"劳动"在创造和生成人性的意义上是一致的,尤其在黑格尔的主奴辩证法里面,奴隶通过劳动而成为自己主人的主人;劳动是一个"自己生育自己的神",它使"人成为人",因此,"教育劳动"的提法具有一定的合理性,但是,教育劳动和劳动教育不同,前者是教育性质的规定,后

---

① [德]尼采:《论道德的谱系·善恶之彼岸》,谢地坤等译,漓江出版社 2007 年版,第 94 页。

② [德]卡尔·洛维特:《从黑格尔到尼采》,李秋零译,生活·读书·新知三联书店 2006 年版,第 382 页注①。

③ 同上书,第 367 页。

者是教育的一项内容或一种形式。

(三)"劳动"是"解放"

在黑格尔哲学体系中,虽然劳动也有解放的意义,但是,在马克思及以后的经典马克思主义哲学家看来,黑格尔的劳动概念还是抽象的劳动。马克思认为,劳动首先意指生命活动,因为劳动不仅是维持肉体生存的一种手段,而且是类生活,是产生生命的生活,是人通过实践创造世界,改造无机界,证明自己是有意识的类存在物。动物的生产是为了满足自己直接的需要,其生产是片面的,而人的生产是全面的;动物只是在直接的肉体需要的支配下生产,而人不受,甚而只有不受肉体需要的影响才能进行生产;动物只生产自身,其产品直接属于它的肉体,而人再生产整个自然界,并且自由地面对自己的产品;动物只按照它所属的那个种的尺度和需要来构造,而人懂得按照任何一个种的尺度来进行生产,并且懂得处处都把内在的尺度运用于对象。当然,也可以这么说 ,人也按照美的规律来构造。①

> 正是在改造对象世界中,人才真正地证明自己是类存在物。这种生产是人的能动的类生活。通过这种生产,自然界才表现为他的作品和他的现实。因此,劳动的对象是人的类生活的对象化:人不仅像在意识中那样在精神上使自己二重化,而且能动地、现实地使自己二重化,从而在他所创造的世界中直观自身。②

马克思还从政治经济学意义上分析劳动,认为,人通过对象化的劳动创造了在人类本身内在的自然、外部的自然环境之外的人化自然,劳动者所潜在的劳动力作为政治经济学的基础,具有"类"的丰富性,是历史的原动力,是一切历史的基本条件。具体内容,下文将具体展开,这里就不再赘述。

二　马克思的教育劳动及其异化

如果说马克思在劳动发展史中找到了理解全部社会史的钥匙,那么,

---

① 马克思:《1844 年经济学哲学手稿》,中共中央马克思恩格斯列宁斯大林著作编译局译,人民教育出版社 2000 年版,第57—58 页。

② 同上书,第 58 页。

从劳动发展史把握教育发展的要旨，也是可能的。同样，如果通过劳动的批判可以把握人性化的真义，那么通过教育劳动的批判也可以探究教育的"去蔽"和人性解放。

（一）马克思的教育劳动

马克思以前的教育思想家和教育家曾经或多或少地肯定劳动的社会意义和教育意义，但他们用抽象人性去说明劳动，说明劳动与社会、教育的关系，把劳动抽象化，把劳动发展史中某种暂时存在的劳动形态绝对化，既无法解开劳动之谜，而且解不开教育和劳动的关系之谜。[①] 与之相反，马克思从劳动的具体的、现实的和历史的社会关系中探究劳动和教育的关系。

首先，马克思的教育劳动理论揭示了：生产劳动是教育的基本条件，教育什么与怎样教育，离不开生产什么与怎样生产；生产力和生产关系结构、文化条件等制约着教育的发生及发展水平。马克思的"劳动"是对国民经济学的颠倒，是哲学人本学的体现，被人本主义逻辑所主导，而且它是在资本主义工业社会中市民社会兴起的背景下提出的。马克思的"劳动"概念在《1844年经济学哲学手稿》时期主要还是哲学人类学的概念，在《资本论》时期，它主要从政治经济学意义上分析劳动的生产、分配、交换和消费等方面的内容。前者是历史唯物主义的基础；后者是政治经济学的核心内容。因此，生产力与生产关系、上层建筑都是历史范畴，不同形式的生产力、生产关系和上层建筑都对劳动及其与教育的关系发生现实的影响。而且，作为相对独立的教育，也受劳动规律的影响，德、智、体、美育都在教育劳动中实现了综合。

其次，马克思认为，劳动是人发展的必要条件，或者说，劳动就是人性的解放。马克思在《1844年经济学哲学手稿》中从哲学的角度分析经济学，认为，抽象劳动是历史发展的必然，用"抽象"形容资本主义劳动，为以后理论的发展奠定了基础，而且分配的不同形式导致了不同的地位和权利。此外，劳动是劳动者真正的、活的财产，因为人是自然的存在物，通过对象化的劳动创造了在人类本身内在的自然、外部的自然环境之外的人化自然，从而实现"人的实现的自然主义和自然界的实现了的人

---

① 吴式颖、任钟印主编：《外国教育思想史》（第八卷），湖南教育出版社2000年版，第334页。

道主义"①。劳动者所潜在的劳动力作为政治经济学的基础，它也具有
"类"的丰富性，是历史的原动力，因为人类历史是人们生产着自身需要
的物质生活资料的历史，进而，生产物质生活本身的劳动作为第一个历史
活动，它是一切历史的基本条件。归结起来，通过劳动，马克思发现了人
性的三种特性及其相互关系，如图3—1所示。②

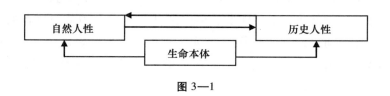

图 3—1

最后，由于历史人性、自然人性、生命本体在劳动的具体的、历史的
创造中形成体系，因此，劳动是人的全面发展的现实条件，甚而，在马克
思看来，生产劳动与教育相结合是造就全面发展的人的唯一方法。马克思
认为，共产主义社会就是人性复归、人得到全面发展的社会，③"在共产
主义社会里，任何人都没有特殊的活动范围，而是都可以在任何部门内发
展，社会调节着整个生产，因而使我有可能随自己的兴趣今天干这事，明
天干那事，上午打猎，下午捕鱼，傍晚从事畜牧，晚饭后从事批判，这样
就不会使我老是一个猎人、渔夫、牧人或批判者"④。共产主义者向往的
是：只有到了个人能够驾驭外部世界对个人才能的实际发展所起的推动作
用的时候，个人的全面发展才不是理想和职责。而且，共产主义社会不是
终极的、理想的设定状况或理想，而是一种不断消灭现存状况的现实运
动，这个运动的现实前提是：在具体现实中劳动的不断发展和创造，及其

---

①　马克思:《1844年经济学哲学手稿》，中共中央马克思恩格斯列宁斯大林著作编译局译，
人民出版社2000年版，第83页。

②　董标:《马克思主义教育思想论纲》，中国矿业大学出版社1999年版，第121页；刁培
萼:《试论实践辩证法·人学辩证法·教育辩证法的关系》，《人大复印资料》(教育学)2010年
第9期。

③　有关"人的全面发展"概念讨论，这里不具体展开讨论。本书第四章将具体地论述。有
关马克思的"人的全面发展"概念，参阅吴式颖、任钟印主编《外国教育思想史》(第八卷)，
湖南教育出版社2000年版，第346—347页。

④　马克思、恩格斯:《德意志意识形态》，中共中央马克思恩格斯列宁斯大林著作编译局
译，人民出版社2003年版，第29页。

结果，即劳动创造的财富的极大丰富性。

（二）马克思的教育劳动异化

在马克思看来，异化劳动是一切异化的本质，因此，教育异化首先体现为异化劳动。劳动的异化作为人的对象化过程中的一部分或者说劳动的一个环节，是对人的肯定，但是，在资本主义生产关系中，异化劳动把人对动物所具有的优点变成了缺点。它具体表现在五个方面。第一，工人对自己的劳动产品的关系就是对一个异己的对象的关系，工人越是劳动，就越是失去生活资料；只有作为工人才能维持自己作为肉体的主体，并且只有作为肉体的主体才能成其为工人。第二，劳动活动本身的异化，即自我异化。劳动不属于人自己，而是某种异己的活动。劳动不是肯定自己，而是否定自己。劳动是强制的劳动，只要肉体的强制或其他强制一停止，人们会像逃避瘟疫那样逃避劳动。第三，人同自己类本质的异化。异化劳动把自己的生命活动，自己的本质变成了维持自己生存的手段，也就是说，使人自己的身体，同样使在他之外的自然界，使他的精神本质，他的人的本质同人相异化。第四，人与人之间相互关系的异化。人对自身的关系只有通过他对他人的关系，才成为对他来说是对象性的、现实的关系。然而，通过异化劳动，人不仅生产出对他作为异己的、敌对的力量的生产对象和生产行为的关系，而且还生产出他人对他的生产和他的产品的关系，以及他对这些他人的关系。也就是说，他生产出不生产的人对生产和产品的支配。第五，语言的异化。交谈中使用的语言是人与人彼此发生关系的物品。但是，人的语言已经难以令人理解，变得无效了，在人们看来是对人类尊严的侮辱。因为，它被一方理解为请求、哀诉，从而被看成屈辱，使用它的时候，就带有羞耻和被唾弃的感情，而另一方驳斥其为不知羞耻或神经错乱。

马克思通过异化劳动的考察，分析了在资本主义社会，劳动其实就是异化劳动，劳动自身的异化是一切阶级关系和私有财产的本质，是人类自身的异化。

　　我们已经看到，对于通过劳动而占有自然界的工人来说，占有表现为异化，自主活动表现为替他人活动和表现为他人的活动，生命的活跃表现为生命的牺牲，对象的生产表现为对象的丧失，转归异己力量、异己的人所有。①

在马克思看来，异化不仅具有道德的优先性，即异化首先是人类社会道德的陷落，而且有历史的优先性，是资本主义私有制的现实发展的必然前提和结果。以后卢卡奇（Lukacs Gyorgy）从马克思的"异化"概念发展出"物化"理论。卢卡奇认为，基于商品交换的人与人的社会关系被转化为物与物之间的商品关系，从而导致了人自己的活动，人自己的劳动，作为某种客观的东西，某种不依赖于人的东西，某种通过异于人的自律性来控制人的东西，同人相对立。

马克思试图通过从现实情况出发的行动来解决"教育使人贬值"和"教育制度变革"之间的矛盾，事实上却遇到了困难。中国学者董标认为，这些困难体现在：首先，教育是个人发展的必要条件而非唯一条件，而且教育至少具有四大属性：实践属性、环境属性、制度属性、文化属性，属性与本性，属性、本性与社会形式，与本质、价值等之间的各种关系，很难明确下来，随着问题的深入，问题出现了越来越多、越难的趋势。其次，要使社会条件有利于工人阶级的个人发展，就不能不推进工人阶级在教育领域的斗争。但在资本主义生产方式下，教育既提高劳动能力，又存在教育劳动的异化。这种劳动能力的提高和个人价值的降低并存的局面是否意味着，接受、忍受并难受个人贬值的过程和结果。再次，马克思发现的教育悖论植根在教育价值的分裂，亦即，无产阶级和资产阶级在推进教育本身的发展上高度一致，但资产阶级注重教育的发展价值，而无产阶级看好教育的经济价值。而且资产阶级是历史上最重视教育价值，着力推进教育的阶级，这是否是无产阶级的教育意识觉醒或者推进教育制度变革的前提和手段，这是又一个特殊的困难。最后，教育异化的结果是劳动能力的提高和个人价值的降低并存，是抬高了经济价值与贬抑了的发展价值的并重。资产阶级和无产阶级都共同肯定了抽象的教育价值，但是，工人阶级追求教育的发展价值不免带来自身的贬值，而资产阶级追求教育的经济价值必然带来自身的危机，因此，教育对个人发展来说是异化

---

① 马克思：《1844 年经济学哲学手稿》，中共中央马克思恩格斯列宁斯大林著作编译局译，人民教育出版社 2000 年版，第 64 页。

的，而且对经济发展来说也是异化的。①

三 教育的总体异化：批判教育学的综合

马克思的教育异化理论在现代西方马克思主义的发展中得到了综合的体现，它们既使教育劳动异化理论在社会心理学方面得到了发展和丰富，同时，源于马克思劳动概念的争论，又使教育劳动异化理论在社会文化研究方面开辟出新的天地。概言之，它们就是教育的总体异化理论。

（一）"总体异化"

"总体异化"最早由马尔库塞（Herbert Marcuse）提出，是法兰克福学派人性异化理论的总称，指异化不仅包括劳动异化，还有政治、经济、科技、文化、心理、生理和语言等领域的"全面异化"。弗洛姆（Erich Fromm）总结道，人类的历史是人不断发展同时又不断异化的历史，② 我们现代社会中发现的异化几乎无处不在的，它存在于人与他们的工作、与他的消费的物品、与他的国家、与他的同胞，以及与他自身的关系中。③

精神分析学派对人性异化作了社会心理的分析，这为马尔库塞、弗洛姆等人综合马克思主义理论与弗洛伊德的精神分析理论创造了条件。弗洛伊德认为，精神领域严格应用决定论的原则，即每一事件都存在着先前的充分原因，这就是无意识（包括潜意识和下意识），它受人的性本能或"里比多"支配，因此，人的一切行为都归于这种性冲动，性冲动及其受压抑的状况决定了心理活动的内容，其在意识领域的升华是创造人类一切精神活动的源泉。弗洛伊德还认为，人格中包括本我、自我和超我三个构成系统，现实中的自我必须调节好自己分别与代表性本能的本我和代表社会规范与道德原则的超我之间的冲突。④ 追求性本能和本我在现实生活中的满足是人类的幸福原则，但事实上，人类的文明压抑了这种本能，人通过扼杀、减少、转移或虚无本能，尤其是进攻性本能，通过人性的异化过程形成了现代文明。荣格（Carl G. Jung）认为，"里比多"类似于柏格森的生命冲动，在潜意识中还有集体潜意识，潜意识表现在神话、宗教、

---

① 董标：《马克思主义教育思想论纲》，中国矿业大学出版社 1999 年版，第 139—142 页。

② ［美］弗洛姆：《马克思关于人的概念》，载复旦大学哲学系现代西方哲学研究室编《西方学者论〈一八四四年经济学—哲学手稿〉》，复旦大学出版社 1983 年版，第 56 页。

③ ［美］弗洛姆：《健全的社会》，蒋重跃等译，国际文化出版公司 2003 年版，第 108 页。

④ ［英］史蒂文森：《人性七论》，赵汇译，国际文化出版公司 1988 年版，第 70—74 页。

艺术和科学等人类活动之中,具有象征的意义。W. 赖希(Wilhelm Reich)进一步把性结构分为表面层次、中间层次和生物核心,性格的生物核心是诚实、勤劳、友善等,当它投入社会行动中后,不得不被中间层次的性格所扭曲。K. 霍妮(Karen Danielsen Horney)发现在资本主义生产方式下人具有隐蔽而强烈的敌意、憎恨和自我中心、孤僻等神经症人格。

马尔库塞把弗洛伊德的性欲发展为爱欲。主张,人性的本能是爱,人性的解放是"爱欲"在社会中获得解放。他认为,人类文明的历史就是不断剥夺天然快乐以适应文明秩序的历史,文化压制了人的社会存在和生物存在,而且压制了人的本能结构和一般方面,文明彻底抛弃了对各种需要的完全满足这个追求目标。劳动不再是性的压抑,而是性快乐扩展和爱欲的解放的结果,劳动不再是苦役,而是游戏式的生命活动。

弗洛姆提出人性的"症簇"(syndromes)学说,认为,人与本能、自然和理性都有矛盾。为克服孤独、无力的状态,人产生了爱、团结、正义、憎恨、破坏、施虐等复杂的热情,它们成簇地出现,统一在人性之中。性格结构是人性的心理分析的重要内容,弗洛姆把性格分为个人性格和社会性格,社会性格又分为生产性性格结构和非生产性性格结构。非生产性的性格包括接受型、囤积型、剥削型和市场型四种类型,它们把人引向"占有"的生存方式,把人与世界的关系变成了占有者与被占有者之间的关系,"占有"取代了生命的意义,体现了人的自我异化的生命取向;生产性性格体现了"存在"的生存方式,它推动人去发挥自己的生命潜能,创造生命的意义。弗洛姆认为,人的本能需要是追求安全而非自由,人为了逃避自由而选择安全,通过在自我责备、逆来顺受中获得安慰的受虐的潜意识以及支配、控制和残害人为乐趣的施虐的潜意识,表现出对他人的依赖,厌恶个人自由和独立人格。

巴西教育家弗莱雷(Paulo Freire)的批判解放教育学深受黑格尔、马克思和弗洛姆等人的影响,尤其是弗洛姆的影响,认为,教育人性化是解放在社会心理、文化、制度等各方面受到压迫的教育者和受教育者,同时,抨击教育的总体异化,认为教育的总体异化表现为逃避自由的教育和灌输式教育等。

(二) 逃避自由的教育

在灌输式教育中,受压迫者的内心的最深处,承受着自身建立起来的二重性的折磨，即：他们同时既是自身又是内化了压迫者意识的压迫者，在他们具体"发现"他们的压迫者并同时"发现"自己的意识之前，他们总是对自己的处境持宿命的态度。他们发现，尽管他们向往生存和自由，却又害怕它，在现实中逃避它。

> 冲突在于使选择做完全的自我还是被分裂；在于是否从内心摆脱压迫者；在于选择与人和衷共济还是退避三舍；在于听任摆布还是自作选择；在于选择做观众还是当演员；在于自己行动还是抱定通过压迫者的行动而行动的幻想；在于敢说敢做还是保持沉默，让本能中的创造和重新创造的能力磨灭掉，让本能中改造世界的能力磨灭掉。这是被压迫者悲剧性的两难选择，面向他们的教育必须把这一点考虑在内。①

逃避自由的教育源自压迫者和被压迫者之间的占有关系或者暴力行为。根据弗洛姆的看法，压制者所具有的心理意识是把周围的一切改变为受自己支配的对象，如果压迫者离开了对世界和他人的这种直接、具体、物质的占有，那么就是无法理解自己，甚而无法生存下去。同时，压迫者无法意识到，如果占有是存在的条件，那么占有也是所有人的一个必要条件，因此，他们的慷慨是虚假的，人道是一件"东西"，一个特权，是据为己有的财富而已。

逃避自由的教育还表现在宿命论、依赖性、自卑感等方面。宿命论是历史和社会状况的产物，由于它总和人的命运相联系，并且为超自然的力量和神、迷信所左右，因此，它成为受压迫者解释周遭世界的精神"鸦片"。而且，由于被压迫者被淹没在现实之中，他们无法洞察那种已经内化了的、符合统治者利益的秩序，所以，他们受制于这种秩序，对同一阶级的人施加暴力。更为严重的是，压迫者及其生活方式对其具有无法抗拒的诱惑力，因此，产生无比的狂热，不惜一切代价地酷似、模仿和追随他们，同时，也看不起自己，相信自己就是压迫者所说的具有人类一切缺点的人，经常自我贬低自己，安于现状，失去反思和抵抗的能力，最终形成

---

① ［巴西］保罗·弗莱雷：《被压迫者教育学》，顾建新等译，华东师范大学出版社 2001 年版，第 5 页。

对压迫者的情感依赖性。

（三）灌输式教育

就师生关系和具体的教育活动而言，异化教育表现在讲解教育之中，学生成为"容器"，成为教师任意"灌输"的"存储器"，学生越是服从灌输，就越是好学生。灌输式教育主要表现为：

1. 教师教，学生学；

2. 教师无所不知，学生一无所知；

3. 教师思考，学生被考虑；

4. 教师讲，学生听——温顺地听；

5. 教师制订纪律，学生遵守纪律；

6. 教师做出选择并将选择强加于学生，学生唯命是从；

7. 教师做出行动，学生则幻想通过教师的行动而行动；

8. 教师选择学习内容，学生（没人征求其意见）适应学习内容；

9. 教师把自己作为学生自由的对立面而建立起来的专业权威与知识权威混为一谈；

10. 教师是学习过程的主体，而学生只纯粹是客体。[①]

弗莱雷还认为，灌输式教育让被压迫者适应这种被动的角色，被压迫者被当作偏离了"良好的、有组织的和公正的"社会的一般形态的边缘人，让他们不去批判性思考现实，因此隐含在灌输式教育背后的是人与世界可以分离的假设：人仅仅是存在于世界中，而不是与世界或其他人一起发展；个人是旁观者，而不再是创造者。

灌输式教育的出发点是把人误解为客体，培育弗洛姆所说的"恋死癖"。所谓"恋死癖"，是指热爱所有不生长、机械的东西，试图把有机体变成无机体，机械地看待生命，好像所有有生命的人都是东西；他注重机械记忆，而非经验；关注占有，而不是存在。总之，他迷恋控制，借助控制，扼杀生命，"凭借某种机械的、静态的、顺从自然的、形象的意识形态观，灌输式教育把学生转变成了接收体。它企图控制思考和行动，让

---

① ［巴西］保罗·弗莱雷:《被压迫者教育学》，顾建新译，华东师范大学出版社 2001 年版，第 25—26 页。

人们去适应这个世界，并抑制他们的创造力"①。"恋死癖"的一大特征是虐待狂。虐待狂的爱是堕落的爱，他们热爱死亡，而不是热爱生命；他们想方设法打消人们的探索欲望，抑制人们永不满足的精神，抹杀创造力，此外，他们越来越多地把科学技术当作无可争议的强有力的工具来实现，通过操纵和压制来维持其压迫秩序。

布尔迪厄分析了灌输式式教育的文化再生产机制，认为灌输式教育通过各种文化形式规训了身体，形成潜在的性情倾向，即习性，控制着人的行为。布尔迪厄认为，腿和手臂都饱含潜在的命令，它变成了身体的价值，是隐性的，因为它能通过"站直了"或"不用左手拿餐刀"这类平常的命令灌输完整的宇宙论、伦理学、形而上学、政治学，还能把文化随意性的基本原则铭刻在表面上微不足道的穿着、举止或身体或语言态度的细节之中。教育理性的诡计是在所求无几的幌子下，勒取最重要的东西，就像出于礼貌的让步总是包含了政治的让步一样。②

四　教育劳动的非人性化：批判教育学的批判

综合传统马克思主义和现代西方马克思主义对劳动以及教育劳动的阐释，劳动和教育劳动都只是一种实践形式，一旦它们分别与行动、互动及教育行动、教育互动等实践形式相对应，那么，劳动与教育劳动的非人性化问题就将暴露出来。

（一）"劳动的终结"

马克思的劳动理论揭示了劳动的人性解放意义，但其中的"劳动"是否具有伦理规范性，却备受现代西方马克思主义理论家们的质疑和批判，甚而，其在人类活动中的基础地位面临被其他人类活动形式取而代之的可能，"劳动的终结"的论断也不断被人提起。

1. 劳动的意识形态化

现代法国哲学家鲍德里亚（Jean Baudrillard）批判马克思的劳动概念，认为，马克思把这种生产—劳动逻辑视为一切社会存在的基础，是"资本和政治经济学的真理"，这种生产浪漫主义无意识地支配着整个马

---

① ［巴西］保罗·弗莱雷：《被压迫者教育学》，顾建新等译，华东师范大学出版社 2001 年版，第 29 页。

② ［法］布尔迪厄：《实践感》，蒋梓骅译，译林出版社 2003 年版，第 107 页。

克思的历史唯物主义思想。马克思的批判忽视了其批判后面的"生产的爱欲",它是工业性构架中理性化的人的本己存在,其重要性在于"社会财富或语言、意义、符号或幻象——一切都是根据'劳动'生产出来的"。马克思的"解放生产力"掩盖了这种生产—劳动逻辑背后的一个原本更加宏伟、更加颠覆性的期望:

> 所指的交换总是隐藏于能指的"劳动"之下:让我们解放能指以及文本的意义生产!无意识被围困在社会、语言以及俄狄浦斯结构中:让我们重新恢复它的原始生命力,让我们把它当作生产机器保留下来!生产主义的话语支配着一切,不管这种生产率具有客观的目的还是为了自身而发展,它都构成了自身的价值形式。它既是资本主义体系的主导旋律,也是根本变革的主导旋律。①

因此,生产—劳动的逻辑使人们产生一种幻觉:"不再是'是'(being)你自己,而是'生产'你自己。"其后果是"我生产故我在",甚或"我生产故历史在",这就是"生产之镜"。在生产中反映了整个西方的形而上学,"通过生产方式、生产之镜,人类在意象中形成了意识。生产、劳动、价值,通过这些,一个客观的世界出现了,通过这些,人们达到了对自己的客观认识——这是一种意象(imaginary)","在这种通过镜像的认同中,人们只能将自己看作是进行生产、实现着物质交换或带来价值的人",② 这是一种功用性的价值逻辑,体现了人类中心主义的思想。

鲍德里亚指认马克思的劳动为一种劳动形而上的意识形态,批判马克思过分倚重劳动力的使用价值,忽视劳动力中交换价值的作用。"劳动力的使用价值存在于其现实化的时刻,存在于人类与其力量的有用消耗时刻。从根本上看,它是一种(生产的)消费行为;在其一般的过程中,它保持着自己的唯一性。在这个意义上,劳动力是不可比较的。"③ 劳动力的使用价值相对于抽象的、普遍的交换价值,是指对所有人类主体都具有有用性的具体劳动,因此,在具体劳动和抽象劳动二重性的区分之中,

---

① [法]鲍德里亚:《生产之镜》,仰海峰译,中央编译出版社 2005 年版,第 2 页(序言)。

② 同上书,第 4 页(序言)。

③ 同上书,第 7 页。

劳动的抽象性、普遍性成为人的一般本性，劳动这一本身从市场经济中形成的人的特定存在方式，也将意识形态化地转化为人的一般存在方式，遮蔽这一符码操作的真相。

鲍德里亚认为使用价值是一种虚构，应当深究在劳动后面的交换价值及其象征交换的逻辑，"正是劳动力的交换价值决定着劳动力的使用价值、劳动力的具体起源以及劳动行为的目的，并将这些显现为人作为'类'的借口。这是能指的逻辑，它生产出所指与指涉的'现实'的'证据'"[①]。鲍德里亚归结马克思的劳动理论为劳动的本体论，是"将劳动看作是价值，看作是自身的目的，看作是绝对命令。劳动失去了它的否定性，被提高为绝对价值"[②]，这必将导致劳动弥赛亚，"对工作畸形的神圣化"，和韦伯的禁欲资本主义精神相吻合。劳动本体论还表现为非劳动的美学或游戏，它是在马克思对未来社会（尤其是共产主义社会）展望中所包含的某种审美意义上的质与量的辩证法，超越了资本主义的生产方式和劳动的数量计算原则，走向真正的自由王国，"运用这个概念，我们永远处于必然与自由的问题式中，这是典型的资产阶级问题式，它的双重意识形态表现（压抑和升华，劳动的原则）已经成为现实原则的规定，对这一原则的形式克服就是理想的超然状态"[③]。

鲍德里亚认为，马克思部分地打破了大写自然的神话，没有对自然主义观点进行质疑，怀疑"产品的最终有用性在于满足需要"和"自然的最终有用性在于劳动对它的改造"，马克思的生产是万恶之源，马克思的革命理想是基于资产阶级的生产力普罗米修斯生活之上的，"生产的概念从未受到质疑，它就不可能从根本上克服政治经济学的影响，……反对必然性，就要反对自然之控制，反对匮乏，就要反对丰裕（'各取所需'），政治经济学既没有克服这些概念的独断论，也没有克服它们的唯心主义多元决定论"[④]。

鲍德里亚以价值的结构革命颠覆了马克思使用价值和交换价值的辩证关系，断开了二者之间的联系，而且交换价值的结构维度出现了自主化，和"真实"相对应的等价关系终结了，整体相关性、普遍交换、组合以

---

① ［法］鲍德里亚：《生产之镜》，仰海峰译，中央编译出版社 2005 年版，第 10 页。
② 同上书，第 17 页。
③ 同上书，第 21 页。
④ 同上书，第 43 页。

及仿真的阶段占了优势。所谓"仿真"，指所有的符号相互交换，但绝不和真实交换（而且只有以不再和真实交换为条件，它们之间才能顺利地交换，完美地交换）。其结果是："劳动力和生产过程的层面上也有相同的操作：生产内容的所有目的性都被摧毁了，这使得生产可以像代码一样运作，比如像货币符号一样逃进无限的投机中，脱离生产真实的参照，甚至脱离金本位制的参照。"① 因此，劳动、生产、资本、价值规律等进入了"符号政治经济学"时代，它是文艺复兴以来人类历史从"仿造"阶段、"生产"阶段到现今的"仿真"阶段，是自然规律、商品规律之后的结构规律时代，仿真原则已经替代过去的现实原则而处于支配的地位，终结了线性的时间、语言、经济和权力，处于象征交换的时代。

与此相对应的是，"劳动不再是一种力，而是一个定义，一个公理，它在劳动过程中的'真实'操作，它的'使用价值'只不过是这个定义在代码操作中的重叠"②。劳动力首先是一种地位，一种服从代码的结构。生产代码还意味着，自然和人从不确定性中被抽离出来，服从于价值的确实性。因此，"正是在符号层面上，而从来不是能量层面上，存在着基本的暴力"，"生产是为了标志，生产是为了再生产带有标志的人"。③ 劳动作为一个劳动系统，这一系统中各个岗位可以相互交换；劳动作为过程，是一个变动的、多价的、间断的收容结构，它对任何目标都无动于衷，它仅用来在社会网络中定位每个人；劳动作为一种无所不在的代码，压迫、控制、无时不在地侵入全部生活。"必须把人固定在各处、固定在学校里、工厂里、海滩上、电视机前或进修中——这是永久的总动员"，"重要的是每个人都成为网络的终端，虽然是微小的终端，但仍是一个词项（尤其是不能出现未连接的喊声），知识语言的词项，它处在语言整个结构网络的终点"，"劳动力不再被粗暴地买卖，它自我指称，自我交易，自我推销——生产与消费符号系统连接在一起了"。④ 因此，鲍德里亚总结说，生产的公理是把一切要素都简化为元素，代码的公理则把一切都简化成变量。

---

① ［法］鲍德里亚：《象征交换与死亡》，车槿山译，凤凰出版传媒集团、译林出版社 2006 年版，第 4 页。
② 同上书，第 13—14 页。
③ 同上书，第 14 页。
④ 同上书，第 16 页。

鲍德里亚认为，没有原初的"生产力"，仅有一种制造生产力和劳动的机制，这种集体机制直接生产社会目的性。简单地讲，就是生产劳动，这是死的劳动对活的劳动的霸权，"原始积累就是如此：死的劳动不断积累，一直到它有能力吸收活的劳动，甚至，一直到它有能力为自己的目的而生产活的劳动"①。这样生产和经济中的一切都根据无限自反性变得可替代、可逆转、可交换，生产在代码中分解为生产力和生产关系、资本和劳动、使用价值和交换价值的无限自反性。换言之，劳动再生产自身，劳动不再具有了生产性，劳动就扎根在生产性之外的其他东西里面，也就是被掏空了生产性的劳动之中。

在现代社会，任何劳动都被降低为服务——劳动作为时间的纯粹在场的/占有、消费，是时间的"贡赋"。显示劳动，就是显示在场，显示效忠。"重新整合"劳动把劳动变为完全的服务，身体、时空、智力的投入，就是提供的服务，因此，生产性劳动和非生产性劳动、劳动和其他形式的劳动之间的界限消失了，劳动者变成了生产性要素，它的特征不再是剥削或充当生产资料，而是它的变动性、互换性。这样，整个社会就是工厂的样子，此时劳动达到了它的最终完成的形式和自己的原则，表现为：疯人院、贫民窟、收容所。监狱已经失去了边界，它们扩散到整个社会。疯人院形式、监狱形式、歧视包围了整个社会空间，包围了真实生活的所有时刻，因此，工厂、疯人院、监狱、学校作为威慑的符号，为了把资本统治的现实引向一种想象的物质性，或许将继续存在下去。

2. 劳动的文化缺失

人类学家萨林斯（Sahlins M）认为，马克思的劳动概念具有贬低文化象征而增添自然化的倾向。文化成为生产—劳动的结果而非生产—劳动本身的重要构成部分，"把历史唯物主义最终归结到工作，把工作最终归结到物质规定作用，这就剥夺了唯物主义学说的文化属性，同时也最终使之沦为了与文化唯物主义同样的命运。人的实践经验是不可超越的，从实践经验中，人们建构出一个世界。总体上，他们的思想和社会关系来源于'工具性行动的行为系统'"②。

---

① ［法］鲍德里亚：《象征交换与死亡》，车槿山译，凤凰出版传媒集团、译林出版社 2006年版，第 18 页。

② ［美］马歇尔·萨林斯：《文化与实践理性》，赵丙祥译，上海人民出版社 2002 年版，第174 页

　　萨林斯认为，马克思的人性论重视人的物质需要，以及建立在需要基础上的普遍劳动，而非像动物那样基于直接的需要来建造；即使是精神，它也从属于物质，"从直接生活的物质生产出发阐述现实的生产过程，把同这种生产方式相联系的、它所产生的交往形式即各个不同阶段上的市民社会理解为整个历史的基础，……始终站在现实历史的基础上，不是从观念出发来解释实践，而是从物质实践出发解释各种观念形态"①。也就是说，马克思把人性的精神属性和历史属性寓居于人的需要，从而使生产—劳动满足人的需要代替了社会的决定作用。但是，萨林斯认为，"象征秩序和文化中的生产决定作用"忽视了人性的精神属性或文化的自足性，事实上，实践中文化的先天决定作用先于人性的自然需要，"即使是下层基础也并非直接对生物性'需要'作出反应。就实践这个术语运用于任何历史社会而言，象征系统是实践的必要条件"，"文化形式不可能由'物质力量'得到解释，好像文化形式是无法逃避的实践逻辑的因变量似的"，②因此，萨林斯推论出："与生产形态一样，生产的最终结果也来自于文化方面：既来自文化组织方式的物质手段，也来自物质手段的组织方式"，"自然的行动是通过文化而展开的；也就是说，不是通过它自身的形式，而是作为意义而出现的形式"。③

　　3. 劳动的"制作化"

　　阿伦特认为，自柏拉图以来，"制作"就不断蚕食着"行动"，从而发生了积极生活内的第一次倒转，即把技艺人—制作者和制造者提升到人类可能性的最高等级，而不是把作为行动者的人或作为劳动动物的人提升到人类可能性的最高等级。

　　　　的确，从现代开端到我们自己的时代的突出特征中，我们都能发现技艺人的典型态度：他对世界的工具化，他对工具的信任，对人造物生产者的生产力的信任，他相信手段—目的范畴适用于所有范围，他认为每个问题都可以用功利原则解决，每一种人类动机都可以还原

───────────────

①　马克思、恩格斯：《德意志意识形态》，中共中央马克思恩格斯列宁斯大林著作编译局编译，人民出版社 2003 年版，第 36 页。

②　［美］马歇尔·萨林斯：《文化与实践理性》，赵丙祥译，上海人民出版社 2002 年版，第 188、266 页。

③　同上书，第 267、271 页。

到功利原则，……最后，他毫无疑问地把制作等同于行动。①

在 17 世纪和 18 世纪之后，随着劳动地位的上升，劳动取代了制作，成为积极生活内的等级秩序的最高位置，这是积极生活内的等级的第二次倒转。劳动地位的上升离不开基督教把生命视为至善的架构，因为，基督教尊奉个体生命的不朽，从而颠倒了人与世界的关系，使政治活动降低到服从必然性支配的地位，尘世的不朽毫无意义，彼世性上升。按照基督教哲学家圣保罗（St. Paul）的看法，其结果是，劳动成为摆脱困境的一种不错的手段。而另一位基督教哲学家阿奎拉（St. Thomas Aquinas）主张，劳动作为一种责任，在于维持生命而非劳动本身，耶稣就建议唯一的活动是行动，人人具有"行奇迹"的能力。但是，按照马克思的看法，这个过程也经历了从现代早期的"唯我的"生命的强调到现代晚期"社会"生命和"社会化的人"的转折。问题在于人变成了劳动动物，"问题是现在在人们所做的事情当中，甚至行动的最后一丝痕迹，包含在自利中的动机，也消失了，剩下的只是一股'自然力量'，生命过程本身的力量，所有人和所有人类活动都同样地服从它（'思想过程本身是一个自然过程'），而它唯一目的（如果它还有目的的话）是作为动物物种的人的生存"，"我们面临的前景是一个无劳动的劳动者社会，也就是说，劳动是留给他们的唯一活动。确实没有什么比这更糟的了"。②

4. 劳动的工具理性化

在哈贝马斯看来，劳动和互动必然遵循不同的行为规范、不同的中介和不同的价值目的观。相对而言，互动较之劳动更能体现实践的本性，尤其是人的生成性存在的人性化性质。从康德到费希特，自我源于先验的自我意识统摄下自我对自身的反思，黑格尔则认为自我形成于对立主体的交往的一致性，自我意识也产生于这种交往活动，在家庭这个最基本的社会活动群体内部，家产、语言和劳动是三个最基本的媒介；劳动是一种能够使欲望得到满足，能够把实存的精神和自然加以区别的特殊方法，它和语言一样都是精神中介，语言的中介是相对于精神的客观性的命名意识，而

---

① ［美］阿伦特：《人的境况》，王寅丽译，上海世纪出版集团、上海人民出版社 2009 年版，第 242 页。

② 同上书，第 4、254 页。

劳动是相对于精神的客观性的技巧意识或工具意识。① 按照中国学者曹卫东对哈贝马斯"劳动"和"语言"的区分，"'语言'作为文化传统包含在交往行为中，'语言'是'互动'的前提。而'劳动'作为工具性行为是孤立的活动，由于它的目标指向自然，因此永远都是一种独白式的行为，不能进入交往状态"②。

黑格尔认为，精神和意识都是自我形成的中介，而非抽象的绝对观念，语言、劳动和互动是抽象精神的三个重要的规定性内容，而劳动和互动之间的关系尤为重要。一方面，互动具有独立于劳动而存在的特性，把互动归结为劳动或从互动中推论劳动，都是不可能的，因为，互动中确立的规范不依赖于具有劳动特性的工具活动，只要有了规范，互为补充的活动就能够在文化传统的框架内制度化并随着时间的延续而确立，但工具活动遵循有条件的绝对命令，只是自然的因果性，而非命运的因果性，产生于工具活动的经验领域；另一方面，只有在得到承认的劳动产品中，劳动和互动、工具活动和交互行动才具有相互联系，因为，在现实精神中，互动以法律上规范化的个人之间的交往形式出现，而人的法律地位作为法人必须通过相互承认的制度化来确定，其前提和基础是，个人是作为通过劳动所生产的和通过交换所获得的财产的所有者。从人的内部自然而言，在劳动过程中其荣誉、生命与通过劳动产生的财产的不可侵犯性得到了统一。从人的外部自然而言，互动建立在相互承认的基础上，而相互承认的关系将通过在劳动产品交换中所确立的相互关系本身的制度化而规范化。因此，黑格尔既不把互动降低为劳动，又不把劳动提高为相互作用，"只有当爱和斗争的辩证法不能同工具活动的成果和机巧的意识的形成相分开的时候，他才看到了劳动和相互作用的联系。通过劳动获得解放的成果，包含在我们赖以进行相互补充的活动的规范中"③。哈贝马斯基本赞同黑格尔的观点，但特别强调互动或交往行动在实践中重要地位，"互动是按照必须遵守的规范进行的，而必须遵守的规范规定着相互的行为期待，并且必须得到至少两个以上行为主体的理解和承认。社会规范是通过制裁得

---

① ［德］哈贝马斯：《作为"意识形态"的技术和科学》，李黎、郭官义译，学林出版社1999年版，第16—18页。

② 曹卫东：《交往理性与诗学话语》，天津社会科学出版社2001年版，第56页。

③ ［德］哈贝马斯：《作为"意识形态"的技术和科学》，李黎、郭官义译，学林出版社1999年版，第25页。

到加强的，它的意义在日常语言的交往中得到体现"①。

哈贝马斯同样批判马克思没有对劳动和互动的联系作出真正的说明，而是在社会实践中把互动归之于劳动，即把交往活动归之为工具活动，而生产活动就是满足人类同周围自然的物质交换的工具活动，因此，生产活动和交往活动混淆了。"工具的使用促使劳动着的主体与自然客体联系起来——这种工具活动，成了一切范畴产生的范式；一切都融化在生产的自我活动中。因此，对生产力和生产关系的辩证联系的天才洞察也就随即受到了机械主义的曲解。"② 故此，技术生产力的解放，和建立在自由的、习以为常的互动关系基础上，在去除统治的互动中建立起来的完美的、辩证的伦理关系的规范，显然具有明显区别；摆脱饥饿和劳累并不是必然地趋同于摆脱奴役和歧视，因为劳动和相互作用之间并不存在一种自动发展的联系，尽管它们之间存在着一种联系，并且这种联系决定了精神和类的形成过程。也就是说，人的自然属性和社会属性的统一就是人性的生成过程。

（二）教育劳动的非人性化

教育劳动理论研究必须综合传统马克思主义的批判精神和现代西方马克思主义的批判方法，尤其是对教育劳动的规范性或伦理意义缺失的批判，探寻教育劳动在政治、文化、道德方面的人性意义。

1. 教育劳动的意识形态化

就教育劳动而言，教育劳动的必然性诞生于人类生存所具有的原始的、必须通过改造自然获得基本的生活资料的必要性里面，而且，无论是教育劳动还是教育行动、教育互动，它们相互之间都不可分离，都相互作用，否则，就会出现非人性化行动以及非人性的危险。如果劳动仅仅是人与自然之间的生存关系，而忽略了劳动中人与人之间的共存的实践本质，其结果是，人在劳动中成为对象化活动的受动者和纯粹的消费者，人性异化不可避免地发生了。同样，如果教育行动、互动完全能够把工具性或策略性行为设计成形式完美的自由形式并按照行动、交往乌托邦来实践，那么教育行动、教育互动及其所富含的自由精神就会消失。

---

① 引自曹卫东《交往理性与诗学话语》，天津社会科学院出版社 2001 年版，第 57 页。

② ［德］哈贝马斯：《作为"意识形态"的技术和科学》，李黎、郭官义译，学林出版社1999 年版，第 33 页。

卢梭重视劳动，但其劳动的目的是使劳动回归到自然状态，属于儿童自然生长的必然要求，而非外在的目的，"劳动和节制是人类的两个真正的医生：劳动促进人的食欲，而节制可以防止他贪食过度"①。卢梭让儿童参加锄地和种蚕豆等劳动，从而占领这块土地，更重要的是，通过劳动让儿童获得财产的观念，明白只有通过劳动才能获得土地的权利。因此，在卢梭看来，生活就是一种活动，是使用我们的器官，使用我们的感觉、才能以及一切使我们感到存在本身的各部分。但是，非人性化的或异化的教育阻止了这种活动，"出自造物主之手的东西，都是好的，而一到了人的手里，就全变坏了"②。

> 偏见、权威、需要、先例以及压在我们身上的一切社会制度都扼杀了他的天性，而不给它添加什么东西。他的天性将像一株偶然生长在大路上的树苗，让行人碰来撞去，东弯西扭，不久就弄死了。③

正如杜威所言，教育是延续社会生命的工具，教育即社会生活。就像洛克、爱尔维修等"教育万能论"者所主张的那样，每个儿童都是一种"白纸"，教育可以在它们上面涂画出人们期望的样子。同样，自由主义和进步主义者鼓吹教育是消除社会不平等的利器，教育能够解决社会的不公正等问题。事实上，美国批判教育学家鲍里斯（S. Bowels）和季亭士（H. Gintis）通过对美国教育的调查，表明，即使对儿童期智商相似的人而言，教育成就也强烈地依赖于社会经济背景，教育不仅不能实现社会平等，反而为不同社会背景的人提供一个渠道，维护固有社会阶层并使之适度合法化。就教育与儿童的发展关系而言，教育中体罚学生和以教师为中心的现象非常严重，现今对儿童的训练也发生了进一步的改变：一方面，原来非常个人化的教师权威，已经变成现代学校科层结构的一部分，规则与规定使现代教师的命令戴上社会权威的光环，也同时机械地限制他的行动自由；另一方面，训练的目标不再只是顺从：现在的目标是"行为改变"（behavior modification），也就是说，训练的主题更集中在行为规范的

---

① ［法］卢梭：《爱弥儿》（上、下卷），李平沤译，商务印书馆 2002 年版，第 37 页。
② 同上书，第 5 页。
③ 同上。

内化。学校的社会秩序蕴含着一套有害于个人成长的权威关系，它表现在：学校的奖赏制度不去促进创造性自主的能力、勤奋以及对社会规定的易感性之间的健全平衡，反而禁止显现那些威胁科层制权威的个人能力，而且，所有的学生都面临着"潜在课程"的成分，也就是学校对不同儿童做不同的事情。①

当代批判教育学家阿普尔（W. Apple）认为，谁的知识最有价值是值得追问的问题，具体包括：它是谁的知识？谁来选择它？为什么要用这种方式组织教学？是否针对特殊的群体？教育中的知识、价值等内容没有中立或公平可言，教育在社会经济领域充当了再生产不平等的重要工具。学校、知识和教育者都是在经济、社会和文化再生产中创造和再造意识形式，这些意识形式维持着对社会的控制，包括了结构性原则、编码，特别是基于日常生活的常识性意识和实践。学校充当了文化和意识的霸权机构，充当了选择性传统和"合并"文化的机构。进入学校的知识是对较大可能范围的社会知识和原理进行选择的结果，它来自社会某方面的文化资本形式，反映社会集体中有权势者的观点和信仰。同时，通过"抽象的个人主义"使教育者在教育中脱离自己的真实的社会处境，丧失了批判能力和自我意识，这种孤立个体的潜在的影响使教育者和其他人几乎不可能再对广泛的社会和经济不公提出强有力的分析。也就是说，在社会、经济和教育生活中，抽象个体仅仅是一个抽象的观念，它并没有把作为一个经济、社会人的个体或者我们教育者自己的生活，定位到那种使个体满意的不平等的结构关系。这样，统治阶级不必再求助于显性的控制机构。②

就学生个体的自由而论，按照福柯的看法，受教育者在规训化体系中成为"驯顺而有用的个体"，受教育者进入学校机构，意识形态化的知识与价值灌输和纪律管制产生主体化和实践化的人，产生易于驯服的人。从经济意义上的实用性来看，纪律增加了人的力量；就政治意义上的服从而言，减少了人的力量。简而言之，纪律"从人类分离出来权力：一方面，

---

①　［美］鲍里斯、季亭士：《资本主义美国的学校教育》，李锦旭译，太旺桂冠图书股份有限公司 1989 年版，第 39—57 页；［俄］谢·卡拉－穆尔扎：《论意识操纵》（上），徐昌翰等译，社会科学文献出版社 2004 年版，第 298—310 页。

②　［美］阿普尔：《意识形态与课程》，黄忠敬译，华东师范大学出版社 2001 年版，第 3—13 页。

它变成一种'才能',一种'能力',这是它寻求要增加的;另一方面,它颠倒了能力形成的过程:权力从中产生,并且把它变为严格主体之间的联系。如果经济的开发分离了权力和劳动产品,我们就可以说纪律的强制被建立在每个人身上,它限制不断增加的才能和不断增加的领域之间的联系"①。

2. 教育劳动化的"压迫行动理论"

无论从劳动的"制作化"还是工具理性化来看,教育的劳动化都缺乏互动或交往的特征,丧失了教育人性化的先决条件。这可以用弗莱雷的"压迫行动理论"来概括教育的劳动化。该理论认为,教育劳动化是反对对话的,教育行动者把现实与被压迫者同时当作他们行动的对象,把维护压迫当作他们的目标。它具体表现为征服、分而治之、操纵等。

首先,征服是"压迫行动理论"的首要特点。弗莱雷发现,征服者把意图、自己的样子强加给被征服者,使其成为自己的"物",并使自己的样子内化,变成被征服者内心"隐藏"了的另一个形象的双重存在。这种教育劳动化不仅在经济上,而且在文化上剥夺被征服者的说话、表达意愿和文化的权利,摧毁其作为世界的"思索者"的品性,并且神化和固定当前不平等的世界。他们为了维持社会现状,通过精心组织的口号、标语,通过大众传播媒介传递给被压迫者,为其征服秩序进行遮掩和辩护。总之,征服者的手段和形式在不同历史时期有所不同,但其压迫的嗜癖是永恒不变的。

其次,分而治之是压迫行动理论的另一项内容。弗莱雷高呼:哪里有压迫,哪里就有分而治之的行动。在统治中压迫者居于少数,它必然把组织、联合和斗争列为危险之列,孤立被压迫者,使之相互之间分裂,只有这样才符合压迫者的利益。其特点之一是,强调受征服者仅仅从局部看各种问题,割裂种种问题或各个部分之间的整体关系,使之丧失批判性地认识现实和自我意识的能力。这种特点具体体现在,一方面,鼓吹和装饰两个阶级之间的"和谐共处",在特定阶段,团结一致地采取行动,但在紧急状态消除之后,又恢复两个阶级之间的冲突对立状态;另一方面,积极干预、收买、分化被征服者的各种组织。

---

① [法]福柯:《规训与惩罚》,刘北成、杨成婴译,生活·读书·新知三联书店2003年版,第138页。

　　最后，操纵是教育劳动化的一项重要手段。它包括各种神话的操纵和资产阶级把自己的模式当作被压迫者提高自己地位的可能性的神话操纵，后者主要通过体现资产阶级利益的、不平等的约定来维持的，而且，操纵的方法还体现在把个人与资产阶级追求个人成功的欲望结合起来。因此，它是一种虚拟的组织形式，更具有危险性。在被压迫阶级内部，极端左派也经受不了这种高级游戏的诱惑，以为可以很快重新掌握权力，很好地组织好自己的力量，与压迫者进行不可能存在的"对话"。

　　3. 教育劳动化的文化侵犯

　　弗莱雷的批判教育学揭示，教育劳动化必然意味着文化侵犯。何谓文化侵犯？它是"压迫行动理论"和反对话行动理论的基本特征，是为了使受侵犯人民丧失或面临丧失自己的独创性的威胁。

　　　　在文化侵犯中（正如在反对话行动的其他所有形式中一样），侵犯者成了此进程的编造者和主角；而受侵犯者却成了对象。侵犯者塑造别人，受侵犯者却被别人塑造。侵犯者作出选择，受侵犯者却要遵照此选择——或被指望遵照此选择。侵犯者实施行动，受侵犯者只能通过侵犯者的行动得到行动的幻觉。……文化征服造成了受侵犯者的文化非真实性；受侵犯者开始对侵犯者的价值观、衡量标准及最终目的作出应对。由于热切希望能统治别人，能塑造别人以遵从他们的模式和生活方式，侵犯者们都期望能了解受侵犯者是如何理解现实生活的，……只有这样，他们才能更有效地统治后者。在文化侵犯中，要使受侵犯者以侵犯者的眼光而不是以自己的眼光来看待现实，这是非常重要的；因为他们模仿侵犯者越多，侵犯者的统治地位就越稳固。[1]

　　受侵犯者的社会性的自我都是在社会结构内社会和文化的关系中形成的，反映了受侵犯者的双重性，即"侵犯越加剧，受侵犯者与自己的文化精神，与自己本身越被疏远；后者就越要表现得像侵犯者，走路像他们，穿戴像他们，连谈吐也像他们"[2]。文化侵犯既是统治的手段，又是

　　① ［巴西］保罗·弗莱雷：《被压迫者教育学》，顾建新等译，华东师范大学出版社2001年版，第90—91页。
　　② 同上书，第91页。

统治的结果。而且文化侵犯总是对现实执有狭隘的看法，静止地认识世界，总是想把一种世界观强加于另一种世界观上。

教育劳动化的文化侵犯从反面证明，教育劳动离不开人的文化属性，并且创造文化象征系统，因此，通过揭示劳动的文化象征系统，教育就被置于劳动和文化的冲突和矛盾的交叉路口。批判教育学家阿普尔发现，如果根据教育的生产劳动模式，教育内容就是与一个不平等的社会的"需求"存在某种功能上的对等的逻辑之上，教育被视为经济再生产的场域。但是，阿普尔提出，学校不仅是可以将文化和意识形态施加于学生之上的场所，也是产出这些东西的场所，产出的过程充满了各种矛盾冲突，从而使我们重新审视反抗和现实文化的重要性。例如，来自劳动阶层的学生并不完全抗拒正式的课程设置，但他们通过各种抵制的方式，进行超出生产劳动模式所决定的必然性要求，甚而把自己保留在父母原有的经济轨道之内，这些自我选择和文化的反抗形式重新生成了经济结构的"需求"，产生了生产劳动模式和文化之间的对立关系，体现了文化的相对的自主性，与生产力—生产关系、经济基础决定上层建筑等教育劳动模式相背离。①

（三）教育劳动化的规范性诉求

从上述论争中，可以发现，自马克思提出劳动解放理论之后，现代西方马克思主义对劳动理论进行了反思，甚而在法兰克福学派第一代思想家那里，直接抛弃了劳动解放论。而法兰克福学派第二代思想家哈贝马斯（包括现代法国哲学家鲍德里亚等）直接宣布了劳动的人性解放意义的终结，并在此基础上建构了互动或交往的人性化实践范式。相应地，教育劳动发生了转向，主体间性教育、对话教育等各种教育行动或互动理论应运而生。就此现象，亟待从两个方面分析：一方面，需要回到马克思、恩格斯对劳动以及教育劳动的阐释中去探寻劳动的人性解放的原意，这在本节的开头就进行了论述；另一方面，探究西方马克思主义的最新发展，尤其是霍耐特（Axel Honneth）、拉克劳（Ernesto Laclau）、墨菲（Chantal Mouffe）等当代西方马克思主义者对劳动概念的新的探索。此外，还要面对从自洛克到诺奇克的自由主义对劳动与财产、自由和生命的关系的讨论，把劳动置于更开放的、经受经验检验的论域。

---

① ［美］阿普尔:《教育与权力》，曲囡囡、刘明堂译，华东师范大学出版社2008年版，第25页。

　　这里主要补充第二方面的论述。霍耐特认为，劳动应当是一个中性词，在马克思那里，劳动超越了经济意义，具有了道德和规范的含义，劳动表现了人与自然、人与人、人与自身内在性的关系。而且，劳动既是人的对象化活动，又是人的主动创造性活动。这种劳动一元论远比哈贝马斯的生活世界与系统的二元论更具有人性解放意义。霍耐特提出，社会劳动应当宽泛地嵌入到道德体验结构中去，当作个人自我保存、自我实现和自我解放的社会文化条件，这是主体之间相互承认形式的物质基础和道德规范条件①（有关教育劳动中承认伦理的结构、内容和意义，详见本书第七章）。由此看来，教育劳动仍然是教育人性化的一种基础的、不可或缺的实践形式，只是教育人性化的劳动实践应当防止"劳动化"趋向，即意识形态化、工具理性化和文化性缺失，重视教育劳动的人性解放意义。进而，在教育人性化的总体实践、行动实践、语言实践和伦理实践中实现人性解放的目的。这也是拙作努力论证和实现的方向。

　　由是观之，我们不仅需要摆脱传统教育学教材对劳动、教育劳动乃至劳动教育的模式化、机械化理解，而且，需要在具体的历史语境中理解经典马克思主义和现代西方马克思主义理论家们的教育劳动思想，通过与各种劳动观念和思想的对话，解决现代西方马克思主义哲学家们提出的教育劳动化问题，重释教育劳动的现代意义，重建教育劳动的人性规范。

---

　　①　[德] 霍耐特：《为承认而斗争》，胡继华译，上海人民出版社 2005 年版，第 151—157 页；王凤才：《蔑视与反抗：霍耐特承认理论与法兰克福学派批判理论的"政治伦理转向"》，重庆出版社 2008 年版，第 124 页；汪行福：《批判理论与劳动解放：对哈贝马斯和霍耐特的一个反思》，《马克思主义与现实》2009 年第 4 期。

第四章　教育人性化的总体实践

在现代社会，教育的异化与物化及其导致的主体缺席、意义崩溃、交往异化等问题，使教育非人性化成为急需面对和解决的重要议题。从实践综合性上理解和把握教育人性化，教育人性化应当和谐发展人性的生物属性、社会属性和精神属性，实现个人自由和社会制约性、个别差异和人类共性、理性与非理性的历史的、辩证的统一。而且，在现代教育的具体历史境遇中，教育必须不断满足人的基本需要，重视人的主体性、个性、非理性，在总体价值观念上使教育人性化更加关注生命，注重人生幸福，回归生活世界，过有德性的生活。因此，教育人性化表现出对人性的尊重，体现了"以人为本"的基本内涵，努力追求和实现人性的自由和解放的总体价值和理想。概言之，根据历史唯物主义的方法论，我们必须从教育人性化的历史和文化的"总体性"出发，理解和把握现代教育的"非人性化"问题，通过教育劳动、行动、互动和活动等"总体化"过程，实现"总体人"的价值诉求。

第一节　广义的教育人性化

广义的教育人性化应当包括人性教育、人性化教育和狭义的教育人性化三个层次。人性教育是基础和前提，人性化教育是具体的方法和内容，狭义的教育人性化是目的和形式，教育人性化必须保证三者的统一实现。

一　"出于人性"的教育

所谓人性教育，是指教育既非完全受人的本性的制约而进行，也非违反人的本性而发展，而是自然地接受它，通过尊重、保护和引导人的本性而趋向人性价值与意义的完满。

（一）尊重生命本性

教育不能忽视人性中包括人的本能在内的自然属性。人的本能是人先天所具有并受意识支配的东西，包括人的生理属性和同情心、语言资质等社会与文化本性。人的自然属性具有保障人作为有机体与周围环境进行必要物质能量和信息的交换、种族的繁衍，与自然环境和其他动物进行竞争的重要作用。而且，根据马斯洛的需要层次理论，人的生理欲望和需要等自然属性总是引发人的行为的最初动因。

这里，强调人的自然属性的重要意义在于，教育的首要使命就是敬畏和尊重生命，懂得人与周围世界的生命关联，爱护周围世界的万事万物，从而克服人类中心主义的狭隘人性观；爱惜自己和他人的身体与生命，可以通过"向死而生"的死亡教育懂得有限生命的重要价值，激励学生积极地生活，发现和成就自我，增强实际生活的能力。继而，人的同情心或怜悯心是通过人的情感直觉自然而然地生发出来的，是人的一种最基本的情感，是人性的真善美的自然呈现，因此，教育应当尊重和培育这种社会本性，使人懂得相互之间的人性关爱、相互合作、包容他者，成长为具有公德心和负有社会责任感的人。

更重要的是，尊重人的本性必然要求教育以儿童为中心。儿童的欲望、需要与兴趣使人的生命具有力量无穷的冲创意志，表现出丰富多样的的生命个性，而且儿童能够在行动中通过观察和判断，引导自己的欲望和情感，逐渐形成自己的理性能力和自律德性，树立自己的个人主体性。因此，以儿童为中心的教育需要无条件地肯定和认同人的感性存在，让儿童的生命冲动能够得到充分的释放，使其成为一个自发自觉的自主过程，避免工具性地使用儿童的生命，避免因外在的教育目的而被抉择为手段。

儿童的存在也是一种生存活动，这种生存活动首先不是思考出来的，不存在于概念、范畴和命题的内在逻辑形式之中，而是一种感性生存，进而需要他们在不断地做出选择的过程中获得自我肯定和认同，实现他们自己的个人自由。

人性教育不能把儿童的各种问题简单地视为认识论的问题，儿童的问题不完全是出于求知的好奇心提出的问题，却常常是其自身欲望和需要的呈现，它具体表现为一种向上向外的指向性意识和趋向性意志力。儿童通过自身窘境和疑难问题表现出其存在地位和价值，因为一个困境或疑难是要求得以解决的生存性活动而非认识论问题。人性教育还必须关注儿童的直观的生存体验,因为儿童生存的认知方式主要通过直观体验,把儿童的欲望、需要和兴趣强烈而多样地呈现出来,展示出儿童众彩纷呈的生命活力。值得注意的是,儿童的话语也是这种生命活力的直观展现,他们往往不会使用概念和抽象的认识方式来掩饰自己的情感性问题。

人的各级各类需要的满足和自我实现的达及是人性教育的目标。从儿童的生物性需要到精神性需要是一个连续的过程和整体,儿童的爱与幸福的需要既是人的生物性需要的满足,也是儿童的自我实现的总体化要求,他们具有生命的绝对直观性和自我生成性,并且富有个性。自我实现的精神性需要也是人的基本需要得到适当满足之后,通过人的超越性动机激励和努力的结果,是人所渴望的内在价值的满足和存在价值的体现。它可以转化为一种意志力量,对人经验世界的行为产生推动与建构性的作用。

(二) 善待自然德性

人天生具有自我保存的需要,只有当人自身涉及与他人的关联时,道德才会产生,而且当人的身体、意识和行为处于未成熟状态或完全限制行为能力阶段时,应当受到道德与法律的适当保护,这种界分应当引起道德教育的重视,并成为德育实践的重要起点。这意味着,一方面,道德教育应当尊重身体的物质属性和出于感性直觉的那种无意识的身体行为,它是一种非道德的"道德",是道德教育"消极"维护的界限和领地;另一方面,道德教育应当适应和培养那些出自人的社会本性和道德本性的自然德性,如恻隐、是非、辞让和羞耻的道德本性,从而达至理性的和谐。

康德的道义论主张,道德责任的发生经历了完全利己、不完全利己、不完全利他、完全利他四个阶段。[①] 完全利他成为一个绝对命令,在道德实践中成为自律和自由的规范性义务。事实上,从道德发生学的角度看,完全利己阶段是自我保存的阶段,它不依赖于人的理性思考和道德规范判断,主要依赖于人性的直觉和本能。因此,它是为了维护作为人的物质属性的身体和无意识的生命本能,是道德教育的"底线",是一种非道德的"道德",其本身是无可厚非的。例如,当剧烈地震突然发生时,站在讲台上的教师来不及思索,可能会做出两种反应:一种反应是,他本能地或

---

① 苗力田:《德性就是力量:从自主到自律》,载康德《道德形而上学基础》,苗力田译,上海人民出版社 2005 年版,第 11 页(代序)。

条件反射地逃出教室门口，跑到安全地带，这在道德意义上毫无过错，因为地震是一种不可抗力，教师逃跑是由于在被刺激的瞬间出于身体及其求生的本能反应；另一种反应是，出于恻隐等情感直觉，不假思索地呼喊学生逃离，或采取其他应急办法舍身救护学生，这并不是说他的行为就是完全利他的自律行为，而是一种出自人的社会本性采取的行动。与前面两种可能性相对应，如果教师一旦在一定条件下恢复了意识或理智，其自己的教师身份及其所应当肩负的责任和义务就必然要求他必须立刻参与救援活动。这种界分的目的在于，道德教育的依据不仅仅是规范，而且还有出自人性自然本性和社会本性的道德直觉意识，它是人的一种自然德性。

善待自然德性的人性教育意味着，我们应当重视儿童的身体以及出于直觉和直观情感的无意识行为，尊重和爱惜人的生命和人格。可喜的是，我们的道德教育已经体现了这种人性教育的精神，例如，小学生守则明确地提出，在重大灾害和危险性事故发生时，学校应当疏导儿童到安全地方；不主张在不利情况下和坏人作斗争，也就是说，不主张组织儿童参与力所不及、危及生命与安全的救援活动和公共活动。

二　"通过人性"的教育

人性化教育是指合乎人性的教育实践活动，包括对教育是否合乎人性的理性反思和推进教育实践的理性选择等。人性化教育的特殊性与重要性在于，它不仅充分利用人性的本性，更强调充分发挥和使用人性能力。具体而言，一方面，为了实现一定的教育目的，在一定的规则或规范指导下选择恰当的手段进行教育活动，因此，它是在人性的价值规范和经验事实之间进行反思的合理性行动，涉及目的、规则、手段的择决及其理据，具有对相应的教育行动及其规范进行论证和建构的能力；另一方面，教育是出于人性需要而进行的现实和历史文化性行动，它是在社会文化政治的情境中，通过个体与社会互动来进行的，其所蕴含的人性是经验的、偶然的、可变化的，也是生成的、富有创造性和超越性的。因此，人性化教育不仅包括认知理性、实践理性、交往理性、价值理性，而且包含人性的非理性因素的运用，是知识与智慧、情感与理性、物质与精神、消极与积极、自在与自为的辩证统一，是人的生命、劳动、言语和审美实践的综合。详言之，人性化教育具有各种实践形式，这里列举生命实践、劳动实践、交往实践和审美实践，并进行简要论述。第五、六、七章将详细展开。

生命实践可以被定义为一种绝对直接性的体验与创造,以人的直觉体验、直观思维方式和意义生成运动凸显出人的本真性存在与创造性价值,综合体现了从人性的动物性欲望、求生存本能到追求真善美的自我实现过程。生命实践的能动性在于,人不仅维持自身的生命存在,而且还不断地生成意义与价值,因此,在人性化教育场域中,人的生命价值不是预定的,不是抽象概念和形式规范的预备材料,它是生命力量的释放与超越,是对生命自身及其与他人和周遭事物的体验、交流和理解,而且我们在教育中习得的经验性知识和德性品质,恰好是生命呈现与创造的具体表现形式和结果。

动物的活动和自己的生命本能保持直接的同一性,但人通过劳动实践使人逐步摆脱外在的物化控制,创造出新的自然世界和意义世界,实现人的生存自由与精神自由。人们在共同的教育活动中,借助各种教育资源,通过言语交往,在对象化的实践活动中建立起人的意义世界。教育劳动实践包括了"学会生存"、"学会做事"、"学会做人"、"学会关心"等方面的内容,是"做事"和"做人"的统一,是人的情感和理性在劳动实践中的综合与创造过程。它克服了教条式的理论指导和把人抽象化的"物性逻辑",既创造出经验性知识来满足人的物质需要,又在具体的现实历史中,发展人的实践理性能力,形成富有个性的、全面发展的人。

言语交往是人区别于动物的重要特征,它不仅描述和解释世界,而且具有"改造"世界的以言行事功能。在言语交往的教育实践过程中,人的主观情感、客观经验和德行规范为了达成有效性理解,不断地展示出人的理性潜力,努力地建构起心灵、自我与社会的有机世界。而且,教育的言语交往基于人的差异性和平等性,在日常生活中面对人的历史性与现实性存在展开民主对话,使经验内容在对话中不断地超越语义逻辑视域而构建起自身的价值与意义。这样,人的情感和理性在对话中交相作用,学生的经验和日常生活不断地得以呈现和扩展,学生的自我认同在交往实践中得以实现。

审美实践是人性各要素的高级融合,也是教育活动的一种高级形式。教育作为一门艺术,它不断地提升和超越生命,美化着生命,追求和实现人性的自由和完善。教育发展的动力不断来自学生求美的内在需求和外在动力,它具体体现在教育实践的各环节:尊重学生人格、适应学生需要、激发学生兴趣以及民主和平等的师生关系是教育审美实践的基础;教育方法的合理性、趣味性、协调性、艺术性是"人美"的生成美学；养成健康的、活力的、自由的、个性的、高尚的、艺术气质的人是教育审美实践的具体目标。

总之，在具体的教育实践活动中，必须基于实践的历史性，充分利用人性的要素、能力和环境，把人性的方方面面呈现、生成并创造出来，通过民主方式，成就各种各样的富有个性的人。因此，教育活动本身无本质可言，但成就具有丰富人性的"人"，却是人性化教育的本质。

三　"为了人性"的教育

（一）教育人性化的价值理性基础

康德从人的感性、知性和理性出发，逐个批判并回答"能够知道什么"（认识论）、"我应当做什么"（伦理学）、"我可以希望什么"（宗教学），但他认为最重要的问题是"什么是人"的问题。[①] 教育人性化的基本内涵是"以人为本"，具体表现在"人是目的，不仅仅是手段"的价值理性之中。所谓价值理性，是指人的自由是超越于一切价值之上的，没有任何等价物可以替换，"你的行动，要把你自己人身中的人性，和其他人身中的人性，在任何时候都同样看作是目的，永远不能只看作是手段"[②]。价值理性把人从因果序列的他律中解放出来，把人自身置于目的王国之中，从而获得真正的自由。它是任何道德行为的逻辑前提，对现实生活世界起到范导性作用，而非直接的建构性作用，因为价值理性是蕴含着理想性的、具有"应当"的价值判断的同质逻辑，而现实生活世界是具有富有现实性、具有"是"的事实判断的异质逻辑。前者强调先验的自由；后者强调经验的自由。二者之间不具有对等性，如果把价值理性直接地操作运用到现实生活建构中，这将非常有害。过于理想主义的教育就是没有区分这两者之间的差别，没有划清价值理性的界限，给教育人性化之路带来灾难性后果，如"文革"时期的教育。换言之，在教育中，只有当价值理性表现为人性的崇高感，并转化为人的意志力量时，价值理性才具有现实的规范性指导作用。

---

① ［美］科林·布朗：《基督教与西方思想》（卷一），查常平译，北京大学出版社2005年版，第271页。

② ［德］康德：《道德形而上学基础》，苗力田译，上海人民出版社2005年版，第48页。

在价值理性的范导下，教育人性化既要满足人的各种需要，实现各种存在价值，如真的、善的、美的价值，但又必然统一于自我实现的终极价值或内在价值。这样，内在价值代替了各种需要的等级区别，各个存在价值也都是同等重要的，例如，真、善、美的价值相同而且相互蕴含，真的必然是善的和美的，善的必然是真的和美的，美的必然是真的和善的。而且，在教育人性化的价值体系里，自由代替了权威，每个人都是平等的，每个人都是"目的"，每个人的潜能和需要都得到尊重，从而区别于工具理性的价值。后者强调客观世界开发和利用效益的最大化，用物性逻辑代替了人性逻辑，使教育中的人服从于假言命令设定的外在条件。值得注意的是，教育中的工具理性不能混同于科学理性，因为科学理性蕴含着与价值理性相一致的科学文化精神，它以人的自由、自律、自我认同、自我解放和社会公正为目的。

在价值理性范导下，教育培养人独立自主地进行判断和选择的能力。教育的价值理性需要个人进行自由选择，让一个人成为自由自觉而非遵从外在的规则的人。而且自由是善恶评价的前提，善恶只是针对有自由选择意志的人，有自由能力的人。在教育与人性的关系中，人们津津乐道于善恶问题的讨论，往往忽略了在人性善恶评价背后支撑整个人性的自由观念，这种自由是人对自身内在价值的自识与反思的过程，并赋予人不断地进行选择的行动能力。

在价值理性范导下，教育人性化行动必然是一件审慎合理的行动，因为一个理性人总是要求自己如此行动：为了事情在将来无论变得怎么样，他都永远无须责备自己。具体而言，教育人性化必然要求回归到人的共同生活和个人幸福，这种回归是通过不断地满足人性能力的增长来获得的，人性的主要的善就是运用我们才能并使其增长，而许多快乐和幸福都是从我们运用这种才能中产生的，因为我们都乐于把新获得的能力运用到更值得向往的更复杂的活动中，从而获取快乐与幸福。[①]

（二）教育人性化的"自由全面发展"目的

面对"总体人"的消解，存在主义教育哲学和托马斯主义教育学分别寄希望于个人本位和神本位的目的论，来拯救人类自身。海德格尔试图

---

① ［美］罗尔斯:《正义论》，何怀宏、何包钢、廖申白译，中国社会科学出版社1988年版，第424页。

诉诸某种非理性的神秘方式以通达天、地、神、人的存在整体，哈贝马斯寄望于基于交往理性的对话和共识。但是，回归到马克思主义教育学那里，"总体人"的本义则是自由而全面发展的人，即使在西方马克思主义和其他哲学的视角来看，这种蕴涵仍具有现实意义。

全面发展与人性自由并行不悖，全面发展是人性自由的实现，人性自由是全面发展的基础。如果人的全面发展没有以人性自由为前提和基础，就是空洞的或抽象的。全面发展的内在动力来自人的本能的自然性需求，外在动力来自社会发展的要求，在此我们必须分析人性，看它有什么潜能，于是制定实现它的教育目标，才能保证实现个人所具有的一切潜能，在社会中自我完善与自我实现。

理论上，全面而自由发展的教育目标表达了人追求自由与幸福人性的崇高理想境界。它主要意指"完整发展"、"和谐发展"、"多方面发展"和"自由发展"，分别体现了人性的完整性、完美性、多样性、自主性和独特性，综合体现了人性的各方面属性及其所具有的动力性、创造性和超越性，并表达了追求人性内在价值的诉求，从而克服片面发展和全面平庸的现象。卢梭讲："教育的对象不是将人培养成军人、官僚或神父，而是人，假如这种教育的结果，使人变成更好的工人或农民，那只不过是在向着人的目的，增进人的内在价值的一种副产品而已。"①

实践中，自由而全面发展的教育目标反对模式化的实践方式，要求在教育实践中根据特定的境况发展人性中的属性，争取整体效益和后果评价的优化，实现个性教育和自由教育的有机统一。事实上，教育实践不可能使人的全部属性达到一种逻辑上完全同一的实存状态和完全和谐发展的平稳状态，而且实践所涵括的"技术"、"理论"和"实践"三种含义在现代教育中分化更甚，要求完全回到古典主义教育至善论的理想状况已不可能。因此，教育实践在尊重个体的自然差异和平等权利基础上，通过主观世界、客观世界和社会世界的沟通和相互作用，逐步达成有效理解，实现个性自由，塑造富有个性的个体，是全面发展应有之义。

（三）教育人性化的民主保障

人的自由意志必须通过民主才能保证与实现。民主与人性的必然联系

---

① ［美］布鲁巴克：《教育目的的基本理论问题》，载瞿葆奎主编《教育学文集·教育目的》，人民教育出版社1989年版，第329—330页。

也意味着一切教育制度、政治制度和法律应从根本上考虑人性。也就是说，教育民主的观念、方法和制度是实现人性自由的必然径路。教育必须通过民主的方式去实现人性自由的目的。教育民主是"对人性之能量的信赖，对人的理智，对集中的合作性的经验之力量的信赖"①，它既要满足人性中的个人幸福又要实现作为社会制度的首要价值的正义，因此教育民主尊重人的本性和特性，充分利用人的道德心和正义感，激发人参与社会活动的积极性，培养公共理性，促进人的自我认同与社会认同、文化认同的有机统一。

教育民主体现和保障人性的丰富多样性、独特性、变化性与动力性。教育并不需要还原人性的本来面目，因为我们不能也无须知道人性的本来面目。教育只需遵从人性本来的样子，在具体的情境中去塑造人性的意义，在实践中去创造人性的价值。因此，教育民主需要和谐地发展人的情感与理性，勇于发现与探究人性发展的空间；教育民主不是说明某种形而上学的实体、上帝或某一种意识形态，而是在教育实践情境中进行"多声道风格"的人性描述与解释。教育民主也涵括了普通的、个体的、生命的、身体的，以及生命—实践等教育学形态，反对单一的或纯粹抽象的教育人性化观念，反对用抽象、唯一或"主义"式的教育形态替代丰富多样的人性化教育。

教育民主不拒斥普遍人性，但反对为了人性的普遍性而损害人性的特殊性和个性。尽管人具有普遍的自然性、社会性与精神性，但在具体个人禀赋中各种属性的地位与所占的比例各不相同，从而导致人性普遍性在每个人身上所体现的个别差异。因此，教育民主既尊重学生原初所具有的肉身、情感与能力等天然个体差异，也通过学生的教育实践形成独特个性，每个学校、每个教师，以及每个学生的鲜明个性都是教育民主的评判标准和最终目的。

归结起来，从概念上分析，教育人性化包含了上述三个方面的含义。然而，教育人性化的实现必然是现实的、历史的过程，需要在具体的社会、政治、经济和文化中探索教育人性化的各方面是如何实现的，因此，下文将研究教育人性化实践的总体性。

---

① ［美］杜威：《新旧个人主义》，孙有中等译，上海社会科学院出版社1997年版，第4页。

第二节　教育人性化实践的总体性

总体，又称"总体性"，在英文中是"totality"，德文为"totalihat"，由黑格尔最早把它当作一个哲学和社会理论的范畴提出来，意指作为本原的"绝对精神"，或称之为精神总体。同时，它也是一个伦理总体，包括了一个直达国家理性这个理性总体的哲学体系或"圆圈"。马克思颠倒了黑格尔的总体概念，从"现实的、活生生的、特殊的个人"出发，研究人类社会的总体性，包括了生产力、生产关系和上层建筑在内的互动的整体。马尔库塞综合了弗洛伊德的精神分析和马克思政治经济分析方法，认为，记忆是人类解放的潜在力量，通过记忆可以恢复已经丧失的总体性，拯救仅由工具理性支配的单向度的压抑的总体。概言之，总体或总体性具有本体、方法和价值等方面的意义，教育人性化实践正是在总体的各种意义中满足自己的意义的。具体而言，教育人性化是以实现"总体人"或"完整的人"为价值目的的教育理论与实践的合理化过程，是价值合理性和教育实践合理化的综合，是分别作为目的和手段的教育人性化和人性化教育统一。而且，教育人性化需要恰当的价值理论解释与可行的实践路径，最终使人全面地占有自己的本性和社会关系，成为一个真正的理想状态的总体存在。

一　"总体人"：教育人性化的目的

教育改善什么样的人性、怎样人性化、人性化的效果如何等问题都需要在教育实践的生成性活动中解决，"把人的活动作为一个整体加以研究时，人就出现在我们的眼前了"[①]。教育实践是以人为中心的自然人化和人化自然的统一，亦即，通过人与自然、社会和自身之间的矛盾的解决，在不断地否定自己并被自己否定的过程中创造和发现了人性，其结果是，既使人摆脱天然和被动本能限制的本能力量，又通过有组织的自发性运动构造出人的自然，因此"总体的人就是整个自然界"[②]。具体而言，总体

---

① 复旦大学哲学系现代西方哲学研究室编：《西方学者论〈一八四四年经济学—哲学手稿〉》，复旦大学出版社1983年版，第188页。
② 同上书，第190页。

的人是走向自由的自然界并消除了异化的人，是自由集体中自由的个人，它在差别各异的各种可能的个性中充分发展个性。因此，"在这种人道主义中，最高的权力机关不是社会，而是总体的人"①，总体的人就是实现了人的所有潜能、个性和价值。亦即："人以一种全面的方式，就是说，作为一个总体的人，占有自己的全面的本质。"②

教育实践是始终趋向于总体行动的艺术，从而为总体人的形成产生巨大的价值。在教育实践的场域中，教育实践努力摆脱异化特性的工具性功能，把生命意识和各种欲望的流动、符号形式和意义的建构、德性与德行的交相用力，高度自发自觉的教育教学过程统一起来。而且，教育实践是高度个体化，富有个性，不满足于纯形式和纯理论意识，通过形式和内容的具体的统一创造物质产品、社会产品和精神产品的总体化过程。此外，教育实践并不反对科学技术和抽象的理论成果，它们应当向个体自我无限地开放，在实践的行动和需要中与意识和人类的各种因素联系起来，确定唯一的实践准则，从而消除各种阻碍，获取行动的自由和自我的实现。

二　教育劳动：教育人性化的总体化改造

人性的总体特征在于，人性既指人生而固有的本性或一切人共同地、普遍地具有的属性，也指人区别于他物的道德性，还指具有的综合创造性的实践本质，缺失任何一个方面都不是完整的人性。尽管教育中存在着有关"人性"含义和假设的各种争论，但是，大家都认识到，教育必须出于人性、适应人性和改善人性，而且教育作为一种劳动，既尊重人性固有或给定的潜能，又在历史的过程中创造人性。因此，劳动就是教育人性化的总体性特征，是在人所创造的对象世界的积极的关系中建构起"类的特性"或人的本质，"整个所谓世界历史不外是人通过人的劳动而诞生的过程，是自然界对人来说的生成过程，所以关于他通过自身而诞生，关于他的形成过程，他有直观的、无可辩驳的证明"③。

---

① 复旦大学哲学系现代西方哲学研究室编：《西方学者论〈一八四四年经济学—哲学手稿〉》，复旦大学出版社1983年版，第199页。

② 马克思：《1844年经济学哲学手稿》，中共中央马克思恩格斯列宁斯大林著作编译局译，人民出版社2000年版，第85页。

③ 同上书，第92页。

（一）教育人性化的"总体性"内涵

教育人性化的"总体性"源自人的可教育性。首先，人和动物的最大区别是人具有可教育性，[①] 它把人作为一种可以教育并需要教育的生物来理解，意指作为人的教育对象具有教育的需要、兴趣、动力，追求人性完美的"乌托邦"梦想。"生理性早产"、"非特定化"和"非连续性"等理论提出了人类需要教育的生理学和人类学依据。尼采等哲学家则从哲学思辨的角度提出，人是"不确定的"或"不定型的、其本质还处于发展中的动物"，因此教育就是发展和完善人性的权力意志的过程。其次，教育对象可教育性是自然教育的需要，无论是环境的教育还是人的教育都不能代替教育对象自身的生长，这就是遵循自然的教育。自然教育应该是使一个人的教育适应他这个人，而不是要去适应他本身以外的东西，教育比任何人都更应该依靠他自身。最后，文化是人的第二天性或人性，尤其是符号和语言，它们都是教育对象的可教育性的必要条件。"人是符号的动物"，语言不仅表征环境，继承与改变历史，而且建构起心灵、自我与社会的有机世界。历史证明，随着口语、文字到印刷术、多媒体的符号形式变化，教育相应地经历了非形式化教育、形式化教育、制度化教育的发展过程，因此语言的存在就是人的存在，教育对象的语言资质或语言能力是教育存在和发展的前提条件，语言交往是教育对象建构自身的最重要途径之一。

教育人性化的总体性蕴含在人的意向性"生产"过程中，它既包括人努力实现其目的的意向，也指人的意向的自我呈现过程，从而使自然世界向人的意向性适应和改善，体现出人的意向性的"自我能动性"。人的意向性存在是人的可教育性和教育活动的具体的统一。教育的源始在于通过意向性功能而自然地适应或"内发"人的意识，因为人的意向性存在把人和动物区别开来。意向性存在，是包括人先天就具有的欲望、需要、意向与信念，具有自然的向外向上的指向性和建设性特征，是人性的属性、特性和本质的呈现和建构，而且意向性预设了人是本原性的存在，是自足的实体，具有形而上学的本体性，也蕴含了人的潜能、动力与发展的

---

①　"人类历史之不同于动物的历史正是我们刚才讨论过的这些人类心理特征的结果。只有具有可教育的本能倾向的种类才有可能经历这样的历程。"［美］库利：《人性与社会秩序》，包凡一、王湲译，华夏出版社1999年版，第19页。

最基本的意义。

　　教育人性化的总体性包括生命发展和幸福体验诸方面。马克思认为，当劳动是自由的时候，它就是生命的表现。教育本身不仅仅是人对自然的改造和适应的目的性行为，更是人性有机体的活力和积极性表征，"劳动是人的自我表现，是他的个人的体力和智力的表现。在这一真实的劳动过程中，人使自己得到了发展，变成为人自身；劳动不仅是达到目的即产品的手段，而且就是目的本身，是人的能力的一种有意义的表现；因而劳动就是享受"①。也就是说，教育劳动追求人生的幸福，追求人性的积极性价值的意向和实践，是幸福和一切福利的总和，"幸福公理可以表述为：假如一个人的某个行动本身是自成目的，并且这一行动所试图达到的结果也是一个具有自足价值的事情，那么，这一行动必定使他获得幸福"②。

　　（二）教育人性化的"总体化"特性

　　教育既是对人性的有效的、有价值的利用，也是儿童自我生长的过程，还是各种要素交互作用的总体化活动。人性就是适应、选择、竞争、创造、进化、生成等行动过程，进而，人性的意义还在于人怎样和一定文化交相作用的方式，也是在时空中与社会习俗和规范的适应、冲突与改善中产生的结果。教育始终是创造这些活动的总体，把人的知性、抽象的活动和决定这些活动的所有条件及其希求的目的在具体的历史境域中结合起来，把人的各种需要在具体的时空和各种关系中综合起来，同时，使科学技术、知识理性孕育其中并逐渐地完善起来，因此，教育作为一种理智活动，是"运动的功能，整体的功能，全部生活的功能和变化的功能"③。

　　在总体化活动中，在儿童眼中的任何物体，都不仅仅是暂时的感觉存在，或是主观活动的机会，而且具有一种客观的和社会的内容；任何教育活动都不仅仅是专业性活动，还是一种劳动和生活的高级形式，具有创造性意义，是富有"诗情画意"的艺术实践；教育中的人是有着未来并逐渐掌握全部未来的生物，从自己的有限生命和生存局限性中创造出特定的、无限的人性，"这种无限性包含、摆脱并克服处在自然生存中的无限

---

　　①　Erich Fromm, *Marx's concept of man*, New York：Frederick Ungar Publishing CO, 1961, pp. 40 - 41.

　　②　赵汀阳：《论可能生活》，中国人民大学出版社 1994 年版，第 160 页。

　　③　复旦大学哲学系现代西方哲学研究室编：《西方学者论〈一八四四年经济学—哲学手稿〉》，复旦大学出版社 1983 年版，第 174 页。

性，因而可以称为：人类的力量、认识、行动、爱、精神——或简而言之为人性"①。

当然，根据第三章的论述，教育劳动不能代替教育实践，教育劳动本身的局限性需要教育行动、教育互动等形式来进一步展示其解放的力量。不过，根据霍耐特的劳动观，劳动应当是一个中性词，例如，在马克思那里，劳动超越了经济意义，具有了道德和规范的含义，劳动表现了人与自然、人与人和人与自身内在性的关系。而且，劳动既是人的对象化活动，又是人的主动创造性活动。这种劳动一元论远比哈贝马斯的生活世界与系统的二元论更具有人性解放意义。而且社会劳动应当宽泛地嵌入到道德体验结构中去，当作个人自我保存、自我实现和自我解放的社会文化条件，是主体之间相互承认形式的物质基础和道德规范条件。② 因此，教育人性化的总体化实践将具体讨论教育行动、教育互动等总体化实践形式，从而展现教育人性化的政治、文化意义。

三 教育行动：教育人性化的总体化创造

就教育行动本身而言，分析教育哲学代表人物彼得斯（R. S. Peters）认为，教育是指对受教育者传授有价值的东西，必须包含知识和理解以及某种认知能力，而这一切又应是富有活力的，至少应把一些缺乏教育对象自主自愿参与的传递过程排除在外。③但是，何谓"有价值的东西"？评定的标准是什么？谁评定的？为谁评定？怎样评定？这些都需要综合考察教育在社会历史、个体存在、辩证关系和文化逻辑诸方面进行总体化活动所需要的条件和过程。

（一）教育人性化的历史总体性

循着黑格尔"真理是完全而又具体"的总体观，卢卡奇认为"历史恰恰就是人的具体生存形式不断彻底变化的历史"，"历史成了构成人的

---

① 复旦大学哲学系现代西方哲学研究室编：《西方学者论〈一八四四年经济学—哲学手稿〉》，复旦大学出版社 1983 年版，第 177 页。

② ［德］霍耐特：《为承认而斗争》，胡继华译，上海人民出版社 2005 年版，第 151—157 页；王凤才：《蔑视与反抗：霍耐特承认理论与法兰克福学派批判理论的"政治伦理转向"》，重庆出版社 2008 年版，第 124 页；汪行福：《批判理论与劳动解放：对哈贝马斯和霍耐特的一个反思》，《马克思主义与现实》2009 年第 4 期。

③ ［英］彼得斯：《教育学与伦理》，载任钟印主编《世界教育名著通览》，湖北教育出版社 1994 年版，第 168 页。

环境世界和内心世界，人力图从思想上、实践上和艺术上等等方面加以控制的各种对象性形式的历史"。① 具体的总体性是通过总体性赋予一切个别认识以现实性，这样，孤立的事实必须在总体中才能理解，必须把某一个别的历史事件或某一特定阶段的历史过程视为具体的总体的一个方面或一个环节。总体性还是历史运动中主体—客体之间互为中介、相互作用的辩证统一，它并不否定个体的相对独立性，而且更大可能地发挥个体的主动性。葛兰西的"总体革命"指出，任何"非直线性"的社会历史运动都包括了政治、经济、文化在内的具有总体性的存在，社会的变革同样应当包括所有这些方面。

对教育人性化而言，如何理解这种具体的、现实的、逻辑优先于事实的历史总体性？据此分析，教育是在具体的历史条件下进行的，它源于现实生活的生产和再生产，追求主客体和谐统一的有意义的文化生活。教育人性化的历史总体性批判的靶子是教育的物化，目的是恢复现代教育的价值意义，从具体的和现实的教育活动中重建主客统一的、完整的存在状态，在教育活动中实现自我认知和解放意识的统一，从而唤起每个人自主的精神性力量，克服虚假意识的控制，形成完全人格。

（二）教育人性化的个体总体化

按照最直观或最一般的理解，所谓教育人性化，指教育必须满足人的需要或兴趣，进行针对个体差异的个性化教育。教育人性化和教育个性化具有内在的必然联系，因此，教育的人性化必须尊重个人尊严，促使个体自律化，追求个体的自我实现，实现个性自由和全面发展。马克思讲，个人的全面性不是设想或想象的全面性，而是他的现实关系和观念关系的全面性。亦即，个人居于自在与自为、现实与理想之间，教育的人性化必须使个人超越二元的对立，通过人的自为性实践，实现现实的综合统一。

萨特认为，首先，人是生活着的个人，社会和历史的合理性根源于个人生活的可理解性，只有首先把个人的生活看作一个"总体"，才有个体的总体化；其次，"存在先于本质"，实践活动使人成其为人，而实践就是总体化，因为，人赋予物以意义，个人在现实中以类的形式使物人化或内在化为人的组成部分，历史的总体化和社会的总体化都是个体总体化的

① ［匈］卢卡奇:《历史与阶级意识》，杜章智等译，商务印书馆 2004 年版，第 280、283页。

辅助性条件和必然后果；最后，个体的总体化又是一个否定和扬弃的过程，主要体现在人的选择和选择所带来的自由性质，这里的自由是指被克服的必然性，因为人不服从必然性，而是控制必然性。在存在主义教育哲学看来，个体总体化主要揭示了学校教育的"非人性化"、"非个性化"，目的在于培养学生不断地在具体的历史现实中做出选择，因为选择行动本身和被选择的结果就是教育的人性化过程，其最终目的"在于使人认识到个人的存在，形成自己独特的生活方式，为此，教育应使学生形成真诚、选择和负责的生活态度"①。

（三）教育人性化的文化总体性

教育实践的总体性是指教育不简单的是一种生产方式，或者经济决定论意义上的上层建筑，它既包括了生产方式、经济、文化、政治、司法、意识形态诸方面，并由这些方面多元地决定其自身，而且，教育可以被视为以符号、文本为媒介的文化再生产过程。

在具体的实践中，生产方式包括组织和引导的过程，而如何组织和引导生产方式必然涉及各种社会利益、法律制度、价值观念，因此，生产方式的结构内在于文化、意识形态、司法、政治、经济之中。文化、意识形态、司法、政治、经济诸方面不仅对生产方式有积极的建构作用，而且，每个方面产生的原因不一定由生产方式来决定，进而，它们本身就是一种生产方式，一种主要借助符号、文本进行文化再生产，从而维护与创造一定价值意义的总体。"人是符号的动物"，语言是人区别于动物的特性，也是人类文化的物质载体、制度形式和精神属性。阿尔都塞（Louis Althusser）等结构马克思主义者认为，符号系统之外有一个最基本的存在，符号与思维结构和外在世界的客观规律之间具有同构性。詹姆逊（Fredric Jameson）则认为，我们并不主要集中于特定文化文本的"客观"结构的本质的探讨，而应当关注我们借以阅读和接受所论文本的阐释范畴或符码，研究阐释或符码在生产方式、意识形态和上层建筑等如何筛选文化资料，从而把垄断的或统治的符号、文本及其承载的价值合法化。

据此分析，教育人性化的文化总体性体现在：首先，"语言是存在的寓所"，教育中的语言不仅仅是工具，它应当是"工具的工具"，亦即，语言就是说话者的存在，语言文化塑造和影响教育过程、教育资料、教育

---

① 陆有铨：《现代西方教育哲学》，河南教育出版社1993年版，第358页。

者和受教育者。其次，教育资料来自对包括语言、规范等文化资料的选择和提炼，它对每个受教育者发挥作用，但是，它还需要受教育者特殊的选择和提炼，通过参与和体验文化创造过程来纳入到他自己的人格;① 最后，教育作为文化生产行动，必须对符号、文本进行批判性诠释，从语言的异化中解放人，"垄断合法的教育，必须通过符号的合法垄断来实现，而符号系统经由历史演变和社会选择，'为政治和经济当局提供了制约个人的特殊工具'，这意味着教育价值的实现方式，发生了部分是期望的、同质、同向的转变，部分是意外的、异质、逆向的转变"②。

四　教育互动：教育人性化的总体化建构

教育本义是指"善"的影响，使人善良。教育的转义是使个人完善发展，同时使个人成为完善发展的社会人。这表明教育本来和道德同源，在其演变过程中，才逐渐同道德分离，但又没有完全摆脱道德的影响。教育内涵的演变显示出教育的进步，而其转义的发生，并非意味着本义的消失，如果忽视教育的本义，那么这将意味着教育的无效与倒退。③ 因此，抑恶扬善、追求社会正义是教育人性化的应然追求。这种应然的道德价值取向在古代教育中居统治地位，技术与劳作居于从属的地位。随着知识—工具理性的发展，道德的崇高地位逐渐退隐，并出现了价值危机和道德沦丧。因此，在现代教育中，重建教育实践的道德规范性内涵，体现出教育实践对理论、实践和技术的综合性，这成为教育实践的根本任务，"实践的知识不是知道怎样合格地或熟练地行动，而是知道怎样把一般伦理原则运用于特定的具体事件"④。

（一）教育人性化的理论—实践总体性

教育实践是否仅仅是控制人的欲望和激情，适应人的理智，通过纯理论的沉思或解释世界来追求终极价值，从而培养柏拉图所预想的"哲学王"。哈贝马斯认为，理论是对自身的形成过程和预期的运用过程进行反

---

① 陈桂生:《教育原理》，华东师范大学出版社 2000 年版，第 30 页。

② 董标:《教育的文化研究：探索教育基本理论的第三条道路》，《华东师范大学学报》（教育科学版）2002 年第 3 期。

③ 陈桂生:《教育原理》，华东师范大学出版社 2000 年版，第 182 页。

④ ［英］W. 卡尔:《技术抑或实践》，《华东师范大学学报》（教育科学版）1995 年第 2 期。

思，从而把自己理解为其所分析的社会的生活联系的一种必要的催化要素。亦即，理论只有在有关人员的实际对话中得以实现，因此理论的就是实践的。而且，"在纯理论中，实践需求是无法满足的。哲学思维认为自己始终落伍于远古的实存；实践优先于理论的事实，迫使哲学从否定哲学向实证哲学过渡"①，这样，历史唯物主义就是一种以实践的意图拟定的社会理论，因此实践的就是理论的。

　　教育人性化的一个基本含义就是教育应当尊重和培养学生兴趣，以学生的兴趣来组织和进行教学活动，那么什么是兴趣？兴趣之于教育人性化意义何在？赫尔巴特、杜威等对兴趣进行过专门的探讨。哈贝马斯则认为，兴趣不仅可以追溯到潜在欲望的生物遗传上，而且认识的兴趣产生于同劳动和语言相联系的社会文化生活方式的需求中。具体而言，存在三类既是先验的又是经验的人类兴趣及其相应的人类知识，第一种兴趣是技术的兴趣，它对应于人类的技术性劳动，由此构造出一种经验—分析的知识；第二种兴趣是实践的兴趣，它对应于个人和集体之间的价值评估活动所创造出来的社会共同的价值体系，它构造出一种历史—解释的知识；第三种为解放的兴趣，"解放"即没有控制的交往，它对应于交往的知识。就三者的重要性和相互关系而言，"技术的和实践的认识兴趣决定现实能够赖以被客体化，并因此能够赖以同经验相沟通的看法；技术的和实践的认识兴趣是有语言能力和行为能力的主体能够获得经验的必要条件"②。解放的兴趣起源于前两者，因为实现解放的兴趣可以通过认识而同时发生。它也是最重要的兴趣，最能体现理论—实践总体观。因为，解放的兴趣是随着镇压的暴力以正常的权力形式在被扭曲的交往结构中的延续，也就是说，它是随着统治的制度化而形成。这种兴趣的目的是通过自我反思使那些从意识形态上决定当前的实践行动和观察世界的形成过程的决定者们醒悟。虽然其本身没有直接的实践意义，但是自我反思由于一个事先没有被意识到的东西在实践中成功地被意识到而变成认识，从而渗入到人们的生活中。因此，规则系统的理性重构同解放的兴趣具有间接的联系，而解放的兴趣可以直接成为自我反思的力量。

---

　　① ［德］哈贝马斯：《理论与实践》，郭官义、李黎译，社会科学文献出版社2004年版，第228页。

　　② 同上书，第228—229页。

（二）教育人性化的交往理性总体性

教育人性化的理论基础是生活世界，其目的是真正使人获得解放，享受到尊严、自由和正义。哈贝马斯、莫伦豪尔（Klaus Mollenhauer）和沙勒（K. Schaller）等批判教育学家认为，真正使人获得解放的东西不是技术，而是在人与自然之间的劳动领域和人与人之间的交往领域进行的批判性反思过程，它主要通过在无宰制、无压抑的交往中才能建构起交往理性的总体观念。哈贝马斯把人的行为分为交往行为和工具理性行为，后者是策略性行为，表现为目的合理性的确定，遵循以经验知识为基础的技术规则，主要适用于行政、技术等系统领域；前者则相反，它服从有效性规范，这种规范规定了相关的行为期待，并必须至少被两个以上的主体所理解或认可，它在一定程度上反映了生活世界的普遍法则。事实上，工具理性行为所属的系统常常直接侵犯或代替了生活世界，造成生活世界的殖民化，这也是交往扭曲或异化的一种形式。

哈贝马斯还发现，语言超越了仅仅作为"以言表意"的媒介意义或工具意义，它还因其在人际交往中具有"以言行事"、"以言取效"的功能而成为主观、客观和社会规范相统一的基础。在交往行动中，只有语言交往表现出主观世界的真诚性、客观世界的真实性和社会世界的正确性，才能通过这种语言的共识或主体间理解的一致性形成交往行动的规范，才能形成有效性理解之上的和谐共处状态，"生活世界在一定意义上可视为理性化的，因为它的规范一致性并非通过强制，而是间接或直接地通过语言交往中取得相互理解而达成。人与人的关系通过这种相互理解来调节"①。任何对理想语境的误解和条件限制，都是对交往理性的歪曲和生活世界的侵害，交往理性为彻底被扭曲的交往和生活方式提供了一种准绳。

在哈贝马斯看来，交往理性是生活世界的总体性力量，系统从生活世界中分化出来并与生活世界相互作用，形成一个互动的总体。生活世界是由文化传统、制度秩序以及社会化过程中出现的个人认同构成的，是日常交往实践的核心，是由扎根在日常交往实践中的文化再生产、社会整合以及社会化相互作用的产物。生活世界直接关涉人的生存状况，是交往行动

---

① ［德］哈贝马斯：《交往行为理论》（第二卷），洪佩郁、蔺菁译，重庆出版社1984年版，第541页。

的主体共同具有的总体背景，"形而上学之后，具体的生活世界只有作为背景而存在，其非对象性的整体性避免了被理论作为对象加以把握"，"随着形而上学和宗教世界观的瓦解，具有多方面价值的文化解释系统中所分化出来的一切，只有在生活世界的实践的经验语境中还能组合起来，并恢复原有秩序"。①

五　教育活动：教育人性化的总体化超越

在现代社会，教育的人性化吁求不仅针对强权、专制和暴力统治中的绝对性和同一性思维所带来的对人性的剿灭，而且针对物欲个体以极端实用主义或工具主义的方式对完全人格的吞噬。后现代理论助长了后者，他们强调差异与多元、乐于解构，希望个体就栖居在道德的碎片里面，认为任何对世界甚至超感性意义世界负责的"总体人"的追求都是荒唐的。故对刚从权政梦魇中走出来的人而言，对绝对同一性的怕与恨也刺激了他们膨胀个人欲望、无限增长个体权力的决心；同时，他们也一时难以挣脱"国家"、"集体"等抽象概念和其他意识形态给自己带来的安全感，因此常常又走向犬儒主义。面对绝对权威和同一性暴力时，他们就逃避到个人的遐思中去了。因此，教育人性化需要怎样的总体性方法，怎样才能找到教育人性化的总体性与个性化的内在逻辑关联，是亟须回答的问题。

教育人性化的目的是培养"总体人"，总体人不仅具有本体的意义，而且蕴含着"人是目的，不仅仅是手段"的最高价值和人的尊严。它还具有认识论和方法论的意义，指人的自由意志对由因果性统治的现象界具有范导作用。它意指由理性规定的自由意志高于由感性规定的动物意志，任何由因果决定的知识都服从于人的自由意志，而非相反。同时，这里极容易产生两种危险：其一是自由意志通过同一性对因果现象界进行同质化、简约化、压抑和暴力，"文革"教育就是典型；其二是把二者分离甚至颠倒，绝对拒斥自由意志和价值的作用，"人死了"就是从这个意义上讲的，因为工具理性主义把最高的自由价值罢黜了，自己变成了唯一者与绝对物，这种极端虚无价值的无归感也进一步加强了个人的物化，它是启蒙教育出乎自己预料之外而不得不接受的相悖后果，所以霍克海默、阿多

---

① ［德］哈贝马斯：《后形而上学思想》，曹卫东、付德根译，译林出版社 2001 年版，第 49 页。

诺称之为"启蒙的辩证法"。正确地理解教育人性化的总体性,需要把人的价值作为第一哲学,实现因果逻辑和自由价值的统一,套用康德的表达式来讲:教育人性化没有因果性知识则空,没有目的性自由价值则盲。

然而,教育人性化总体性的上述两个维度是如何统一起来的,是否只有这两个维度?教育涉及人的知、情、意、行,是人性各种属性的综合性的实践活动,因此,教育人性化的关键是人性"化"的过程,它不是机械性总体、表现性总体或简单的结构性总体,不是整体与部分二元对立的缺乏反思的空洞总体,更不是服从于黑格尔式的"绝对精神"的辩证发展的抽象总体,它应当是在历史与逻辑统一意义上遵照"总体人"的范导性和认识论的自身局限性的具体总体。具体总体是实在总体,是世界的本真存在。具体而言,不能从总体决定部分,现成的、形式化的总体来把握具体总体,它是自我创生、自我组织和自我发展的整体,是结构性的、进化着的、自我形成的总体,建构性机制是总体性的本体性含义。而且,具体总体不是事实和量的总和及其外在规定性,它是在历史中发现世界总体和存在于世界中的"总体人",需要结构的、变化的、功利的操持和构造过程中的否定性、中介性、派生性,也需要在异质文化交往、物质生产体系扩张、风险社会的危险中妥善处理好个人与他者、社会、自然的总体性和谐关系。

教育人性化追求方法与价值的总体性,用总体观察的方式参与和把握人类现实和历史的总体性,它不是无所不包的直观对象的数量整体或统计总体,因此,教育实践应当超越量化结果和绩效评价的尺度,把人作为人类客观—历史实践的主体,充分发挥其实践智慧,激发其潜力、想象力和创造性,从总体走向无限。无限"是在这样一种难以置信的事实中发生的,在此事实中,一个固定在其同一性中的被分离的存在,同一者,自我,却在自身中包含了那仅凭其同一性的德行并不能包含,也不能接受的东西。主体性实现了这些不可能的苛求,即包含了比它能包含的东西更多的东西这个令人惊讶的事实","主体性是作为对他人的迎接,作为好客的主体性,无限的观念即在这种好客中被完成",① 这里的主体性即主体间性,它具有在交往实践中创造无限性的可能性和道德意义。概言之,教育人性化的无限观也是一种建构性价值观念和范导性价值观念相统一的具

---

① 〔法〕列维纳斯:《〈总体与无限〉序言》,《世界哲学》2008 年第 1 期。

体总体。

最后，教育人性化还需要认真对待总体和个体、差异、层次、同化、否定、阐释等方面的关联，避免用还原论或基础主义方法把教育人性化简单地归结为几个基本要素、步骤或程序。教育的人性"化"不仅是一个过程，还是一种意向或趋势，是行动和实践的综合；教育的人性"化"也是一门艺术，它可以克服人性各方面不可通约的异质性，开发出人性中尚未开发的潜能，表达出人性中崭新的层面，超越与升华生活本身，走向超脱与永恒的总体化价值取向。总之，教育人性化的总体化价值取向反对物性对人性的压抑，实现存在的总体性，追求多向度的、健全的总体人。

第三节　教育人性化实践的辩证法

本章第一、二节对教育人性化的总体实践进行了综合性论述，但对各种实践形态并未进行比较，也没有对他们之间的内在关联进行进一步探讨。因此，为了探明教育人性化总体实践的内在逻辑，必须研究教育人性化实践的辩证法。

一　教育人性化总体实践的辩证法问题

按照马克思的观点，实践是主客体关系和矛盾的对立统一，事实上，就是主客体对立统一的实践辩证法。马克思的这种辩证实践观在《1844年经济学哲学手稿》中得到阐明，它主要包括五个环节。（1）自我对象化——我就是我的对象；人作为自我意识是一种否定性存在，因此需要通过自己的对象化来达到自我肯定、自我实现，而且对象化本身主要体现为对象性存在物的对象性活动。（2）自我二重化——差别的内在发生；自我对象化被自我体验为是其所是的过程，其中必然有"是"与"不是"以及自我与对象的区分，而其中间的环节，由于规定是否定，当自我是其对象时，就意味着自我不是其自身，而是一个自身的他物。（3）自我确证——对象与自我的同一；自我二重化之后，产生了另一个自我，即客观的对象性的自我，它是第一个自我的潜能的实现，或其本质的表现，这说明人是对象性的存在物，其本质表现为对象，而对象反映其本质。（4）自我异化——对象与自我的对立；自我对象化后，对象与自我或者是同一的，或者是对立的，后者就是自我的异化，差异是任何不同事物之间的，而异化是发生在自我和对象之间，因此自我异化具有"异己性"而非"差异性"，而且这种对立关系表现为主谓、主客、自我和对象各自之间系词的实践意识而非理论意识。（5）异化的扬弃——对象与自我的重新统一。对象和自我重新统一的标志是："只有当对象对人来说成为人的对象或者说成为对象性的人的时候，人才不至于在自己的对象中丧失自身。"①　确切地讲，是"人的对象"与"对象性的人"的统一。前者是指为了人的需要、通过人的生产、表现人的生命、实现人的本质的对象；后者是指相对于自我的他人，是在社会关系中产生的对象性关系，因此构成了自我—对象—他人的三元结构。综观上述五个环节，马克思的实践辩证法是自我和对象由同一到对立，再到对立统一的过程，消解了自然本体论和实践本体论的对立，和人的依赖、物的依赖和自由个性相互贯通，解决了实践辩证法和唯物辩证法相分离的问题。②

　　因此，为了避免教育的总体化实践偏离人性化的价值目标，首先必须正确理解总体性。教育实践中，如果不对总体性思想中的理论与实践关系界分清楚，将会使教育理论和实践脱离，贻害无穷。针对卢卡奇的总体性，中国学者徐长福认为，总体性思想就是用一个虚构的总体吞没所有单位理论和单位实践，造成总体内部理论与实践一一对应的假象。③　另有学者辩护说，如果用外推的办法代替后现代理论的完全否定和抛弃总体的办法，那么总体性具有合理性。亦即，现代制度的进步能在特定范围内克服自悖谬性，但在更大范围内则无法办到，因此，自悖谬、令人难受的东西只有被外推到远处，越出"观察"之外，而这些自悖谬、令人难受的东西就常常存在于更大、更远的"总体"之中，如果消解一切总体、拒斥一切宏大叙事，不但难以做到，而且恰恰迎合了现代性的内在需求，从而在意识形态中成为现代性的同谋。概言之，总体性思维方式必须拯救。④按照常识，简单地从个人到社群、国际空间的线性推理肯定是不行的，因

---

① 马克思：《1844 年经济学哲学手稿》，中共中央马克思恩格斯列宁斯大林著作编译局编译，人民出版社 2000 年版，第 86 页。

② 有关实践辩证法的五个环节，参阅萧诗美《实践论和辩证法的分离与统一》，《哲学研究》2009 年第 1 期。

③ 徐长福：《走向实践智慧》，社会科学文献出版社 2008 年版，第八章；刘习根：《总体与实践》，博士学位论文，中山大学，2010 年，第 230 页。

④ 刘森林：《外推背景下的总体性：对总体性的一种辩护》，《学习与探索》2003 年第 1 期；刘习根：《总体与实践》，博士学位论文，中山大学，2010 年，第 230 页。

此还是需要回归到实践的逻辑空间里面，尤其是实践的辩证法中去拯救总体化实践本身。据此，我们将思考下列问题：教育人性化的总体化实践为什么还需要引入辩证法？辩证法所针对的问题是什么？辩证法是否仅仅指马克思批判黑格尔之后建立起来的历史辩证法和唯物辩证法？教育人性化的实践辩证法是否有自身的独特性？

　　教育人性化所面对的自悖谬性和自否定性在于，教育既给人带来自由，又构筑起新的牢笼。如果回溯到自然主义教育的基本观点"人是生而自由，却无时不在枷锁之中"，那么二者的相通之处就昭然若揭了。于此，教育人性化的总体化实践的自悖谬性和自否定性也可称为"卢梭问题"。具体而言，"卢梭问题"是指，教育本是人追求自由和解放的活动，实际上却可能成为束缚人的牢笼；它以促进人的全面发展为理想，但生命的片面与畸形是普遍的现实；它在理论上被奉为创造未来的积极力量，实践中却常常成为维护现实的保守力量。结果，教育既可以激发人的想象力和创造力，又可能成为剥夺生命力的奴化力量。①针对"卢梭问题"，可以有不同的理解和实践。从整个教育活动系统来看，"卢梭问题"是教育活动系统内部观念、价值、行动和境遇之间的矛盾运动及其结果，但他预设了教育活动系统内部具有自组织的能力，通过适当的或"正确"的调适，"卢梭问题"自然会得到人性化的解决，因此这种方法论具有一定的封闭性，还局限于理论的自洽性，希望通过理论的周延，解决教育实践问题。从教育实践的方法论个体主义角度来看，如果把教育实践纯粹视为个体自生自发的生成过程，教育实践就是革除超感性的形而上学，听从于个体感性的肉身行动，弃绝教育实践的历史性、语言性和社会性，那么"生成的任何瞬间都具有相同的价值：它的价值总和保持不变：换言之，它根本就没有价值，因为不存在用来衡量它，并使'价值'一词有意义的事物。世界的整体价值是无价可定、无值可贬的"②。如是，"总体人"将不复存在。上述两种极端都需要辩证法，因为辩证法是实践的力量源泉，"辩证法是实践的内在前提、结构框架，而实践则是辩证法的通道、希望和动力之所在"，"对于实践、感性的理解，需要维持必要的辩证框架结构，以

---

　　① 魏波、才立琴：《作为教化与解放相统一的教育》，《北京大学教育评论》2010 年第 4 期。

　　②．［德］洛维特：《从黑格尔到尼采》，李秋零译，生活·读书·新知三联书店 2004 年版，第 129 页。

防止向感性流变、世俗生活和神圣永恒、超凡脱俗两个极端方向过度诠释"。①

二　教育人性化实践的否定辩证法

教育人性化实践必须经历自我否定的发展过程，其中的"否定"不仅仅是规定和质变，还需要从其前提性和否定的彻底性方面进行理性认识，并考察教育人性化实践中的思维方式和逻辑品质。

（一）人性的逻辑异质性

科学的唯物辩证法应当是历史地、现实地看到教育实践中的各种人性化因素，厘清其前提，即人性各属性之间的逻辑异质性，并从人性的逻辑异质性的分析中认识逻辑异质性概念。中山大学哲学系徐长福认为，"所谓'人性'，就是每一实体所具有的全部属性及其构成情况的总和"②，那么，如何从人性所具有的逻辑异质性来理解人性？"异质性"指属性之间的差异，由于属性只跟自己才是同质的，不同属性之间没有同质性可言，所以，只要我们讲到属性，异质性就是理所当然存在的了，而且从认知的角度来看，这主要是"逻辑异质性"；实体即个别事物，任何个别事物都有各种属性；人与非人的存在物从实体意义上讲是界限分明的，但在属性意义上却是完全相同的，因此，在包括人在内的万事万物所具有的无数属性中，既有基于"逻辑同质性"的相互勾连，也有基于"逻辑异质性"的相互阻隔。而且，人性既有逻辑异质性，又有实存同质性和异质性。实存同质性把那些逻辑上没有关系的人性属性凝结成一个整体，实存异质性构成了人性属性的紧张关系，譬如，营养和饥饿是逻辑同质的，但实存在不同的实体身上，饥饿在人身上，营养在食品中，而食品又在他人手上，从而造成人性的紧张。人性实存状态上的紧张，促使人不断地追求理想，其生存机制尤其体现在理论活动和实践活动中，理论活动用逻辑化的方式穿梭于人性和物性之中，构造出各式各样的逻辑同质的理论体系，体系内部内容各异，但思维方式高度一致：既将现实中的一切问题都归咎于和自身体系相异质的属性，也把该体系的高度同质性视为理想本身。而实践活动不过是理论体系的实施罢了。如此建构起来的理想状态并不理想，虽然

---

① 刘森林：《实践、辩证法与虚无主义》，《哲学研究》2010年第9期。
② 徐长福：《走向实践智慧》，社会科学文献出版社2008年版，第44页。

人们实际感受到的和塑造过的人性发生了变化，但人性的实存状态中的紧张关系并未改变，甚而更加严重。

> 其所以如此，除了人性的实存状态蕴含着不可根除的矛盾外，就人自觉的作为而言，主要在于人们误将人性的理想性等同于人性的逻辑异质性。殊不知，把人性的逻辑同质性作为理想来追求，无异于将人性中那些与特定的理想属性逻辑异质而实存同质的属性悉数剔除，由此造成的紧张岂不甚于追求理想之前？①

从传统社会向现代社会的转化过程中，人们之所以造"神"的反，是由于"神"代表了一种逻辑同质的理论体系，它是对逻辑异质的人性的肢解。包括福柯在内后现代主义者之所以反对大写的"人"，就是因为它是按照逻辑化的思维方式，代表着逻辑同质的家族体系，从而使逻辑异质的人性世界日趋紧张。因此，徐长福提出解决人性问题的关键在于：在人性的逻辑关联和实存关联之间不断寻找平衡，详言之，继续发挥理论把握人性之逻辑同质性的特长，同时培养一种基于实存同质性的生存智慧或曰实践智慧，以之整合由不同的理论所把握到的互相逻辑异质的属性。

最后，试想一下在同一性暴力统治下的人性状况，也就是从另一个角度唤醒我们对人性的逻辑异质性的重视。

> 任何系统接近完美操作性，也就接近了自身的死亡。当系统说"A 是 A"或"二加二等于四"时，它就接近了绝对的权力和彻底的滑稽，同时也就接近了立即可能出现的颠覆——只需再助一指之力就能让它崩溃。我们知道，当重言式重申那种完美球形的向往时多么有力量［雅里（A. Jarry）剧本中的人物乌布（Ubu）的石丸］。……这是任何通过自身逻辑追求总体完美的系统所具有的命定性，追求总体完美就是追求总体背版，追求绝对可靠就是追求无可挽回的衰退：一切相关的能量都在走向自身的死亡。②

---

① 徐长福：《走向实践智慧》，社会科学文献出版社 2008 年版，第 50 页。
② ［法］鲍德里亚：《象征交换与死亡》，车槿山译，凤凰出版传媒集团、译林出版社 2006 年版，前言。

（二）否定的辩证法

在现代西方马克思主义那里，"否定"是一个核心概念。马尔库塞（Herbert Marcuse）认为，黑格尔的哲学被认为是"否定"的哲学，是抛弃任何不合理的、非理性的现实，试图实现事物的潜力，但却不能认识事物的现实，它只短暂地停留于事物的"逻辑形式"，从未达到不可从这些形式中推演出事物的真实内容。黑格尔的辩证法被看作是摧毁和否定一切既定事物的原形，因为，在黑格尔的辩证法中，每一种给定的形式都要转变成自己的对立面，只有这样，每一种形式才能获得其真正的内容，因此，黑格尔所说的"现实的即是合理"的这个论断，应理解为只有合理的才是现实的。虽然对黑格尔否定哲学持批判态度的实证哲学否定实践的辩证法，反对对既定事物进行哲学"否定"所包含的批判过程，使思想适应事实，把经验提升到认识之顶点，从而恢复事实的肯定的尊严，但是，实证哲学最终促使思维顺从现存的一切，教育人们对现存事务采取一种肯定的态度，反对那些扬言要"否定"现存秩序的人，因此，实证哲学与极权主义、顺从主义具有了一定的关联。①

阿多诺（Theodor Wiesengrund Adorno）认为，黑格尔否定辩证法是不成功地用哲学的概念去结合所有与这些概念相异质的东西的尝试，把哲学包括进他的绝对精神学说里面；真正科学的唯物辩证法是非强制性和非同一性的辩证认识和批判理论，即否定的辩证法。否定的辩证法是革命而开放的，并不像黑格尔那样去追求确证，"把否定之否定等同于肯定性是同一化的精髓，是带有最纯粹形式的形式原则。在黑格尔那里，在辩证法的最核心之处，一种反辩证法的原则占了优势，即那种主要在代数上把负数乘负数当作正数的传统逻辑"②。阿多诺认为，否定的辩证法应该正视矛盾的客观性和从差异到非同一的矛盾关联，怀疑一切同一性，遵从瓦解的逻辑：瓦解认识主体首先直接面对的概念的、准备好的和对象化的形式，"在其主观方面，辩证法的结果是主张思想形式不再把它的对象变成不可改变的东西、变成始终如一的对象"③。由此可知，阿多诺批判本体论，也不想建立一种新的本体论或非本体论的本体论，更反对建立一种哲学或

---

①　上海社会科学院哲学研究所外国哲学研究室编：《法兰克福学派论著选辑》，商务印书馆1998年版，第377—379页。

②　[德]阿多诺：《否定的辩证法》，张峰译，重庆出版社1993年版，第156页。

③　同上书，第151页。

思想体系。

阿多诺的"星<u>丛</u>"理论认为，否定辩证法只承认非同一性的存在形式，关注异质性的非同一性，它是一种承认矛盾、承认差异的存在与思想之间的新型关系，不仅在主体与客体，而且在主体与主体、主体与类、意识与存在、经验与概念、技术与价值等凡是存在关系的地方，都应该构成一种各种不同要素之间的和谐关系。换言之，它是一种非奴役、无中心、非等级的"星<u>丛</u>"或"力场"的非架构状态，是彼此并立而不为某个中心整合的诸种变动因素的集合体，这些因素不能被归结为一个公分母、基本内核或本源的第一原理。[①] 因此，"星<u>丛</u>只是从外部来表达被概念在内部切掉的东西，即概念非常严肃地想成为但又不能成为的'更多'。概念聚集在认识的客体周围，潜在地决定着客体的内部，在思维中达到了必然从思维中被割去的东西"[②]。

（三）教育人性化的否定辩证法

教育之所以需要否定辩证法，是因为否定辩证法代表着教育的怀疑和批判精神，否则人们会认为教育为善的人性假设不仅是理论上的假定，而且事实上就是如此，更无须任何怀疑；教育就是奉献和服从，做好自己的本职工作，这是最大的善。正如阿尔都塞（Louis Althusser）描述的那样：

> 那么多的教师（大多数）甚至没有开始怀疑体制强迫他们去做的"工作"（体制大于他们的预想，压抑着他们）。更糟糕的是，他们具有最先进的意识（即新的最流行的思维方式），却将他们的全部精力和智力投入于"工作"的执行中。他们很少怀疑他们自身的奉献，这奉献作用于对学校所代表的思想体系的维持与丰富上，以至于正如几世纪前教堂对于我们的祖先是"自然的"、不可缺少、慷慨的一样，学校在今天对于当代人来说，也变得是"自然的"、不可缺少的，它有用甚至有益于我们。[③]

---

① 张一兵：《无调式的辩证想象：阿多诺〈否定的辩证法〉的文本学解读》，生活·读书·新知三联书店 2001 年版，第 230 页。

② ［德］阿多诺：《否定的辩证法》，张峰译，重庆出版社 1993 年版，第 160 页。

③ ［法］阿尔都塞：《意识形态和意识形态国家机器》，引自［美］斯潘诺斯《教育的终结》，王成兵等译，凤凰出版传媒集团、江苏人民出版社 2006 年版，第 57 页。

因此，我们思考，教育合乎什么样的人性？能否合乎？如何合乎？其结果如何？肉身、意识、语言、思维和劳动等都是改造人性的重要中介或否定性力量，幸福、自由、正义等人性的应然追求都能转化为行动的动力。而且人在社会化过程中的愿望、规范和价值一旦形成普遍的法则，内化为整个人类的规范、法则和价值，人性能力就实现了质的跨越。但是，这里存在着巨大的危险，那就是同一性的桎梏：教育可能会人为地把人性中的一切非同一的和客观的事物包含在一种被抬高的或被扩展的绝对的观念或事物之中，没有认识到人性不仅在经验性察知和具体实践中是异质多元的，人性能力是多样的，而且人性的实然和应然、事实与价值之间具有永远不能填平的沟壑；同时任何教育理论和教育实践之间具有实然的逻辑异质性，如果机械照搬任何理论模式，都将有害于教育实践，所以教育实践的智慧在于找出差异、利用差异、改善差异；教育永远在追求自由的径路上，教育经验中不可能存在绝对的自由，如果把整体的、模式化的、强制的同一性思维原则和社会实践方式推行到教育实践中，那么人们只会逃避这样的"自由"。

如是，教育实践需要一种否定性的社会批判精神，它思索客观规律，但绝不遵从任何戒律和权威，却是通过与自身有差异的或相反的东西进行不断的批判，吸收对方的力量并使之转而反对其自身，这不仅在具体的个别人、事件和运动的每个环节中如此，而且在总体上也是如此，这就是教育的否定辩证法。具体而言，首先，在教育的具体的主客体关系和实践过程中，概念与规范并不能完全通过同一性范畴去肯定事物，更不能通过概念或规范体系中的分析和推理代替事物本身，因为概念或规范需要通过不断的否定性活动来实现。否定的辩证法是"探求思想和事物的不相称性，在事物之中体验这种不相称性"，它并不害怕"被指责为不管事物的对抗性是否被平息都坚持的客观的、对抗的固有观念。在未平息的总体中，任何个别的事物都是不平静的，……因为辩证法倾向于不同一的东西"。[①] 其次，否定的辩证法是对现实的绝对的否定，"否定之否定并不会使否定走向它的反面，而是证明这种否定是不充分的否定"[②]。而且，否定的辩证法是在事物所是的样子和其应是

---

① ［德］阿多诺：《否定的辩证法》，张峰译，重庆出版社1993年版，第150页。
② 同上书，第157页。

的样子之间的矛盾，这样，事物具有既存在又不存在的绝对的否定性，从而使现实的世界不是它应然的样子，而是实然的样子，同时，实然的样子永不停止地处在事物的否定性中，这就是人性的力量和实际的状况。最后，在现代教育中，家庭教育、学校教育、社会教育等各种教育形式相互渗透，边界日益模糊，所涉及的世界也相应地包括了主观世界、客观世界和社会世界，即使按照哈贝马斯的交往行动理论进行教育行动和对话，世界的多元性和教育形式的多样性在教育行动中都会变得越来越难以预测，总存在着进一步行动的可能性。因此，教育实践的人性化内涵就在于永远正视这种差异性、多元性和可能性，掌握教育实践的"中介"力量，进行不断的建构和创新，从这个意义上讲，教育无目的，只有非目的的目的，或非齐一的目的，也无须用同一的目标或视角去看待和规定教育目的，"当共同世界只在一个立场上被观看，只被允许从一个角度上显示自身时，它的终结就来临了"[1]。

（四）批判性介入

批判性介入是教育人性化实践的否定辩证法的另一种表现形式。弗莱雷认为的"受压迫越深，反压迫的意识就越强烈"说明，矛盾双方的相互依存关系是实践的首要条件，要解决矛盾，受压迫者需要批判性地面对现实，在使之具体化的同时采取行动，这就是批判性的介入。如果没有对现实的批判性介入，那么这种现实就是虚构的，也无法触及压迫者所代表的阶级的利益，使受压迫者屈从于现实，对这种现实丧失反抗的能力。只有批判性的介入需要阐释行动和产生这一行动的客观现实之间的关联，以及行动的目的，受压迫者才会把挑战性的现实作为改造行动的对象。受压迫者对其了解越多，介入现实的批判性就越深刻，才能更好地促进他们自身意识和经验的发展。归结起来，被压迫者的教育学的根基在于，它是为自身解放作斗争的人的教育学。[2]

批判性的介入和反思与行动一起，都是教育人性化的方法论或者武器，倘若没有它们，那就很难实现人性化的目的。换言之，一方面，由于世界与人的活动密切相关，相互依存，因此，只有教育行动不仅是一项工

---

[1]　［美］阿伦特：《人的境况》，王寅丽译，上海世纪出版集团、上海人民出版社 2009 年版，第 39 页。

[2]　［巴西］保罗·弗莱雷：《被压迫者教育学》，顾建新译，华东师范大学出版社 2001 年版，第 8—9 页。

作，而且全身心投入的、与反思密不可分的时候，它才是人自身的行动；另一方面，批判性介入还体现在与大众就行动进行的对话，贴近大众和被压迫者，使他们意识到这是他们自身的解放斗争。阿普尔也提到批判性介入的重要性。他说，要想深刻洞察和理解特定历史阶段男男女女的活动，就必须从那些对他们而言根本不成其为问题的事情开始提问。人不能接受时代的幻想，不能接受参与者自身对于他们的智力性和计划性活动的常识性评估，而且，研究者必须把这些活动放置到更大的经济、意识形态和社会冲突领域范围内。因此，阿普尔把那种不加批判性地接受的行动称为"放置"行为。亦即：缺少对意识形态和教育思想与实践之间关系的批判性研究，缺少对指导我们过度强调技术性思维领域的常识性假设研究。进而，阿普尔主张，批判性的知识应当暴露在政治、社会、伦理和经济的利益和责任之下，而不是在我们的日常生活中像教育者一样被认为是"真正的生活方式"而被毫无批判地接受。①

综上所述，教育人性化的实践哲学离不开揭示、批评、论证的方法和批判的精神。根据霍克海默的观点，教育人性化必须去除实证主义中工具理性所具有的恭顺主义态度，需要批判性的介入。这里我们只进行了方法论上的思考，尤其是辩证逻辑的思考。在下面的讨论中，我们将认识到，由于人和动物的根本区别不仅包括"劳动"和"工作"，而且包括"行动"和"互动"，因此，教育人性化的实践哲学必须从人与物的互动转向人与人的行动和互动，探讨教育行动的人性化内涵和教育互动中非扭曲语言交往的逻辑，并且，从政治哲学和文化研究等角度理解教育人性化实践中人的解放的旨趣。

---

①　［美］阿普尔:《意识形态与课程》，黄忠敬译，华东师范大学出版社 2001 年版，第 13—14 页。

第五章　教育人性化的行动实践

　　教育人性化作为应然与实然的统一体，本身就具有理论上的一般性，实践上的特殊性和多样性，它们在具体的、现实的教育行动中达至统一，"实践就是行动，……而且它是一种清醒的意识。行动不止是做。人是一个自行动的东西。在其行动中有自我调整、自我检验以及榜样的作用"①。因此，教育人性化实践的现实的、历史的实现综合体现于教育行动的过程中，包括了人性的潜能、需要、欲望在社会文化中的表现和转化，体现出人的实践智慧和美德，但其基点应当是教育人性化的个体价值取向；检验的标准在于，是否保证和实现了个性自由。

第一节　教育人性化的行动规定性

　　因为行动是人成其为人的特性，"只有行动是人独一无二的特权；野兽或神都不能行动，因为只有行动才完全依赖他人的持续在场"②，所以教育人性化实践应当体现在具体行动之中。从发生学上讲，教育有"生物起源说"、"心理起源说"、"劳动起源说"、"交往起源说"、"文化起源说"等，归结起来，教育起源于人性实践中的历史性创造。而且，教育实践也是一个为了未来教育的计划，服务于当今的教育生活，"每一个教育计划，归根结底是一种实践哲学，必然接触到生活的一切方面"③，所

---

　　①　［德］伽达默尔、杜特：《解释学 美学 实践哲学：伽达默尔与杜特对谈录》，金慧敏译，商务印书馆 2005 年版，第 74 页。

　　②　［美］阿伦特：《人的境况》，王寅丽译，上海世纪出版集团、上海人民出版社 2009 年版，第 14—15 页。

　　③　［英］沛·西能：《教育原理》，王承绪译，人民教育出版社 2005 年版，第 8 页。

以，教育实践的"困难的根源无疑在于人类天性的复杂性，尤其在于关于人类天性的一个最使人奇怪的自相矛盾的论调"①。因此，追溯到教育的人性基础之中，并且反思我们思考人性研究的思维方式，我们不难发现，在经验中，实难区分人性与教育，人性的生成即教育，教育促进人性的生成；在理论上，人性研究限制教育研究的视域，教育研究的视域离不开人性研究的成就。但就发生的角度而言，人性蕴含着教育，但不能说有了教育才有人性，所以，人性始终是教育的基础；就结构功能而言，人性的需要是教育产生的必要条件，但任何人性的需要都因特定的时空条件的不同和矛盾转化力量的强弱，从而使教育与人性保持了距离，需要具有一定目的、意向的教育行动来完成教育人性化的应然使命。

一   行动对人性的内在规定

人是"做成的而并非生就的"（a man does rather than is），② 所以，只有通过行动，才能创造出人所特有的属性，才能把生命问题转化为生活问题，把人的欲望、需要、冲动转化为属人性的东西，"既然只存在着人性，那么人性就一定具有足够光辉的某一方面，而无须去沾神的光。不管是好的还是坏的事情，都只能在人性中去解释，而不能在人性之外寻找任何借口"，"人性是关于人的解释的绝对界限"。③

（一）行动生成人性

行动之于人性的重要性在于它是具体创造人性的过程，人性之一切内容在于行动过程之中，正如罗素所言，这个世界是我们的世界，要把它变成天堂还是地狱，全在于我们自己。罗素认为人类的一切活动源自冲动和愿望，虽然冲动是盲目的、疯狂的、固执的本能性需要，但人类只有科学地辨别冲动类型，遏制占有性冲动，发展创造性冲动，才能保持自己的生机与活力。愿望也控制着人的行为，它是有意识的、与人的理智相关的，对一定目的的追求。它源自冲动又超越冲动，表现为艺术、文化和伦理生活等。冲动与愿望之间的矛盾根源于人性中的个体性和社会性的冲突。人的行动就是不断调整二者之间的矛盾。因此，这种冲突在生活中表现为各

① ［英］沛·西能:《教育原理》，王承绪译，人民教育出版社 2005 年版，第 8 页。
② 赵汀阳:《论可能生活：一种关于幸福和公正的理论》，中国人民大学出版社 2004 年版，第 42 页。
③ 同上书，第 43 页。

种层次的需要，在政治上就表现为占有欲、竞争心、虚荣心和权力欲。①
杜威在《人性与行动》（*Human nature and Conduct*）中系统地论述了行动
在人性形成中的作用。

　　杜威直接把人性和行动联系起来，认为，正是因为人性的可变性与可
塑性，所以行动成为人性的规定性。具体而言，所有行动都是人性各要素
和自然的、社会的环境之间的相互作用过程，它是自由和人类进步的基
础，因为它提供了一个环境，在这个环境里面，人的欲望及其选择能够发
挥重要作用。②

　　杜威肯定人的冲动的客观必然性，是人性发生的动力，但它既是行动
发生的先天条件，又受到行动的改组和改造。这在儿童身上明显地体现出
来。具体而言，冲动是各种活动的始发点，这些活动按照冲动被运用的方
式，分为各种各样的类型。根据它与周围环境的相互作用方式，任何冲动
都可以组织为某一种性格。因此，冲动是一个活动再组织所倚靠的支点，
冲动的存在是为了便于给旧习惯以新的方向，改变旧习惯的品性。其结果
是，当关涉到理解社会变化与流动，或者改革的工程的时候，无论是个别
的还是群体的，我们的研究都必须进一步分析人性的这种冲动趋向。事实
上，当今基于原始人性的科学兴趣的巨大发展就源于这种人类进步和改革
的兴趣。③

　　杜威认为，习惯是行动的自然模式。杜威认为，我们可以把习惯当作
一种手段，像放在盒子里面待用的工具，等待着有意的决定，但习惯不仅
仅是消极地被塑造，它们有积极的方式，通过自我设计，以充满活力的和
统治性的方式来行动。因此习惯具有一定的强制性，以某种方式支配人的
行为。习惯意指人类活动的特殊倾向，它是特定刺激的特殊感受或反应，
忍受着令人厌烦和憎恨的东西，而非仅仅是特定行为的反应，因此它是一
种意志（will）。习惯必然具有社会性，受到语言文化的影响，在不同人
的交流中不断改变，而且这种连续的改变是有意识或无意识地进行的，因
此，社会境况和期望把冲动塑造和美化为支配性习惯。

----

　　①　［英］罗素：《伦理学和政治学中的人类社会》，肖巍译，中国社会科学出版社 1992 年
版，第4—7页（译者前言）。

　　②　Dewey, *Human Nature and Conduct*, New York: The Modern Library, 2002, p. 10.

　　③　Ibid. , pp. 93 – 95.

　　不成熟的、未发展的活动的有益之处在于，它不确定地和秘密地改变着成人的组织活动。但是，随着进步观念的退化和对冲动的新的使用的兴趣，就产生了一定程度的自我意识。从某种程度上讲，青年人冲动表现为有意的而又人道的方式，这种方式产生了在未来社会里面变化不定的目的与欲望。这就是教育的意义，因为一种真实的、人道的教育将根据社会情境的可能性和必要性，向着本性活动的理智方向建构而成。①

　　杜威反对将本能简化为性本能、权力意志、灵魂等。本能并非由分割的各个部分组成，也不能还原为某一种心理或社会因素。它是人的本性活动在社会情境中积极创造的过程和产物，而且明确的、独立的、原始的本能在一一对应的特定行动中是自我明证的。恐惧、愤怒、仇恨、支配欲、自卑、母爱、性欲、合群、嫉妒都是一种事实，都是相应行为的结果。吸引力、金属生锈、雷电、超轻飞行器等也是如此。只要人沉溺于把特殊力量解释为某种现象，就不会有科学与发明。人类不断探索，促使自己明白自己的无知。很明显，这些力量仅仅是不断反复的现象，由特殊的、具体的形式转变成可以言说的抽象形式。最终，他们把问题转化为表面上令人满意的解答。②

　　杜威认为，理智是行动在处理欲望、冲动、习惯中自然产生的必然要求，一旦聚集那些偶发事件并认定它们的意义或影响，那么理智的作用和地位就被详尽地考虑到了。在行动中，由冲动引起的反思性想象力的刺激、对旧有习惯的依赖、转变习惯的效果和组织冲动的形式等是我们首先考虑的主题。因此，慎思是一种行动实验，它试图发现不同的、可能的行为究竟会怎么样。也是习惯和冲动的选择性因素的不同联合的实验，这个实验试图发现：假如一个行动开始了，那么行动结果将会怎样。但这种方法是在想象中进行的，而不是明显的事实。实验在思维的试验性演示中进行，并不影响身体之外的物质事实。思维提早预测结果，因此避免实际的失败和灾难的指示降临。③

---

① Dewey, *Human Nature and Conduct*, New York: The Modern Library, 2002, p. 96.
② Ibid., p. 149.
③ Ibid., p. 190.

（二）行动呈现人性

如果说杜威从社会心理学的角度阐明了行动之于人性的内在规定性，那么，行动与人性的关系还需要回到行动概念本身，探明行动是如何呈现出人性的意义的。根据阿伦特的考证，行动不同于制作（或劳动）之处在于它需要周围他者的在场，他人的言行之网环绕行动和言说并持续地对其发生作用。根据阿伦特的考证，"行动"这个动词在希腊语中分别是 archein（"开始"、"领导"，最后指、"统治"）和 prattein（"经历"、"赢得"、"完成"），相当于拉丁语中的两个动词 agere（"发动"、"领导"）和 gerere（原意是"忍受"），亦即，每个行动分为两个部分，一部分是单个人造成的开端，另一部分是许多人的加入，"忍受"、坚持到底、把事业"完成"而得到的成果。① 成功的统治者应当明白，它的成就主要体现在初始活动和他为此而付出的风险上，而不是大家共同创造的行动结果上，倘若他独自宣布占据所有人的成果，那也只是超凡力量的幻觉，远非他的孤独力量的足够强大。

阿伦特认为，正是行动及其相关的言说让我们自己转化为人类世界，它无疑是人的第二次诞生。与劳动受制于必然性和工作受限于有用性不同，行动必然需要他者的在场和在世间的此在的展开。因此，它既离不开他人，起初依靠自己最初身体的显现、劳动和工作，获得他者的认同，又以自身的主动性创立自身的世界，"去行动，在最一般的意义上，意味着去创新、去开始，发动某件事"，"由于人的被造，开端的原则才进入了世界，当然这就等于说，在人类被创造之时，才出现了自由原则"②。人能够行动，这意味着行动会发生未曾预料的事情，也能够完成不可能的任务。

在阿伦特看来，行动离不开言说，因为原初的、特定的人类行动，必须回答"人是谁"的问题，而对某人是谁的揭示存在于人的言说和行动之中，而且言说与揭示的关系较之行动与揭示的关系更为紧密，甚而大多数行动都是以言说的方式进行。"不管怎样，没有言说相伴，行动就不仅失去了它的揭示性质，而且失去了它的主体；我们无法理解获得所谓的成就的，不是行动者，而是执行任务的机器人。"③ 在行动和言说中，人们表明他们自己是谁（替代了人的不可定义性的烦恼），揭示出它们独特的

----

① ［美］阿伦特：《人的境况》，王寅丽译，上海世纪出版集团、上海人民出版社 2009 年版，第148 页。

② 同上书，第 139 页。

③ 同上书，第 140 页。

身份,从而让自己显现在人类世界中,也就是公共领域之中,从而使自己出现在纯粹的人类归属感当中。

行动和言说揭示了人活生生的本质的不可能性和不确定性,因为语词无法通过命名控制或凝固整个人类事务领域及其本性。这种特性就发生在人们之间,并以人们为指向,关涉到客观的世界和主观"之间"的无形地形成的世界,后者并不像一个假面具,而是人们必然把自己彰显为主体,彰显为独一无二的富有个性的人。行动和言说的另一个特点是它无目标地编织着故事,其本身就在鲜活的现实中,没有生活故事的作者和制造者,因为它们都是行动的结果。这样,历史的存在归因于人,但人却不能创造历史,当不可见的幕后行动者试图把历史视为一个整体,并自称为天命、自然、"看不见的手"、"世界精神"、"阶级利益"等,从而为人类历史寻找到一个主体的时候,人类主体就变成了一个永远无法成为积极行动者的抽象概念。行动和言说也意味着勇气,表示愿意把自己切入世界和开始一个属于自己的故事当中,勇于离开自己的私人领域,追求自我彰显,揭示和袒露自我。

(三) 行动赋予人性以意义

阿伦特认为,每个行动都引发反动,每个反动都造成连锁反应,从而每个过程都是新过程的开端,因此,在每个最有限环境里的最微小行动,都蕴含着潜在的无限性;一个言行就足以改变整个局面。行动总是建立着关系,从而内在地具有冲破所有限制和跨越所有界限的倾向,也是它特有的生产性能力及其无限性的潜能,故此,节制、不逾矩的古老德行在古希腊被视为最卓越的政治德行之一,而非我们所认为的权力意志,因为权力意志中潜在的僭妄是最可怕的政治诱惑。

行动的第二个特性是它的不可预见性。"行动与制作相反,在制作中,工匠事先观照到形象和模型,为评判最终产品提供了一束光,但照亮行动过程,从而照亮历史过程的光芒,却只出现在行动和历史终结的时刻,通常是在所有参与者都已作古的时候。"[①] 由此可见,行动概念是高度个人主义的,它强调不顾一切地自我彰显,从而相对地不受不可预见性危险的影响,表现为强烈地追求自我表现、争胜的勇敢;只有在进一步行

---

① [美] 阿伦特:《人的境况》,王寅丽译,上海世纪出版集团、上海人民出版社 2009 年版,第 150 页。

动变成不可欲或不可能时，制作和工作才变成了行动的内容；只有在行动本身真正的、无形的，而且总是十分脆弱的意义被破坏时，行动才导致一种目的产品出现。正是因为行动的这两个特性，决定了古希腊以来人类共同生活对行动的补救。立法本身不是政治活动，法律被视为制作的产品而非行动的产物。但是，苏格拉底学派认为，立法和投票的活动使人们"像工匠一样行动"，他们行动的产物是一个有形的产品，其过程有一个清晰的终点，这已经不是行动，而是制作，为什么会这样，因为制作具有更大的可靠性。

阿伦特认为，人们在任何地方只要以言说和行动的方式在一起，一种早于组织化了的公共领域的各种形式的显现空间就已经形成了，它会随着人们的分散或活动本身的受阻或减退而消失，它是潜在地存在的，而非必然的、永恒的存在。公共领域建立在言说和行动之上，而权力是使公共领域得以存在的东西。因此，言说和行动是权力现实化的过程，是使权力从一种潜在的力量现实化的过程，"只有在言行未分裂，言谈不空洞，行动不粗暴的地方，在言辞不是用来掩盖意图而是用来揭露现实，行动不是用来凌辱和破坏，而是用来建立关系和创造新的现实的地方，权力才能实现"①。共同生活是权力产生的必不可少的要素，而权力又是维系组织和共同生活的活力的基础，因此，把自己孤立起来，就是放弃了权力。专制者虽有强力或暴力，但事实上没有权力，因为它脱离了共同生活。更重要的是，权力像行动一样是无限的，任何权力的乌托邦式的"僭妄"都造成对复数个体的破坏。

行动还具有过程性质。自然科学和历史学的核心概念都是过程概念，其最后阶段都变成了潜在的不可逆转、无可挽回的"一去不复返"的科学。不过，构成它们核心概念的基础是行动，而非沉思或理性的"理论"能力，因为，只有我们能够行动和开启我们自己的过程，才能把它们思考为规程系统。行动过程的力量不同于生产的力量，它从不会在一个单一的行动中耗尽，它的力量会随着其后果的增加而增加；在人类事务中，行动的过程持久存在，行动没有终结，它仅随人类的消失而逝去。行动领域仅仅由于人才存在，行动的本质是自由，因此，要自由并不是不行动，不行

---

① ［美］阿伦特：《人的境况》，王寅丽译，上海世纪出版集团、上海人民出版社 2009 年版，第 158 页。

动不是自主,不能把自主混同于自由,其根据在于,自主是一种无条件性的自足和自我主宰理想状态,与人的复数性、多样性、异质性相矛盾,只有在一神论和专制统治下,自主才等同于自由。

在阿伦特看来,劳动所维护的生命是无世界的,要依靠制作来拯救;技艺人要摆脱无意义性的困境,摆脱"一切价值的贬值",和在一个手段—目的的范畴规定了的世界内不可能找到有效性标准的困境,只有通过言说和行动这两者内在关联的能力。那么行动的困境则是其过程的不可逆性和不可预见性,需要依靠自己的潜能来拯救自己。对于不可逆性,需要宽恕的能力;对于不可预见性和未来的不确定性,则需要承诺和信守承诺的能力。它们相互从属,因为宽恕取消行为的过去,脱离后果的纠结;承诺则在不确定的海洋上建造一些安全的岛屿,避免陷入孤独黑暗的心灵而无助地游荡。二者又依赖于人的复数性、异质性和个体性,依赖于他人的在场和行动,只有得到他人的宽恕和承诺,行动才是真实的。

二 教育行动的人性化意蕴

由于行动是人成其为人的必要条件,而教育行动是教育人性化实践的具体体现,因此,教育行动在激发人性潜能、创造人性意义和人性解放等方面具有重要意义。

(一) 教育行动激发人性潜能

教育行动与人的潜能及其变化相关。英国分析教育哲学家谢弗勒(Israel Scheffler)分析,人的潜能是人性的核心,也是影响教育实践的重要因素;人的所有潜能并非永恒不变、共同实现、趋向于善的,而是获得某些人性特征的可能性、倾向性和能动性。因此,教育者在开发学生潜能的教育行动中,需要决定选择对哪些潜能加以培养、忽视、抑制与排斥,自觉培养良好的道德与实践能力。谢弗勒指出,人的潜能是指"受自己或他人意图与信念调节的变化"[①],而这种"变化"需要"行动"的介入。行动的执行不一定受期望的影响,其结果也不一定受因果推理的限制,但它会受到情境,尤其是符号系统、主客观意向性的影响。符号系统是人的潜能不断超越的中介和意义本身,"人类的行动并非单纯的物理运

---

① [英] 谢弗勒:《人类的潜能:一项教育哲学的考察》,石中英、涂元玲译,华东师范大学出版社 2005 年版,第 17 页。

动或生理反应，其在性质上是一种符号活动"，并且，"理解一个人的行动，不仅要求我们把该行动置于它所发生的概念环境之中加以分析，而且要求我们去理解行动主体是如何看待客体以及如何组织发生的领域的"。①进而，理解教育行动，还需要进一步理解行动中主体的信念和目的，因为，教育行动的意图以及行动主体有关环境的信念是教育行动的重要解释模型，是重构真实行动情境的组成部分。

谢弗勒分析，教育行动与反思是不可分离的两个环节，每个环节都发挥着人的记忆和想象。在行动的当下时刻，过去被拉到教育行动者的面前，而想象把当下当作通向未来的通道。同时，需要行动者作出选择，这种选择既是目的论指导下的手段选择，包含了知识上的因果认识，又是人的意志的抉择，包括了自由意志的展示。因此，教育行动者在选择范围内形成了个性化的身份，使自己完全置于他自己的参考标准中，从而形成了自我意识，这就是米德意义上的心灵、自我与行为之间的关系。也就是说，主格我（I）是从宾格我（me）的对话关系中形成的社会化个体，心灵就在对话中不断建构起自我意识。教育行动还是价值判断过程，行动的反思性就意味着行动的选择必然趋向善，把愿望转化为所希望和效率最大化的结果，也就是德性价值和经济价值实现最优，因此，谢弗勒说，"事实上，改变人最初的意愿而使意愿涉及价值，是教育的一个重要目的"②。

（二）教育行动创造人性意义

德国教育学家布列钦卡（Wolfgang Brezinka）认为，只有通过行动及其形态的分析，才能真正地理解教育，"也正是由于将教育理解为行动，所以，只有人类才可以是教育的主体。自然和文化中非人的对象以及'客观环境'或者'环境'虽然也或多或少地对人类发生着强烈的影响，但它们并未行动"，因此，"教育是人们的一种具有明确目的的积极活动"。③而且，被称为"教育"的各种行动，是社会的（与周围的人们相关的）行动，它以其具有一定特定的意图而与其他类型的行动相区别。简单地说，社会行动是"根据行动者的思想或意识而与他人人格发生联

---

① ［英］谢弗勒：《人类的潜能：一项教育哲学的考察》，石中英、涂元玲译，华东师范大学出版社 2005 年版，第 18 页。

② 同上书，第 28 页。

③ ［德］布列钦卡：《教育科学的基本概念—分析、批判和建议》，胡劲松译，华东师范大学出版社 2001 年版，第 56 页。

系的行动"①。这里的人格是指一个人的精神素质的构成，包括了那些作为当前行为存在之基础的态度、观点、经历和行动意向等。教育作为社会行动，都是"社会互动"体系的组成部分。如果为了建立起科学的教育概念，试图通过社会互动来界定教育行动，那么这将是非常复杂的事情。也就是说，把作为教育的行动和社会互动不加区分，甚而认为教育起源于社会互动的学说，都超出了科学界定教育的范围。

在现实中，如果教育行动能够完全表现出有意识的和明确的行动，那是很难的，其意识的完整性和明确性只能表现为一种边界状态，而且在行动之前、之中和之后的有意识的程度也不一致。就教育行动的构成而言，一方面，行动本身是有方案的、有意图的或有意向的行动，也就是行动方案。它包括：行动者有关行动起始状态的认识，行动者有关其所要达到的一个或多个目的的观点，行动者有关可能采取的手段或方法的观点等；另一方面，行动不仅包含外在的，而且包含内在的行为方式和心灵的路程，因此，作为行动的教育是无法完全通过感性上或经验上可以把握的行为表达出来的。

阿伦特认为，正是这种人的存在和行动合一的特殊关系，证明了亚里士多德的"人是政治动物"的含义比"人是社会动物"更加准确，并更富有意义。因为，在拉丁文中，"societas"表示人民之间为了特定目标而结成的联盟，"存在于人类共同体中并为人类共同体所必需的活动中，只有两种被看作是政治的并构成亚里士多德所谓'政治生活'，即行动（praxis）和言说（lexis），从两者中产生出了人类事务的领域（柏拉图称之为 ta tōn anrhrōpōn pragmata），而一切仅仅是必需的和有用的东西都被排除在政治生活外"②。人们常常把亚里士多德对人的第二个定义译为：人是理性的动物（zōon logon），但是从拉丁文词源来看，它应当是：人是一个"能言说的存在"。也就是说，作为古希腊政治体的城邦之外的任何人，包括奴隶和野蛮人都是无言的，他们不是丧失了言说的机能，而是丧失了一种生活方式。也正因为行动和劳动、工作相比，它与人的诞生性境况具有最为紧密的联系，行动的要素内含在所有人类活动之中，是最出色

① ［德］布列钦卡：《教育科学的基本概念—分析、批判和建议》，胡劲松译，华东师范大学出版社 2001 年版，第 59 页。

② ［美］阿伦特：《人的境况》，王寅丽译，上海世纪出版集团、上海人民出版社 2009 年版，第 14—15 页。

的政治活动，行动及其特有的属性，人的诞生性或有死性，成为政治思想的中心范畴。

　　这里还需要把"行动"和"行为"区分开来。"行动"不同于"行为"之处在于，它是一种有意识、有目的的意向性"行为"。"目的"和"意向性"是"行动"区别于"行为"的关键特征。按照杜威的解释，"明确地说，所谓目的，就是我们在特定情境下有所行动，能够预见不同行动所产生的不同结果，并利用预料的事情指导观察和实验"①。"意向性"在分析哲学和现象学中主要指"心智指向某物的能力"，它不是意识自然或先天所具有的那种向外在某物的指向性，而是与行动相关联的意义同一性问题或与知识紧密相关的。例如，"我做／施行什么"与"我希望／愿意／担心"等意识具有直接的或间接的、表面的或潜在的联系，而这种联系建立在行动者自己的理解及其与其主体之间建立的有效规则的基础上。维特根斯坦认为，遵守规则是一种行动，人们不可能独自地遵守规则，"以为（自己）在遵从规则，并不是遵从规则。因此不可能'私自'遵从规则：否则以为自己在遵从规则就同遵从规则成为同一回事了"②。就行为而言，不仅从心理学的角度，而且从研究的视角来看，它和意识现象相反，是一种通过观察，从外部去研究内心生活的方法。它排除阐释，意指单纯地由特定刺激引起的有机体的活动。但是，人作为生物的种类，"虽然生物容易被优势力量所压倒，它仍然设法使作用于它的力量，变为它自己进一步生存的手段"③。人作为文化生物，针对同一个刺激，由于习惯、思维、社会环境不同，会产生不同的反应，而且，刺激会因情绪、态度、语言等方面的综合影响，甚而不发生反应。因此，行为的外延远远小于行动的外延，它对人性的界定将会更狭窄。

　　当然，可以把心灵的活动叫作行为或经历，但它也必须通过对这种行为或经历活动的特征的不断限制得出行为的概念，而这种不断限制的过程就是意识、目的和方法不断参与的过程，因此，这种活动用"行动"代替了"行为"，而非"行为"本身了。"行动"也不同于"活动"，因为

　　①　［美］杜威：《民主主义与教育》，王承绪译，人民教育出版社 2001 年版，第 122 页。
　　②　［奥］维特根斯坦：《哲学研究》，陈嘉映译，上海世纪出版集团、上海人民出版社 2005 年版，第 94 页。有关行动与行为的区别，参阅赵汀阳《论可能生活》，中国人民大学出版社 2004 年版，第 107—113 页。
　　③　［美］杜威：《民主主义与教育》，王承绪译，人民教育出版社 2001 年版，第 6 页。

"活动"不像"行动"一样被限制在作为"活动者"的人身上，还可以指称事物，意味着对其"施加影响并留下痕迹"、"为了影响、形成和改变事件而工作"、"留下印记和产生效果"等。①

（三）教育行动解放人性

评判教育行动的客观标准在于，是否每个参与活动的人都成为活动的主人。亦即：教育行动必须面对和参与具体的事实，对现实进行真正的改造，但是，真正的改造源于对事实的批判性意识、方法和行动，而这些批判意识、方法和行动都是介入教育行动的必要条件。杜威强调行动，尤其是探究性行动在教育中的重要作用。当提到行动（即主动的作业）在教育中的作用的时候，他提出，学校的工作需要设置一个环境，通过游戏和工作，促进青少年智力和道德的成长。但仅仅采用游戏、竞技、手工和劳作，还远远不够，还要看怎么运用它们，形成学生的创新态度。"使学生保持创造和建设的态度，较之使他从事太细小和规定严格的活动，求得外表上的完备，更为重要。"② 而且，教育行动"代表了社会的情境"，"代表要去做的事情，而不是什么研究"，因此，教育行动本身没有外在的目的，教育目的就是教育行动过程的一部分，是行动创造的动力，"目的内在于活动之中；它应该是活动的目的，是活动本身过程的一部分。这样，这个目的就激发人们努力工作，这和由于想到与活动毫无关系的结果而引起的努力很不相同"③。不过，一方面，杜威把工作、行动和劳动直接区别开来，"从心理学上看，工作只不过是一种活动，有意识地把顾及的后果作为活动的一部分；当后果在活动以外，作为一种目的，活动只是达到目的的手段时，工作就变成强迫劳动"④；另一方面，他非常看重工作在教育行动中的地位，甚而时常把工作等同于行动，"当活动变得更为复杂时，由于较多地注意到所取得的特殊结果，活动的意义就会增加。因此活动逐渐变成工作"⑤。由此可知，杜威所主张的教育行动是一项具体的社会行动，需要深入到社会、政治、文化等方面探究教育行动的条件、过程

---

① ［德］布列钦卡：《教育科学的基本概念—分析、批判和建议》，胡劲松译，华东师范大学出版社 2001 年版，第 58 页。

② ［美］杜威：《民主主义与教育》，王承绪译，人民教育出版社 2001 年版，第 214 页。

③ 同上书，第 222 页。

④ 同上书，第 223 页。

⑤ 同上书，第 222 页。

和性质，但他没有揭示和批判教育行动中的意识形态和权力关系。

布尔迪厄基于权力理论，揭示了教育行动中语言符号与再生产的紧密联系，"从教育行动是由一种专断权力所强加的一种文化专断的意义上说，所有的教育行动客观上都是一种符号暴力"①。一方面，教育互动是以一种强加和灌输（教育）的专断方式进行，这种教育行动强加和灌输文化专断，从而构成了一个社会构成内各集团或阶级之间权力关系的基础；另一方面，教育行动作为符号暴力，是因为教育行动作为划定范围的行动，还受制于被认为值得由一种教育行动再生产的选择和相应的排除处理，再生产的选择主要是专断的选择，是由一个集团或阶级在它的文化专断中和通过这一专断客观地进行的。那么，何谓"权力"？阿伦特认为，"权力是使公共领域——潜在于行动和言说的人们之间的显现空间——得以存在的东西"，"权力不能像暴力工具那样储藏起来以备不时之需，它只存在于它的现实化当中"，② 而现实化的基础就是活生生的行动和言说，而非依据体力的暴力。这样，权力就存在于行动和言说的过程中，"权力维护了公共领域和显现空间，它本身也是人造物的活力源泉，因为人造物如果不是作为言说和行动的背景，不是与人类事务、人际关系网和它们产生的故事有关，就缺少终极的存在理由"③。据此分析，布尔迪厄所提及的教育行动是在社会现实中被权力支配的集团或阶级之间交互作用的行为，还需要通过对行动和语言、意识和方法的批判性反思来实现，因此，必须深入到弗莱雷的批判性介入和反思来理解教育行动。

弗莱雷认为，教育即解放，必须用解放来代替压迫。黑格尔的主奴辩证法认为，压迫者的意识与被压迫者的意识之间存在辩证的关系，压迫者或主人具有独立的意识，它的本质就是为了自身，而被压迫者或奴隶具有附属的意识，它的本质就是为了他人而生存或存在，但后者可以通过劳动来使主人处于附属的地位，因此，压迫者和被压迫者是相互依存的关系，而实践必须以这种相互依存的关系为条件，离开了这一点，压迫者和被压迫者这一矛盾就无法解决。换言之，这个矛盾关系只有被压迫者投入到解

---

① ［法］P. 布尔迪约、J. - C. 帕斯隆：《再生产：一种教育系统的要点》，商务印书馆2002 年版，第 13 页。

② ［美］阿伦特：《人的境况》，王寅丽译，上海世纪出版集团、上海人民出版社 2009 年版，第 157 页。

③ 同上书，第 160 页。

放自身的斗争中才能得到解决。具体而言，压迫者的地位依靠强力和统治获得的权力来维持，如果他们不把被压迫者作为抽象的范畴看待，用仁爱的行动和被压迫者和衷共济，才能把自己当人而非控制等级制度的物，才能获得自由，重获人性。因此，要解决压迫问题，必须具有批判的意识，通过改造行动，创造出一个能使追求更完美的人性成为可能的新环境，"这种教育学让被压迫者去反思压迫及其根源；通过这种反思，他们必须会投身于争取解放的斗争。于是，这种教育学便在斗争中产生并得到改造"①。

在弗莱雷看来，只有行动与反思不可分离的时候，行动才是人类的行动，这是因为，一方面，世界和活动不可分离，世界是人的行动的过程和结果，这些客观现实、人的"非我"和向人类挑战的世界是人类行动的前提条件，进而，这些条件要求人类不断超越自我，为了改造现实而认识和理解现实，有意识地促进这些经验的发展，这就是反思的批判性介入；另一方面，反思还体现在就行动进行的对话之中，必须贴近被压迫者，使所有人明白被压迫者的教育学是为自身解放作斗争的人的教育学。也就是说，既要反思压迫者的"占有即存在"、"存在即拥有"、"生存高于存在"的非人性化意识和行为，又要反思压迫者的"恋死癖"，从而使压迫者认识到自己已被毁灭为"物"和"标记"，使被压迫者获得作为主人的信念和批判性地干预所处的并带有其印记的环境，革命领袖和压迫者、压迫者和被压迫者之间建立起永久的对话关系。就此，弗莱雷总结说：

> 教师和学生（领袖与人民）共同关注现实，不仅在揭露现实并因而对现实作批判性认识方面，而且在重新产生这种认识的任务方面，他们都是主体。由于他们通过共同的反思和行动来获取这种有关的现实的知识，因此，他们发现自己是知识的永久再创造者。这样，被压迫者参与解放自身的斗争就是做他们所应该做的：不是装模作样地参加，而是全身心地投入。②

---

① ［巴西］保罗·弗莱雷：《被压迫者教育学》，顾建新等译，华东师范大学出版社 2001 年版，第 5 页。

② 同上书，第 23 页。

由此观之，教育行动是在具体的时空情境中发生的，涉及教育行动参与者的身份、阶层在教育行动中的作用和影响，发生于特定的自然性事实和社会性事实，因此，与第三章论及的教育劳动化相比，教育行动必然更加合乎人性。反观教育劳动化，它主要体现为，人与人之间的关系必然需要等级制或现代的"科层制"，体现出一种人与人之间的压迫关系，"压迫是人性被剥夺与人性丧失之和"，"要解决压迫问题，人们必须首先用批判的眼光找出它的根源，这样，通过改造行动，他们可以创造一个新的环境，一个能使追求更完美的人性成为可能的环境"。① 解放教育学的贡献在于，通过行动寻求解放的主动性代替了通过解释寻求理解的被动性，从而消除压迫，因此，"解放就是生育，而且是痛苦的生育。出生的男人或女人是新人，只有所有人的人性化取代了压迫者与被压迫者这一对矛盾，他们才能活下去。或者换一种说法，解决这一矛盾的方法是在给这个世界带来新生命的劳动中产生的：再也没有压迫者，也没有被压迫者，只有正在获得自由的过程中的人"②。

第二节　教育行动的人性化特征

教育人性化实践作为一种行动，是人类实践中的一种形式，和其他形式的实践：经济、伦理、政治、艺术、宗教等，具有非等级的、非目的的共存关系。它通过具体的教育行动，实现人性的分化与综合，体现出人类总体实践秩序的合理性、总体实践逻辑的实践理性，排除形而上的假定和各种实践之间的等级关系。③

一　教育行动是一种历史实践

教育行动是历史人性与自然人性的具体的统一。教育行动主要表现在下述两个方面（但它更应当是后者）：一方面，为了人性的应然追求，教育在精神领域进行思想实验，建构具有普适性的价值体系，"人性，不仅

① ［巴西］保罗·弗莱雷：《被压迫者教育学》，顾建新等译，华东师范大学出版社2001年版，第4页。

② 同上书，第5页。

③ ［德］底特利希·本纳：《普通教育学：教育思想和行动基本结构的系统的和问题史的引论》，彭正梅等译，华东师范大学出版社2006年版，第7页。

见于'人性的教育学',在'事实的教育学'、'试验的教育学'、'规范的教育学'和'解放的教育学'中,它都存在。正像'事实'见于种种教育学一样,唯'事实'的呈现、性质和作用不同罢了。但'人性教育学'中的人,不受情境牵制;人性教育学,以制造或生产普适价值体系为意图或目标"①;另一方面,在知识发生的事实领域,包括具体的、现实的情境和问题情境,为了个性自由和个人解放,教育必须批判和建立现实中特定的价值体系、教学行动模式和问题解决模式,体现出教育的人性实践生成模式,因为"有时空或情境,才有事实。承认事实,即意味着承认对事实的认知是必要的。无时无空,即无事实。无事实,就无知。无知,是捏造知识并美其名曰'创造'或'创新'的前提,是灌输教义并操纵行动方向的前提"②(见图5—1)③。

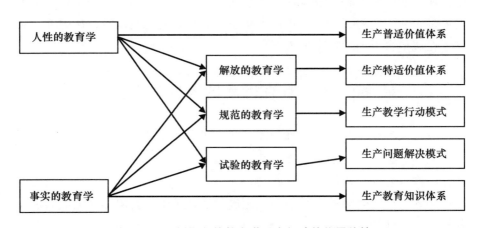

图5—1 不同取向的教育学研究行动的位置特性

换个角度,从人类进化来看,人和生物具有连续性;从文化的进化来看,人具有不同于物性的人文性,但人的自然属性具有先在性,它和人造自然的独立性文化并行不悖,相互作用。教育行动就是落实到现实世界,贴近人的生存状况,具体探索教育行动在人性系统中的革命性作用,也就

---

① 董标:《教育学形态研究或"比较教育学"论稿》,载董标主编《教育理论百年文献辑要(内部资料)》,华南师范大学教育学系2008年版,代序。

② 同上。

③ 同上。

是辩证的力量，因为教育行动就蕴含于这个过程中。"人是教育的对象"，这个永恒的主题也蕴含在行动的辩证法里面，因此，教育行动的辩证法也是人学的辩证法。中国学者刁培萼认为，人学不同于人的科学，它是从整体上研究人的存在和本质、人的活动和发展的一般规律以及人生价值、目的道路等基本原则的学问，人性是其中尤为重要的内容。马克思的哲学革命是发现了行动中自然人性和历史人性的丰富性和创造性，因此，教育行动对于改变自然人性具有特殊作用，教育应当立足于人的自然力、生命力和欲望等能动和受动的自然人性，探求人发展的内在动力和外在限制之间的关系和矛盾。教育行动是参与历史人性的过程，参与到生成与毁灭、兴盛与衰微、文明与野蛮、成就与羞辱的冲突中，张扬人性的魅力，而人性的冲突和泯灭充斥着整个教育行动，"他们重视的目的与其说是要引起人们对遗传动力价值的重视，不如说是为了引起人们思考如何改变自己，如何改变现实，如何使自然人性所具有的潜力、潜能和意向合目的地发展"[1]。而且，人性作为一个系统，其自我意识建立在反思性行动的历史过程中，从而把人学的辩证法与实践的辩证法融为一体，教育行动的唯物辩证法也栖居在这种"自然·社会·思维·人"的人性实践生成体系之中。

二　教育行动是个体的具体实践

教育行动也是在具体的社会、政治、经济和文化关系中，通过对意识形态、权力、生产与生活方式等方面进行批判性认识或理解，全身心地把自己投入认识世界和改造世界的活动中，"具有更完美人性的人的本体和历史使命"[2]。就教育行动和教育实践的关系而言，一方面，实践创造规定着人性，人类的实践是由行动和反思构成的，是反思和行动的结合，因此，教育行动是教育实践的一种形式；另一方面，反思本身就是一种重要的教育行动。此外，教育行动不单单是一种技术或工具活动，而且借助语言，通过对话，其人性解放的意义存在对话之中，因此，教育行动和教育交往在对话中是一致的，都是教育实践的具体表现形式，体现了人性的内

---

① 刁培萼：《试论实践辩证法·人学辩证法·教育辩证法的关系》，《教育文化论坛》2010年第2期。

② ［巴西］保罗·弗莱雷：《被压迫者教育学》，顾建新等译，华东师范大学出版社2001年版，第34页。

容和形式的统一，"对话是一种创造活动。对话不应成为一个人控制另一个人的狡猾手段。对话中隐含的控制是对话双方对世界的控制，对话是为了人类的解放而征服世界"①。

教育行动是教育人性化的实现环节，其本身植根于人类行动的必要性。它富含人性的自然需求，通过前反思的、直观的认知方式，满足教育人性化的价值要求。也就是说，教育行动是关于人类使命和人在世界中的地位问题的独特反映，它具有独特的、前反思的结构，而非绝对情境性的、相对主义的机械的行为反应。下面用教育哲学家卡尔（Carr. W.）的教育实践研究为例，来综合地体现教育行动的一个个体化实践过程。卡尔主要根据哈贝马斯的交往行动理论提出了体现教育实践精神的"批判的行动研究"（见表 5—1）。②

表 5—1　　　　　　　　　　　**批判的行动研究**

	重构	建构
对话（参与者间）	4 反思	1 计划
实践（在社会背景中）	3 观察	2 行动

在表 5—1 中，"对话—实践"体现"参与"，"建构—重构"体现"改善"，它们是理论、实践与效用的统一。详解之，首先，对话是在社会实践参与者之间进行的，体现了参与、合作的民主精神，平等、自由的社会价值观。其次，对话是社会参与者们在行动或实践中"计划—反思"、"建构—重构"过程，提高了实践者的自我意识与理性自主能力，同时，个人在交往共同体中改善、完善自身，而交往共同体也在对话中构建、改善本身。最后，"对话—实践"构成行动或实践理论本身，对话既是实践的思维方式，因为它提供了计划与反思的智慧力量；也是实践的规

---

① ［巴西］弗莱雷：《被压迫者的教育学》，顾建新等译，华东师范大学出版社 2001 年版，第 38 页。

② Carr. W. & Kemmis, S. *Becoming Critical*: *Education*，*Knowledge and Action Research*，1986，p. 186，载唐莹《元教育学》，人民教育出版社 2002 年版，第 374 页。（注：为了讨论的需要，图表中的箭头为笔者所添加。）有关教育实践理论研究的主要参考文献有：石中英：《论教育实践的逻辑》，《教育研究》2006 年第 1 期；李长伟：《实践智慧与教育》，《教育理论与实践》2010 年第 6 期；程亮：《教育学的"理论—实践"观》，福建教育出版社 2009 年版。

范方式，因为对话提供了民主、合作与自由、平等的道德力量；还是实践的判断方式，因为对话提供了创造艺术的审美力量；反之，实践是对话的源泉，因为实践创造了言语；也是对话的本质，因为对话就是改造社会的力量；它还是对话的效用，因为对话形成的思想、理论需要实践的检验。对话与实践的互动的结果是个体与群体，实践与实践者通过"理解—反思—行动"的方式批判社会与个人日常中的意识形态，建构起个人行动的教育理论与教育学。

三　教育行动是实践的本体论

　　教育行动克服了教育理论与教育实践的二元对立。虽然教育理论与教育实践不具有对称性，一个教育理论可以适用于不同的教育实践，而一个教育实践需要多个教育理论，但是它们的真正统一是在教育行动中完成的，"凡是把理论导致神秘主义方面去的神秘东西，都能在人的实践中以及对这个实践的理解中得到合理的解决"①。而且，教育通过反思实现了二者的统一。反思不仅是一种对自身形成过程中各种联系的认识和理解，还是批判过程，是一种历史的、现实的行动。正如萨义德（Wadie Said）所言：

　　　　最重要的是，批评意识要意识到被那些具体的矛盾的经验或解释所引发的对理论的抵抗和反动。的确，我甚至要说，批评家的本职工作就是对理论进行抵抗，使理论向历史现实敞开，向社会、人的需要和利益敞开，指向取自处于阐释领域之外或边际的日常生活现实的那些具体事例。②

　　教育行动还打破外在与内在之间、意识与无意识之间、身体和话语之间的区隔，承认教育行动的历史性，即"前有、前设、前见"中的历史条件、社会条件等，"捕捉没有意图的意向性，没有认知目的的知识，捕捉行动者通过长期沉浸于社会世界之中而对其所处社会世界获得的前反思的下意识的把握能力"③。教育行动的载体之一是社会化了的身体。布尔

---

　　①　《马克思恩格斯选集》（第一卷），人民出版社 1972 年版，第 18 页。
　　②　［美］斯潘诺斯：《教育的终结》，王成兵等译，江苏人民出版社 2006 年版，第 329 页。
　　③　［法］布尔迪厄、［美］华康德：《实践与反思：反思社会学导引》，李猛、李康译，中央编译出版社 1998 年版，第 21 页。

迪厄认为，社会化了的身体是一个理解生产能力和创造能力的宝库，是被赋予了某种结构形塑潜力的一种"能动的知识"形式的载体，而不是某种客体对象。习性、场域、象征体系和权力寄居在社会化身体里面，等待行动去激发它们，因此，受它们的影响，教育行动不再完全受策略性算计控制，它跟着直觉、灵感进行。亦即：教育行动具有一种"实践感"，一种先于认知的，前对象性的、非设定性的模糊逻辑。

　　教育行动的"实践感"具有重要的教育学意义。首先，无论教育理论者还是教育实践者，都是行动的参与者，是教育实践的实践者，而非旁观者，他们尽力在习性与决定习性的世界之间达成"本体论契合"或相互"占有"。其次，教育行动是行动的方法和结果、历史实践的客观化产物和身体化产物、结构和习性的辩证所在，其中，习性发挥着不可忽视的作用。习性作为生成的自发性，它"是持久的、可转换的潜在行为倾向系统，是一些有结构的结构，倾向于作为促结构化的结构发挥作用，也就是说，作为实践活动和表象的生成和组织原则起作用，而由其生成和组织的实践活动和表象活动能够客观地适应自身的意图，而不用设定有意识的目的和特地掌握达到这些目的所必需的程序，故这些实践和表象活动是客观地得到'调节'并'合乎规则'，而不是服从规则的结果"①。再次，教育行动发生在"独立于个人意识和意志"而存在的客观关系之中。布尔迪厄称之为"场域"，即在各种位置之间存在的客观关系的一个网络（network），或一个构型（configuration），位置与位置的决定者之间的关系确立了位置的客观性，这种客观性受到不同类型的权力或资本在分配结构中实际的和潜在的处境，以及它们和其他位置之间的客观关系的支配。最后，教育行动是完全内在于实实在在的、持续的时间中的，并且在策略上利用时间，特别是速度。因此，节奏、速度和方向构成了教育行动的意义。并且由于教育行动是预见的预见，关注将来的意义，所以，教育行动具有游戏感、紧迫感、整体性，教育行动有时候是在"即时、转眼之间和鏖战之中，也就是说是排除了距离、后退、超越、期限、脱离的条件下完成的。参与并醉心于游戏者被卷入将来，专注于将来，而且放弃或随时中止那种将其抛入可能将来的着迷状态的可能性，是自己与世界的将来同

_____

① ［法］布尔迪厄：《实践感》，蒋梓骅译，译林出版社 2003 年版，第 80 页。

一，从而设定时间的连续性"①。

四　教育行动是开放实践体系

在德国批判—解放教育学的代表人物本纳看来，教育行动应当包括一个从教育理论、教养到教育机构的系统的人性化体系。他认为，当今的教育手段不再有效，需要发展新的教育手段，即教育理论；教育行动的目的发生了变化，需要发展新的目的理论，即教养理论；教育场所的结构发生了分化和变化，需要在特定的历史阶段，变革旧的重要的教育机构，并发展新的教育机构理论，即教育机构的理论。从而分别在个体和社会方面，反对教育理论中的意向论和功能论。后者具体表现为：教育意向摇摆于保守和文化革命式的激进之间，从解放或者反教育的角度界定教育功能；反对教养理论中的形式论和实质论，它们具体表现为教养的政治化和科学化之间的对立；反对教育制度及其改革理论中的非机构论和去除负担论，它们表现为：有些人对教育改革抱有希望，有些人视其为幻想，甚而提出取消学校。②

本纳认为，教育理论并不把教育的影响作为意向的和功能的影响来看待，而是使意向性和功能性问题化。这种反思性教育理论主张教育实践不是单纯贯彻教育的意向，而应该是对学习过程产生影响；不把经验上可观察到的教育活动和其他社会实践形式之间的相互依赖关系确定为功能性或非功能性活动，而应当同时检验它们是否促进或者阻碍了教育过程。因此，一个教育理论建立在主动性原则和教育转化原则基础上。教育实践向成长着的一代开启了人类总体实践活动的大门，也使社会活动领域向他们开放，因此，教育实践必须把儿童和青少年的问题作为这样的问题提出来并加以解释。即：通过这些问题，一方面对其提出在他们视野内为他们已熟悉的主动性要求；另一方面使他们对社会既定现实产生问题，从而由社会决定向教育决定转化。这不仅从教育内部层面来研究问题和答案之间的关系，而且从教育之外的社会活动方面来研究这种关系。

本纳提出，教养理论并不设定教育行动的任务和目的，而是对个体和

---

① ［法］布尔迪厄：《实践感》，蒋梓骅译，译林出版社 2003 年版，第 126 页。
② ［德］底特利希·本纳：《普通教育学：教育思想和行动基本结构的系统的和问题史的引论》，彭正梅等译，华东师范大学出版社 2006 年版，第四章；彭正梅：《解放和教育：德国批判教育学研究》，华东师范大学出版社 2008 年版，第 190 页。

社会既定目标进行分析。如果在排除教育实践的个体目的的条件下考察教育行动的社会任务，那么教养理论就表现为实质论。反之，如果忽视教育行动的社会任务，把个体目的放在首位，那么教养理论就表现为形式的教养论。教养理论的核心是其反思性，目的在于探讨关于教育的任务和人的目的的概念问题，这种理论既不会把人变成社会的牺牲品，也不会把人的总体实践简化为个体任性和自我实现的游戏活动。教养理论基于可塑性原则和非等级性原则，颠覆了前现代社会中按照父母所属的等级或确定不变的社会要求的标准，保证了成长的一代的确定性。并主张，在现代社会，随着社会要求的不断变化，个体的决定性也是不确定的，教育者需要把成长着的一代的发展理解为指向自我决定的不确定的决定性，理解为向社会互动和交往开放的决定性；人的教养不存在一个需要达到的终极目标，它在异化中进行，同时从异化中实现回归。现代教养论并不认可普遍有效的善和价值的等级性。相反，个体要接受基本的和多方面的教育，从而使他们有能力参与分化的社会实践的所有形式，发展自己的生活方式，并参与关于现代社会继续发展的社会公开讨论。

> 以可塑性的基础性原则和分化的人的各个实践之间的非等级且平衡的关系的调节性原则相互为基础的教养理论给教育实践提出的任务是，通过扩展世界的日常经验、人际交往和在掌握科学认识的过程中，使成长着的一代能加强他们的意识，以把他们探讨和遇到的所有问题的主题范围延伸到人类行动的所有领域，最终使人类行动的单个问题和疑问，不仅仅能从经济上、伦理上、政治上、审美上或宗教上，同样不仅仅能从教育的角度得到解释，而是使人类行动的所有问题都能在分化的人类实践行动领域的各特殊视野下得到说明。①

本纳还主张，教育机构理论探讨教育行动如何机构化，从而使教育行动在遵循基础性原则和调节性原则的基础上，在作为个体的同时，使社会实践得到实施。非机构化理论强调教育行动的个体方面，主张，只有取消教育行动的机构，才能改善教育行动的条件。这种批判看到了现存教育机

---

① ［德］底特利希·本纳:《普通教育学:教育思想和行动基本结构的系统的和问题史的引论》,彭正梅等译,华东师范大学出版社2006年版,第147页。

构的弊端，具有一定的尖锐性。但是，"这种批判对教育行动的社会前提条件的态度是天真的，也是无知的，因为正是这种社会条件引起了教育实践作为人的行动的一个机构化的教与学的过程的结构和效果的异议不应因此而和取消教育机构混为一谈，……单纯地取消教育机构将导致教育学完全不能通过主动性要求的行动来肯定成长着的一代的可塑性"①。另一种错误的教育机构理论是卢曼（Luhmann）的系统理论，卢曼用自组织来代替主动性。自组织不仅是热力学和细胞理论中的自我保存过程，同时也是社会组织和机构的自我保持过程。教育、医学、宗教、经济和政治系统等具有相互边界的社会机构都属于自组织系统。此外，本纳批判系统理论，认为它们根据进化论建立评价系统合理性的标准，并把自己的理论良知建立在这个标准上面，亦即进化者适宜生存。也就是说，社会系统的那种既不以目的论又不以人的总体实践概念为基础的自我保持力在自然史和人类史上发挥作用。系统理论按照好—差标准的二元编码来对教育系统和其他分化的社会系统进行内部组织，实现了程序化和编码化的分离，从而排除了教育系统的外在关系和一个系统的程序的联系。因此教育实践中专业化的教师不再把自己看作人的塑造者和负有一定责任来决定学生学习的教学专家。不过，系统理论的论证表明了它是一台问题清洗机，它没有把反思的教育理论和教养理论的问题扩展到教育机构的理论问题中去。

因此，教育机构的反思理论从实践的系统合理性的角度，基于教育可塑性原则、主动性原则、转化原则和非等级化原则，探讨机构化的教育实践如何在不仅仅实现去负担功能的情况下，去完成其他的社会实践领域对它的要求，解释是否以及如何也能在人的行动的其他领域中反思对于教育实践而言必不可少的教育理论和教养理论的要求，以免其在教育系统的环境系统中丧失掉。②

综上所述，在教育行动的过程中，教育行动并不把实践还原为教育行动的某一个因素，不把经济条件或遗传因素当作唯一的基础，也不把教育行动所具有的特殊性绝对化，使教育实践和其他实践完全隔绝。因此，教育行动本身是持续不断的综合过程，而且，无论是形式上的实践理性，还

---

① ［德］底特利希·本纳：《普通教育学：教育思想和行动基本结构的系统的和问题史的引论》，彭正梅等译，华东师范大学出版社2006年版，第152页。

② 同上书，第163页。

是效率上的功利主义，抑或德性上的美德追求，都是教育行动的动机、效果、目的的综合判断过程的一个环节或要素，也是行动的产物，"由于人的行动都是有目的的，因此自然可以认为，行为规则所具有的特性和色彩必定得自其从属的目的。当我们忙于一种追求时，我们需要做的第一件事而非应当期待的最后一件事，看来是对自己所追求的东西有一个清楚明白的认识。大家也会认为，行为对错的检验，应当查明行为对错的手段，而不是查明了行为对错之后的结果"①。

第三节　教育行动的个体价值取向

对教育人性化的认识，一种观点认为，教育人性化是从人性的需要和"意义人"的假设出发，克服片面发展状态，回归生命本源，关注生命的完整性和可持续性，因此，教育应当走向生活世界，进行终身教育和终身学习；另一种观点认为，教育人性化就是坚持教育目的的全面化、教育内容的生活化、教育方法的德性化和教育评价的多元化；还有观点主张，教育人性化就是尊重人的个性，弘扬个人价值，倡导学生的自由选择和自主建构。②以上论述基于教育人性化的历史和现实境遇，重申了教育人性化的价值立场。概言之，基于历史唯物主义的方法论，教育人性化应当关注现实中具体人的个体价值，进而，从教育人性化的个体价值取向去理解教育人性化的内涵、特征、形式和内容。如此，教育人性化研究就具有了"阿基米德点"，教育人性化理论与实践就有了明确的方向和目的。

一　具体的、现实的个体：教育人性化行动的始基

由于教育行动是个体的具体实践，而且，按照最直观或最一般的理解，教育人性化指教育应当尽量符合每个人的不同需要和兴趣，追求人的个性自由和全面发展，因此，教育人性化的主体或对象是具有异质性、多元性、特殊性、个别性、关系性、创造性的具体的个人。个体无疑成为教育人性化的始基，教育人性化基于个体的具体存在而生成具体的形式和内

---

① ［英］约翰·穆勒：《功利主义》，徐大建译，上海世纪出版集团、上海人民出版社2008年版，第2页。

② 肖绍明、董标：《教育与人性：中国教育学会教育基本理论专业委员会第十二届学术年会综述》，《教育研究》2010年第3期。

容，并以个体价值的实现为具体指向。因此，教育人性化具有鲜明的个体价值取向。从词源来看，"个体"是从古希腊词 Atomon 翻译而来的，英文为 individual，意指原子的、不可分（in‑divide）的东西；"个体"还有"ontology"（本体论）一词的词根"onto‑"的原初含义，指单个的事物或具体的存在。个体主要包括个体的人与物。本章中的"个体"主要指前者及其在社会行动中表现出来的个性。从个体的关系性存在来分析，个体不是孤立的存在，它是全体中的个例，是体现类的共同特性的单个个体，例如在现代生物学和心理学中，"个体特性"就是类特性，而"个体差异"实即类特性表现程度的差异。①

教育行动是具体的、现实的活动，而且行动的主体是现实的，而非抽象的个人，是人的活动、人的物质生活条件等存在方式决定的具体的个人。更确切地说，个人怎样表现自己的生活，他们自己就是怎样的；他们是什么样的，这既和他们生产什么一致，又和他们怎样生产一致。因此，马克思讲，全部人类历史的第一个前提无疑是有生命的个人的存在，这些个人把自己和动物区别开来的第一个历史行动不在于他们有思想，而在于他们开始生产自己的生活资料。同时，它们通过纯粹经验的方法就可以得到确认。行动的哲学是从人间到天国的哲学，是生活决定意识，而不是意识决定生活，因为我们的出发点是从事实际活动的人，而且从他们的现实生活过程中还可以描绘出这一生活过程在意识形态上的反射和反响的发展；行动哲学考察的前提是人，但不是出自某种虚幻的离群索居和固定不变状态的人，而是处在现实的，可以通过经验观察到的、在一定条件下进行的发展过程的人。②

从个体的历史性存在而言，由于单个人随着自己的活动扩大为世界历史性的活动，越来越受到对他们而言是异己力量的支配，受到世界市场的力量的支配，每一单个人的解放程度是与其历史完全转变为世界历史的程度一致的。因此，个体的存在与发展必须具有相应的物质、文化和制度条

---

① 参阅［苏］伊·谢·科恩《自我论：个人与个人自我意识》，佟景韩、范国恩、许宏治译，生活·读书·新知三联书店 1986 年版，第 28 页；［德］哈贝马斯《后形而上学思想》，曹卫东、付德根译，译林出版社 2005 年版，第 174 页；徐长福《走向实践智慧》，社会科学文献出版社 2008 年版，第 146 页。

② 马克思、恩格斯：《德意志意识形态》，中共中央马克思恩格斯列宁斯大林著作编译局译，人民出版社 2003 年版，第 11—17 页。

件。而且，在现实关系中，个体具有一定的社会地位，属于一定阶级，只有教育行动消除了物质、文化和制度的限制，才能实现真正的个人。不仅如此，由于劳动异化，个体在分工中被转化为物的力量，不能借助抽象的概念和意识形态去消灭这种现象，而是需要个人通过交往，形成真正的共同体，重新驾驭这些物的力量，消灭分工和阶级来实现，因此"在真正的共同体的条件下，各个人在自己的联合中并通过这种联合获得自己的自由"①。

在现代性语境下，个体迫切需要自我肯定，需要在主体间的主观世界、客观世界和社会世界进行沟通和交流，形成有效性理解和真理共识，从而挣脱强制性话语和权力的影响，为个人的自我肯定和自我认同创造开放的和建设性的条件、形式和过程。由此观之，现代教育拯救个体的任务更加紧迫，假如教育没有个体价值的存在，那么教育人性化"以人为本"的内涵就成了无源之水、无本之木。因此，我们应该回归到人的个体差异、个人尊严和个体生存等方面去理解和实现教育人性化。不过，个体价值不等于主观的表现或主观理性；人的激情和才智得以发挥，并不意味着个体获得了自身的意义和价值。对此，霍克海默和哈贝马斯都洞察到，主观理性倘若借助传统来证明自身，进行自我捍卫，此时主观理性就变成了工具理性；同时，它把超越于自我关注的主体性的事物的思考都排除出去，而且通过信仰、传统习俗、艺术等形式拒绝合理性论证，从而再也给不出任何意义，并且和生活世界脱离，失去个体社会化中个体教养的练就和提升。②

二　个体差异：教育人性化行动之源

世界上没有两片完全相同的树叶，也不可能有两个完全相同的实体，而每个实体都在其建构的概念体系中以自己独特的方式包含着世界中发生的所有事件，"人在任何时刻都不是同一个人。人们不能通过诸如分类这样的活动来发现个体性；个体性是某种完全有生命的、具体的、肯定的东西，反之（每一种）图式都仅仅是否定的东西，就是说，是从个体性本

---

① 马克思、恩格斯：《德意志意识形态》，中共中央马克思恩格斯列宁斯大林著作编译局译，人民出版社 2003 年版，第 63 页。

② ［德］哈贝马斯：《交往行为理论》（第一卷），曹卫东译，上海世纪出版集团、上海人民出版社 2004 年版，第 331 页。

身而来的一般抽象"①。因此，教育既要以人的需要为本，根据儿童的人性本性和特性，以个人自身完善和发展的需要为出发点，制订教育目标，开展教育活动；又要基于个体差异，因材施教，实事求是地分析每个人的境况，增进每个人的实践智慧，发挥每个人的潜能，使每个人都获得其所应有的发展和进步。

个体差异是指人与人之间的异质性和相对独立性，也意味着每个人所拥有的任何属性都具有不同程度的普遍性，但这些人性属性在特定的个人身上的构成形式及其实质内容却是独一无二的，每个人的人性能力、人格和个性都是这种差异所导致的结果。因此，教育不仅必须立足于人的生理、心理、社会和精神方面所具有的身体、禀赋、能力等先天差异的事实，而且我们应当明白，教育本身就是造成这些个体差异的原因。这是我们熟视无睹却又不得不承认的现实。我们的固执和模式化的观念和行为驱使我们仅仅用某一种标准看待、评价教育对象，使教育成为"人材"的工艺流水线，整齐但不美好，标准但无新意，高效但不幸福。正如穆勒所警告的那样，"人类在有过一段时间不习惯于看到歧异以后，很快就会变成连想也不能想到歧异了"②。

尊重个体的差异还意味着，人是万物的尺度，每个人的价值观都是教育人性化的价值评判标准。换言之，教育的这种个体价值观是从个人与社会辩证统一的角度否定社会的权威。这意味着，有利于个人的教育就一定有利于社会，但有利于"社会"的教育不一定有利于个人。具体而言，首先，由于个体价值观的差异，倘若要形成一致的价值观念，就需要具体的行动，包括行动选择和价值判断，而且在具体的行动情境中，每个人的切身感受就是真理的评判标准，"在能找到任何真理之前，人必须有一个绝对的真理，而这种简单的、容易找到的、人人都能抓住的真理是有的，他就是人能够直接感知自己"③。其次，在价值上人是最高的目的，但尚需不断地通过实践来实现，必须把自己抛出自身之外的周遭世界才能成其为自身，"由于我们指出人不能反求诸己，而必须始终在自身之外寻求一

---

① ［德］曼弗雷德·弗兰克：《个体的不可消逝性》，先刚译，华夏出版社 2001 年版，第152 页。

② ［英］约翰·密尔：《论自由》，许宝骙译，商务印书馆 2008 年版，第 88 页。

③ ［法］保罗·萨特：《存在主义是一种人道主义》，周煦良、汤永宽译，上海译文出版社 2005 年版，第 21 页。

个解放（自己）或者体现某种特殊（理想）的目标，人才能体现自己真正是人"①。再次，正如存在主义所主张的那样，选择是人性的充分条件，选择就意味着每个人必须承担自己的责任，在自己承担责任的同时，也承担了整个人类社会的责任，这样，个人更加明确了自己在选择中存在的意义，个人的选择才能代替了社会的权威和规则。

就教育目的而言，长期存在着个人本位和社会本位的争论。事实上，何谓社会？在哈耶克看来，社会是基于个人的自生自发的秩序；在杜威看来，社会就是出于沟通、通过沟通、为了沟通的交往活动，因此社会是通过个体与个体之间的沟通不断地生成的共同体，而非永恒不变、外在于每个个体的形而上学实体。如果从个体去理解和建构社会，这样的社会才具有确然性，才能调动每个人的积极性，这样的社会才是有活力的社会，而不是距离我们遥远，无法感知和把握，却又时时刻刻对我们发布规范性命令的抽象"社会"，"个人差别的顽固性意味着，社会必须使它们本身适应个人。人的自我的可塑性则意味着，我们有自由来设计文化的新型式。假如我们想望一个有自主性的个人的世界，我们就必须准备那些培养和扶植有创造性的个人的社会条件"②。

尊重个体的差异并不意味着维护等级制度或某些人的特权，而是蕴含着教育平等的自由价值取向。根据亚里士多德的区分，平等可以分为数量平等、比例平等和形式平等。相比较而言，形式平等是最理想的选择，它是基于个人的固有尊严而受到尊重、根据人的才德得到相应的资源的平等。因此，教育平等尊重个人的平等和自由，把人与人之间先天的种族、性别、阶层差异转化为人人平等。根据罗尔斯的正义原则，所有人都应平等地享有最广泛的基本自由，这种自由以不妨碍他人的同样自由为限，而且，社会的和经济的不平等应这样安排，使它们适合于最少受惠者的最大利益；在机会平等的条件下，职务和地位向所有人开放。③ 因此，教育不仅需要兼顾教育起点上的个体之间不平等，而且应当提供受教育的平等条件和机会，维护个人受教育的自然权利，满足人不同层次的需要，在更高阶段体现出人的个性与创造性。

----

① ［法］保罗·萨特：《存在主义是一种人道主义》，周煦良、汤永宽译，上海译文出版社2005年版，第31页。

② ［美］C. W. 莫里斯：《开放的自我》，定扬译，上海人民出版社1965年版，第43页。

③ ［美］罗尔斯：《正义论》，何怀宏等译，中国社会科学出版社1988年版，第61页。

三　个人尊严：教育人性化行动之的

教育人性化遵循和实现这样一个根本的伦理原则：个人的内在价值与尊严至高无上。康德认为，人的尊严是超越于一切价值之上的，没有任何等价物可以替换，"你的行动，要把你自己人身中的人性和其他人身中的人性，在任何时候都同样看作是目的，永远不能只看作是手段"①，换句话说，"任何时候都不应把自己和他人仅仅当作工具，而应该永远看作自身就是目的"②。边沁（Jeremy Bentham）主张，把每个人看作一个人，也只能看作一个人；个人才是目的，社会不过是一种手段，国家只是作为一种手段才有价值可言，"这种关于个人尊严的思想，享有一种道德（或宗教）法则的当然地位，这种法则是根本的、终极的、压倒一切的，它为判断道德是非提供了一项当之无愧的普遍原则"③。

尊重个人尊严是教育人性化的终极价值目标，它具有时间上和逻辑上的优先性。个人的尊严是超越于任何教育中的工具理性目的，反对教育中的"精致功利主义"，因为他们强调开发和利用客观世界的效益最大化，用物性逻辑代替人性逻辑，使教育中的人服从于一定外在条件下的假言命令。当然，教育中的这种工具理性不能混同甚或取代科学理性，因为科学理性毕竟蕴含着与个人尊严相一致的科学精神，它以人的自律、自由、自我解放和社会公正为目的。尊重个人尊严，必然要求用自由代替权威，人人平等，每个人都是"目的"，每个人的潜能和需要都得到尊重，而且个人的存在价值代替了各种需要的等级区别，个人的各方面的存在价值都同等重要，例如，真、善、美的价值相同而且相互蕴含，真的必然是善的和美的，善的必然是真的和美的，美的必然是真的和善的。

尊重人必然要求我们尊重人格与个性，因为人格是自我与他人在社会关系中共有的社会道德心理，体现了人的主体性和绝对的内在规定性。教育强调个人的自由和个性，认为，个人对规范的遵从不仅出于道德义务，而且为了追求个人成就，实现自我理想，过一种自认为善的生活，因此，如果仅仅抽象地谈论人的个体性和社会性，或用社会义务和责任完全代替

---

① ［德］康德：《道德形而上学基础》，苗力田译，上海人民出版社2005年版，第48页。
② 同上书，第53页。
③ ［英］史蒂文·卢克斯：《个人主义》，阎克文译，江苏人民出版社2001年版，第48页。

个人的自我认识和判断，甚或不培养个人在与他者的具体关系中的自我认识和自我评价能力，实现道德上的自我同一性，那么个人自由与尊严就无从谈起。"教育的本意其实就是发展人的自我认识，开启、孕育个体人生的价值内涵，把自我引向对善对美好人生的追求"，"越是个体自我认识发达的个人，越能充分地理解个人与他人和社会的复杂关系，从而获得个体价值意识的充分发展"。①

个性教育必然要求每个人都参与到与他人的交往过程之中，同他人保持相互作用的交往关系，在他人身上认识到自己的自律意志或个人尊严；同时，作为与他人不可通约的个体，在交往行动中不断地自我决定和自我实现，从而把自己的欲望、需要和兴趣表达出来，追求个人的成就。因此，个性的形成意味着，一方面，个体只有接受他者的视角，承担一种道德的和存在的自我反思，才能把社会规范内化为个人的自律，充分发挥个人的价值；另一方面，必须基于每个人的需要，发挥个人的自主性，"学会运用这种自主性来发展各自的主观性和独特性，而正是那种运用使他们与其他每个道德行为主体处于平等的地位"②。概言之，个人的成就和个性的形成必须通过个人参与公共性的对话，批判性地形成和运用个人的自我反思能力，建构起共同的道德规范，形成一种体现于社会经验中的人格与个性。

四　个体生存：教育人性化行动之基

教育人性化作为一种价值取向和理想，是教育对人性的适应和改善，是客体对主体需要的满足，其前提是承认个体存在的不可消逝性，遵从"人人都是目的"的价值理性原则。教育人性化作为实践的指导原则，在现实中需要立足于个体差异和个人尊严，依据个体永恒存在的本性和自主发展的特性，激发每个人的主观能动性，增进每个人的实践智慧，培养具有个性自由的个人。概言之，教育人性化呵护生命，富有情感，崇尚理性，提倡高尚的人文精神，创造和谐、温馨和舒适的环境，最终更有利于每个人的生存和发展，更好地维护个人的尊严和权利。

---

① 刘铁芳：《自我认识的提升与个体价值精神的超越》，《高等教育研究》2006 年第 12 期。
② ［英］詹姆斯·施密特：《启蒙运动与现代性——18 世纪与 20 世纪的对话》，徐向东等译，上海人民出版社 2005 年版，第 514 页。

（一）个体的永恒性

人的精神法则把人和周围世界区别开来，但是它又极容易给人套上概念与范畴的枷锁，造成感性和理性、科学与道德、自然世界和自由世界的对立与冲突，以及形式化和个体化的矛盾，但这些都历史性地统一于具体的个体生存当中，体现出个体存在的永恒性。古希腊的悲剧精神就已经感悟到个体的生存危机，它们恢复了周围世界与内在世界的连续性和统一性，尊重自然，超越自然，最终表现出每个个体的个性。事实上，个体完全可以超越于理性而存在，而现代社会中个体危机的产生就在于理性本身的局限性。因为抽象化、形式化、总体化和规范化的理性世界终究不能完全兼容和维护个体的存在，假如自我意识沉溺于他者的概念，个体就将无法体认自身。克尔凯郭尔指出，个人的恐惧、战栗、烦恼等心理是个人内心的一种挣扎，个体在此境况下完全处于磨难之中，但它们表征出个体的感性存在，此时的外在表象认识方式和道德规范形式不再能够通过内在化而对其发挥任何作用；而且统治着我们的信仰、意识形态等超理性观念，在普遍化或理性化之前就已经得到了辩护而成为不证自明的公理，它使现实的个人只能在信仰或伦理冲突中，通过毁灭个体自身来证明其个人信仰和个人德性的存在和价值。① 由此观之，世界上没有无所不在、无所不能的理性，也不存在具有完全理性的个体；个体的生命活动、个人的主观内心体验、个人的生存境遇、个性的张扬都是个体存在的明证，人的个别性、特殊性和瞬间性是个体生存的具体样态。就个体的理性存在形式而言，任何概念中的任何个体都映射着普遍性、一般性和形式化在其身上打上的唯一性和不可比性的烙印，表现出个体的不可通约性与不可消解性。

教育不拒斥普遍性，但反对为了普遍性而损害人的特殊性、个别性和个性，反对对个体存在的忽视和侵害。尽管人具有普遍的自然属性、社会属性与精神属性，但在具体的教育实践中，各种属性的地位所占有的程度和比例、发挥的作用各不相同，从而形成各种不可湮灭的个体差异与个体存在价值。每个学生既有肉身、情感与能力等先天的个体差异，也有在教育实践中逐渐形成的独特的个体差异。因此，学生的个体生存具有绝对的

---

① ［丹］克尔凯郭尔：《恐惧与颤栗》，刘继译，贵州人民出版社1994年版，第3—29页。

内在规定性，它在与具有普遍性和一般性的社会文化规范的关系中处于无可挑剔的终极地位，"整体的意义只能存在于个体的意识之中，不可能存在于任何别的地方，而个体以各自独特的方式将整体内在化，并通过自己的活动反过来又使整体表现为普遍一般的东西"①。

　　（二）个人自主

　　个人自主是个体存在的必要条件。首先，个人自主是指个人作为一个独立的行为主体，需要服从于一种客观的道德行为准则。正如康德所言，自主离不开自律，自律就是服从于自己制定的普遍法则，个人自律即个人自由。具体而言，我们在社会和政治生活中需要自我抉择和批判的启蒙精神，使个人的思想、观念、行为和价值真正地归属于个人自己，表现出自己的个性，而非内化为他人的愿望。其次，个人自主离不开个人的存在境地，是个人为自己作选择，而不是让其他人来替自己做出选择。在现代社会中，个人自主离不开社会的制约，社会制约的模式化或标准化行为影响甚或构造了现实中的个人，进而确定了个人与社会、他人、自身的关系。因此，一方面，个人自主必须通过消解"人的使命"、"道德法则"、"公众"等抽象概念，在自我与社会、他人、自身的社会结构关系中自发地呈现出来；另一方面，个人自主是在社会历史交往过程中建构起来的，主体与主体之间通过无强制、无压抑的交往行动不断地进行批判性反思和行动，把个人主观表达的真诚性和社会普遍规范的正确性、客观世界描述的真实性协调一致，通过话语民主为个人自主提供条件、形式和内容，因此，"个性、真实性以及审美的自我创造，这些都只是用不同的方式来指称自主性概念的内在张力，将那些概念重新定义为把一个人自己从内部的标准化解放出来的过程"②。

　　教育人性化落实到个体，就意味着尊重和发展个人的自主性，为个人的自主性创造各种条件，给予物质、制度和精神上的支持。首先，学生的个人自主性意味着个人成为一个主体，而不是客体。他期望自己使用理性或自由意志来行动，而不是成为他人意志的工具。其次，只有主体与另一个主体相对的时候，才能够排除主客二元的占有型关系，确立起主体间的

---

　　①　［德］曼弗雷德·弗兰克：《个体的不可消逝性》，先刚译，华夏出版社 2001 年版，第147 页。

　　②　［英］詹姆斯·施密特：《启蒙运动与现代性：18 世纪与 20 世纪的对话》，徐向东等译，上海人民出版社 2005 年版，第 514 页。

自由和平等关系，从而把握自己的主体性，因此，学生的个人自主性还需要通过社会合作、平等对话、体验性与反思性行动等来进行，以此实现社会交往过程中个人与个人之间的相互承认和相互认同，实现个人自由而全面的发展。倘若否认学生个人的自主性，那么就否认学生的个人创造，否认一个人的人性。最后，个人自主不仅需要"使人成其为人"的富有建设性的积极教育，而且需要维护人的基本需要和兴趣、保证基本人性的消极教育。也就是说，现代制度化教育更应该明确划分出学生的私人领域，包括学生的人格、内在自我、内心自由等领域，明确制度教育自身的局限性，维护学生的权利，为学生的个人自主性提供保障与发展的机会。

教育现代性批判理论认为，现代教育的本质就是逐渐渗入和控制学生的个人生活世界。学生在家庭里的时间日益减少，日常生活也严格地按照高度细化和精确的工业时间进行，个人物欲的满足代替了个人精神的追求，教师与学生按照标准程序和预定的答案进行教与学，过于模式化的语言成为个人诚信危机的推手，极端个性化行为成为拒斥的对象。在教育实践中，"主体性教育"、"以生为本"、"以学为本"中的"主体"、"学生"、"学习"常常被抽象地谈论，其中的个人都还是一个抽象的个人，甚而，"主体教育"把个人置于某个规范化、程序性、功利性和道德说教的角色或地位中，这实际上消解了人的个人自主性。因此，我们应当基于"自由和境地的多样化"以及"个人的活力和繁复的分歧"，在主体与自然、社会以及自身的劳动和交往实践中发挥每个人的自主性，发展每个人的个性。

（三）个人发展

教育人性化是使每个人都得到发展的过程。个人发展不仅仅是教育人性化的目的，更是教育人性化的必然要求和具体内容。个人发展意味着，每个人应该尽最大可能决定和支配自己的道路；应该有机会实现某些独特的人类品质，因为任何人都有能力在自己身上发展某种独特的人类优秀品德或美德。个人发展还意味着，尊重个人尊严和自主性，给予个人不受干预的私人空间和独立支配的时间，要求与社会生活的最低限度的要求相适应的最大限度的不受干涉，使自我关注、自我管理和自我认同得以顺利实现。

教育人性化行动必然是一件审慎合理的行动，必须通过个人能力的增长实现个人发展。根据亚里士多德主义原则，一个理性人总是要求自己如此行动：为了使事情无论在未来变得怎么样，他都永远无须责备自己；人性的主要的善就是运用我们的个人才能并使其增长，而许多快乐和幸福都是从我们运用这种才能中产生的，因为我们都乐于把新获得的能力运用到更值得向往的、更复杂的活动中，从而获取快乐与幸福。① 据此分析，教育人性化必然要求每个人基于共同的生活世界，通过不断地满足个人能力的增长，促进个人发展，追求个人的幸福，实现个人的内在价值。

教育的目标应该是在社会实践中发掘个人所具有的一切潜能，这样才能追求人的自由而全面发展。马克思提出，人的发展在经历了人的依赖阶段、物的依赖阶段之后，达到以物的依赖关系为基础的人的独立自由阶段，最终形成以个人的自由而全面发展为基础的自由个性。因此，个人的发展不是超社会的，也不是完全社会性的，而是通过个人的社会化而获得的。个人在社会化中所追求的全面发展，意指完整发展、和谐发展、多方面发展、自由发展，它们不仅体现了人性的完整、完美、多样、自主、独特，体现了人性各方面的综合属性及其所具有的动力性、创造性、自我超越性，而且表达了追求人性内在价值或人性自由的诉求，是个人现实与教育理想的结合。

人的全面发展不是人性中的某一方面的单一发展，更不是面面俱到、样样兼优的发展，最根本的是让学生在达到一定标准的基础上，根据自己的基础和特长，自主选择自己的发展方向，使每个人自由而充分地发展。因此，全面发展必须避免全面平庸，避免通过"全面的模式"扼杀个人的自我发展。事实上，现代教育制度的标准化设计，评价标准的高度同一，日常生活世界的高度划一，使培养出来的学生往往成为批量的"工业绵羊"。这种"全面发展"的模式化操作极容易抹去他们身上的个性和天分，仿佛让他们只要顺着工业社会模式设计的人生道路前行就可以了。

个人既需要在交往共同体中得到他人的承认，又必须和他人保持一段距离，维护个人的独立性，二者之间的距离是个人发展不断进行填补却又永远保持紧张关系的"自由创造空间"，因此，教育人性化的目标就是如何在"自由创造空间"中实现个人的自我发展。"自由创造空间"不是外在于人的生活世界的领域，而是以生活世界为现实基础和总体背景的交往实践过程。因此，现代教育必须回归生活世界，这是对作为意识形态的工

---

① ［美］罗尔斯：《正义论》，何怀宏等译，中国社会科学出版社 1988 年版，第 424 页。

具理性威胁意义世界和自由世界而产生的必然要求。生活世界提供给个人以经验可靠性的自我证明和发现，是具有直观的确然性、总体化力量和总体背景的意义世界。因此，个人发展必须借助生活世界，在交往实践中创造自己，造就自己的生活和人生幸福。

总之，教育人性化中的个体并非立足于"单子"意义上的个体，而是基于普遍性而成为特殊个体，通过参与性行动而非观察性的客观性研究，最终形成众多的个体。个体不仅是存在的、体验的、概念的个体，而且是认知主体和实践主体的历史的统一，必然要求从人的自然生活的真实性形态中找回个体的存在，从生活实践的问题境遇和学习过程中生成个体存在。教育人性化个体价值取向并不拒斥个体的社会化过程，它是人的个体化和社会化的辩证统一，因为个体化的主要含义是人的自我实现，它必须借助劳动、言语以及具体的教育制度、教育方式等社会性中介来实现。更为重要的是，在社会的功能分化过程中，教育使个体既极容易被物化，却又促使个体必须学会置自身于行动的中心，把社会转化为个体创造人生环境的变量，使个体的社会化和社会的个体化在交往实践中统一起来。在现代教育的时代境遇和价值危机背景下，教育人性化既需要强化个体价值取向，又需要维持个体化和社会化之间的必要张力，通过生活世界的理性化实践完成个体的社会化过程，实现人人平等和个性自由。

第六章 教育人性化的语言实践

　　语言把人从动物性中解放出来，显示出人的社会属性、精神属性等人性特性，但语言自身也经历了一个演化过程。从语言发生学的角度看，语言是人性生成的结果，它是人的意识观念化的结果；从语言结构论的角度看，语言是人的思维、思想的媒介，它是人与世界关系的概念性描述。在现代语言思想发展史上，"早期现代时期，作为表象观念的工具，语言自身也被观念化了；后期现代时期，除了具有表象功能，语言同时具有诗意性，表现出观念性与物质性的双重存在，体现出灵性和物性之间的某种张力；后现代哲学中，语言越来越走向物性化，或者说语言开始展示它的强劲的物质性力量"①。进而，如果要理解语言的意义，还需要超越语言形式，从作为人性能力的语言能力和作为行动的言语交流去理解语言，因为语言交流的冲动和思想不可分离。② 在教育实践中，语言的人性意义更多地体现在教育言语的互动过程中，因此，这里不从语言学的角度考察语音、语形、语义等内容，主要从社会、文化角度考察教育人性化交往或互动中语言意义的发生、结构和变化。

　　根据上一章的论述可知，教育行动是社会互动③的一个组成部分。从社会互动的角度看，教育是人们之间的一种社会互动，是发生在两个或者更多人之间的事件，其独特的和根本的目的，在于促使个体行为和经历改变。布列钦卡从教育的科学定义的角度分析说，"互动"作为行动的一种

---

　　① 杨大春：《语言·身体·他者：当代法国哲学的三大主题》，生活·读书·新知三联书店2007年版，第34页。

　　② ［美］库利：《人性与社会秩序》，包凡一、王湲译，华夏出版社1999年版，第59页。

　　③ 为了和前面的劳动、行动概念相对应，下文凡是涉及"交往"的地方都用"互动"一词代替。

发展形式，互动中行动者每次只能监视自己的诸行动，而不能监视行动对方的诸行动。① 因此，对教育实践的考察将进一步拓展到互动的研究中。按照帕森斯（Parsons）的说法：除了行动概念之外，互动概念是建构社会体系的第一步，因此，教育实践必须深入到教育互动中去分析和理解，才能进一步丰富教育人性化的实践内涵和意义。当然，互动是人的社会属性的重要体现，也是教育的发生过程，"社会生活不仅和沟通完全相同，而且一切沟通（因而也就是一切真正的社会生活）都具有教育性"②。因此，教育互动不仅包括教育行动的动机和目的，而且更深层次地体现人性在人的不确定性、未完成性基础上人的创造性。因此，如果说，互动充满着教育性，那么教育互动就是人性化的充分实践。没有互动，就没有真正的教育；没有教育互动，就没有真正的人性化。这可以在日常生活中体验到，"没有交流对我来说就没有快乐：我独自产生的生气勃勃的，却又不能告诉他人的思想无一不使我痛苦"③。教育互动必然超越意识哲学范围，不停留于意识及意向性功能的讨论，而是把教育置于人与人的相互交往的社会行动过程，并且通过对非人性化的统治和意识形态（被扭曲的交往）的批判，展示教育互动的人性化内涵。尤其重要的是，教育互动的人性化不仅建立在主体对客体的认知上，而且主要表现在主体与主体之间的语言、言语或话语的交互性之中。因此，本章将从语言的意义理论，主要基于杜威言语行动意义理论的研究开始，讨论教育言语行动中的自由和民主问题，也就是人性化的价值和规范的问题。

第一节　教育即言语行动：基于杜威语言意义理论的研究

杜威认为，"语言作为社会指导的手段，其重要性无与伦比"④。相应地，研究杜威的语言意义理论，这对理解杜威思想本身及其在现代西方思想史中的地位和作用具有重要意义。"从一种宽泛的意义上说，只要将杜

① ［德］布列钦卡：《教育科学的基本概念—分析、批判与建议》，胡劲松译，华东师范大学出版社 2001 年版，第 60 页。
② ［美］杜威：《民主主义与教育》，王承绪译，人民教育出版社 2001 年版，第 10 页。
③ ［法］蒙田：《论虚荣》，转引自［美］库利《人性与社会秩序》，包凡一、王湲译，华夏出版社 1999 年版，第 59 页。
④ ［美］杜威：《民主主义与教育》，王承绪译，人民教育出版社 2001 年版，第 39 页。

威哲学的核心概念'经验'替换为'语言',这种哲学自然就融入到晚近的语言哲学的思想洪流,并由此彻底洗清因为使用'经验'这个俗套字眼而给杜威学说本身所带来的种种误会。"① 进而,语言意义理论不仅是开启杜威教育思想大厦的一把"钥匙",还是杜威教育思想的"寓所"。它既与杜威的教育思想具有内在的质的统一性,又与杜威的教育行动互生互成。

一　语言即工具的工具

　　杜威主张研究语言生成的条件、途径与效果,提出"语言是工具的工具"。他认为,首先,语言具有中介性或工具性。在杜威看来,语言是一种最具有普遍意义的"中介",是生活经验过程中"目的"和"手段"的统一,是在经验之中具有转化性的生命力量。杜威曾在《命题、证实的可断言性与真理》一文中辩驳了分析哲学家罗素所尊奉的人工语言的观点,认为"基本的言语模式,大量的词汇,是在日常生活的交往中形成的,这种生活交往不是作为规定的手段,而是作为社会需要进行的"②。进而,语言内部逐渐形成规则之后,其工具性作用才会更大。

　　其次,语言反映和改变人类的存在状况。语言表征经验的过程具有自然主义和行为主义的特征,它首要表征为人的心理性存在。"不妨说,心理的事情并不仅仅是动物所作的一种可以感受痛苦和散布安乐的各种反应而已,它们还须有语言来作为它们存在的条件之一。"③ 然后,语言作为人组织和改造经验的桥梁,去有效地融合着原初自然与人为自然两重世界,并通过操作、试误、改组、改造等主动行为对遗传、环境产生影响,形成富有活力的意义系统。此外,语言还是社会、文化与日常生活的主要工具,不断塑造和改变着社会、文化与日常生活,为鲜活的生命寻找持存的出路。总之,语言是一种逻辑的工具,但其最基本、最重要的存在形态却是作为一种社会的工具。

　　最后,语言是一种具体而又抽象的实践活动。杜威认为语言符号就像一堵围墙、一个标签、一种媒介,具有选择、保存和应用特定意义的实践

---

　　①　张庆熊等:《二十世纪英美哲学》,人民教育出版社 2005 年版,第 272 页。
　　②　〔美〕杜威:《民主主义与教育》,王承绪译,人民教育出版社 2001 年版,第 24—25 页。
　　③　〔美〕杜威:《经验与自然》,傅统先译,江苏教育出版社 2005 年版,第 110 页。

功能，"当我们说'那本书是一部字典'或'天空中模糊流动的亮光是哈雷彗星'时，我们是在表达一种逻辑关系——分类和定义，这一行为超越了物质的事物，而达到了类和种、事物和属性的逻辑范围"①。这样，语言成为自然与社会交互作用的一些样式，并存在于规则与习惯之中，逐渐具有了客观性和普遍性特征："每一个意义却都是共同的或普遍的，它是在言者，听者以及言语所涉及的事物之间共同的东西。"②

二　意义即言语行动

根据杜威的论述，把杜威的语言意义理论理解为"言语行动意义理论"，并非是一种贴标签的行为，而是对其精神要义的揭示，并与其他语言意义理论区别开来。通常情况下，"语言"包括抽象或逻辑意义的语言（language）和日常使用的言语（discourse）。杜威主要择取后者，意指社会交际中的"言语"及其"行动"属性和效果，即"言语行动"。当然，"言语行动"中的"行动"（action）不同于"行为"（behavior），是一种有意识、有目的的意向"行为"。

（一）言语行动意义的发生

杜威的言语行动意义理论具有鲜明的实用主义特征，首先，语言的意义产生于使用。例如，词汇的使用就是对事物的意义的规定与标准化，词汇量的大小反映了人们对事物意义的接触范围。其次，语言意义靠理解各种关系来把握。只有某种形式的人为的记号，才可以把各种关系情况保持下来，而且使它在其他特殊存在的具体关联中更有丰富的后果。再次，意义发端于假设；通过一系列操作活动来证实并产生新的意义；不只是心理意义上的证实，主要是行动的证实和思维的反思，反思主要包括暗示、问题、臆说、推理与试证等步骤。最后，语言意义不断创新，是经济有效的。言语行动在一定情境下不断适应和创造，不断总结出一些逻辑条理和规则，使得新意义产生过程中所进行的联合和分隔更为经济有效。

以杜威在《民主主义与教育》中列举的一位母亲怎样教小孩学会"帽子"的故事为例，通过与其他语言哲学家的解答相比较，可以理解杜

---

① ［美］杜威：《我们怎样思维·经验与教育》，姜文闵译，人民教育出版社1991年版，第195页。

② ［美］杜威：《经验与自然》，傅统先译，江苏教育出版社2005年版，第121页。

威对语言意义的独特阐释。

　　情景:"当母亲带着婴儿出门时,她把一样东西戴在婴儿头上,同时说'帽子'。"①

　　解答1:根据前期维特根斯坦的"图像论","名称意指对象,对象是名称的指谓"②,世界被反映在语言的命题或名称组合的关系中,命题的意义就是这种组合关系的世界逻辑图像。如是,母亲给孩子戴上的东西是对象,说出的词"X"是名称,当且仅当"X"的逻辑语义结构与对象同构或符合时,"X"的意义才是"帽子"。

　　解答2:根据后期维特根斯坦的"意义即用法",语言的运用就是一种游戏,在语言游戏活动中生成规则和意义,游戏的多样性反映了生活形式的多样性,因为语言就是一种生活形式。如是,孩子不仅要听母亲所言,观其行,联系此时此地的情景(context),以及潜意识中母亲的生活习惯等因素,逐步通过相互建构起来的公共语法或规则而非"私人语言"获得该词的具体含义,而且词语的意义在使用中只有相似性,永远没有同一的意义。

　　解答3:根据杜威的言语行动意义理论,语言的意义在特定的社会经验背景下通过沟通或交往而形成,它必须由公共可观察的社会行动来说明。如是,孩子从自身经验包括与母亲之间的日常生活经验出发,经过互动和反复的验证,形成一个具有公共的可理解的"帽子"的意义。

　　故此,杜威的言语行动意义理论把语言意义和表述语境(Context)、言语行为、言语效果联系起来,具有强烈的效用性、情境性、创造性、规范性和社会性等综合的语用学特征。它突破了索绪尔(Ferdinand De Saussure)结构主义语义学和前期维特根斯坦句法学的局限,也不囿于传统的观念论、符合论和行为论等语言意义理论,反映了后期维特根斯坦的"意义即用法"的日常语言观。20世纪60年代语言哲学家奥斯丁(J. L. Austin)在其言语行为理论中阐述言语行为具有以言表意、以言行

---

①　[美]杜威:《民主主义与教育》,王承绪译,人民教育出版社2001年版,第21页。
②　[英]维特根斯坦:《逻辑哲学论》,贺绍甲译,商务印书馆2005年版,第25、33页。

事和以言取效三类意义。然而杜威早在 30 多年前就提出了更彻底的语用学："语言总是行动的一种形式，而且当它被当作工具使用时，它总是为了达到一个目的而进行的协作行动的一种手段，但同时它本身又具有它一切可能后果所具有的好处。"① 针对同一则故事情景，哈贝马斯的语言意义理论将做如下解答：

解答 4：根据哈贝马斯的普通语用学理论，语言意义在于言语的可理解的"有效性"，因此言行行动要求陈述内容的"真实性"、话语表达的"真诚性"、符合规范的"正确性"。② 三者分别与客观世界、主观世界、社会世界相对应，采取相应的话语方式：断言式、表达式和调节式。如是，孩子在具备上述言语形式条件下通过交往行动才能理解意义，其前提是小孩必须具有言语行为的能力或资质。

哈贝马斯曾坦言自己的话语民主理论受益于杜威，而且美国杜威研究中心主任希克曼（Hickman）对杜威的实用主义技术探究和哈贝马斯的交往行动理论进行了对比研究，认为杜威的所谓"技术—工具理性"也蕴含着哈贝马斯普通语用学所包含的有效性和三个世界的向度。与作为形式语用学和具有"乌托邦"意味的纯粹类型或理想语境的普通语用学相比，杜威的言语行动意义理论主要从经验语用学出发，更具有现实性和实用性。③

（二）言语行动意义之意义

杜威的言语行动意义理论具有多方面意义。首先，言语行动建构起科学、道德和社会规范秩序的意义世界。"在符号中所表达的意义可以产生一个巨大的和继续成长的数学体系这个事实，也就没有什么足以奇怪的了"④，"数学体系"意指伦理、法律制度和社会规范等程序方法，它们通过语言沟通建立起来。互相沟通不仅具有工具性而且还有独特的终极性价值，"它是终极的，因为它是对于为了整个社会所珍贵的对象和艺术的一

① ［美］杜威：《经验与自然》，傅统先译，江苏教育出版社 2005 年版，第 119 页。
② ［德］哈贝马斯：《交往行动理论》（第一卷），曹卫东译，上海人民出版社 2006 年版，第 292—312 页。
③ ［美］希克曼：《批判理论的实用主义转向》，《江海学刊》2003 年第 5 期。另参阅希克曼的三篇论文《杜威著作中的实用主义、技术和真理》《杜威的探究理论》《新旧实用主义：杜威还是罗蒂》，载王成兵主编《一位真正的美国哲学家：美国学者论杜威》，中国社会科学出版社 2007 年版。
④ ［美］杜威：《经验与自然》，傅统先译，江苏教育出版社 2005 年版，第 129 页。

种分享，由于这样的分享，意义从相互沟通上来讲，就被充实了、加深了和巩固了"①。沟通的工具性和终极性蕴含着智慧，"智慧乃是共同生活的方法和结果，而且也就有了社会，而社会则是具有指导爱慕、景仰和忠诚的价值"②。

其次，言语行动生成、了解、分享和表达共同的价值观，从而具有民主的实质内涵。民主的社会是"在传递中、在沟通中生存"，也就是说，民主的社会栖居在言语之中。"在这里，言语既有使人安心的工具作用，同时也具有对于在一个共同整体中作为一个成员的这种快感所具有的这种圆满终结的好处"③。在民主的"试验场"——学校，以及其他社会活动场域，每人平等地参与对话，共同体的民主和个人的自由并行不悖。

最后，言语行动是不断地探究和证实真理的过程。在杜威看来，一个陈述，一个命题，就其具有某种程度的真正的理智性质而言，意味着对自身真理的怀疑，意味着追求真理，探索真理，这样，真理就在言语行动实践中不断地证实，"成为［是］（be）真理意味着已经在测试条件下使用并得到证实"④。总之，言语行动凸显真理的民主精神，"正是这种实验的、民主的精神，使杜威在'实用的真'的问题上，显示了超越功利主义和相对主义的努力"⑤。

三　教育思想即言语行动

言语行动就是广义的教育，因为"社会生活不仅和沟通完全相同，而且一切沟通（因而也就是一切真正的社会生活）都具有教育性"⑥，同样，教育思想也是具体的言语行动，言语行动是教育思想的最好表达，是教育思想本身的呈现和完成。

---

① ［美］杜威：《经验与自然》，傅统先译，江苏教育出版社 2005 年版，第 132 页。

② 同上书，第 132—133 页。

③ 同上书，第 133 页。

④ ［美］杜威：《真理与效果》，载［美］苏珊·哈克主编《意义、真理与行动：实用主义经典文选》，尚新建等译，东方出版社 2007 年版，第 359 页；Sidney Hook, *John Dewey: An Intellectual Portrait*, New York: Prometheus Books, 1995, p. 87.

⑤ 唐莹：《元教育学》，人民教育出版社 2002 年版，第 484 页。

⑥ ［美］杜威：《民主主义与教育》，王承绪译，人民教育出版社 2001 年版，第 10 页。另参阅 Gert Biesta, Pragmatism as Pedagogy of Communicative Action, In Jim Garrison (ED), *The New Scholarship on Dewey*, Dordrecht/Boston/London: Kluwer Academic Publishers, 2001, pp. 105 – 122.

（一）言语行动规定教育的基本内涵

首先，儿童在言语行动中存在和生长。在杜威教育思想中，言语行动不仅是儿童的本能需要或兴趣，而且是具体的、生成的教育交往行动过程；言语行动不但是人的活动、人的关系、人的交互作用、人的感受等具体的东西，而且具有交往活动倾向和丰富的情感体验，使人诗意地栖居在语言意义之中。因此，言语行动激起儿童言说与交往的兴趣，通过分享与合作建构起儿童自己的意义世界，"在这种情况下，儿童变成了太阳，教育的各种措施围绕着这个中心旋转，儿童是中心，教育的各种措施围绕着他们而组织起来"①。

儿童在言语行动中自然地"生长"。杜威认为，一切言语行动所定的目的必须使活动自由地开展。这就意味着，言语行动的意义产生于沟通、交往、选择、反思、价值性判断等活动中，其结果必然是言语行动"自成目的性"，而无须外在的目的，不是被灌输或培养。不仅如此，言语行动作为社会生活本身，通过自身的"转化"功能在连续的自然生长和理智化逻辑过程中不断更新人类的需要，从而具有"转化"的教育性质。在一定的文化情境中，言语行动塑造人的本性，改善人的习性，形成具有共同价值的共同体，进而形塑具有社会性的独特个体。

其次，教育寓居于改组与改造经验的言语行动中。"通过教育而得到生长，人的经验即得到改造（教育即经验的改造），而经验就是文化。"②也就是说，教育是对经验的改组与改造，就是文化背景中具体的言语行动。言语行动真正代表了文化的能动性意义，综合体现了杜威经验文化中的价值—规范体系、信仰—观念体系、知识—技术体系和语言—符号体系，发挥着一种伴随生活情境的实际行为及社会地位所期待的作用。③ 具体而言，一方面，语言意义是巨大的运载工具，将意义从已有的、不再与我们有关的经验转移到那些依然含糊不清和无法确知的经验里去；另一方面，教育既通过语言—符号这种经验的理智形式获得不变的文化遗产，又通过言语行动建构起富有个性的经验知识，从而超越了个体的有限性意义，生成具有共时意义的特殊个体。

---

① ［美］杜威：《学校与社会·明日之学校》，赵祥麟等译，人民教育出版社2005年版，第41页。

② 陈桂生：《教育原理》，华东师范大学出版社2000年版，第194页。

③ 同上书，第21页。

最后，言语行动就是教育生活。杜威语言意义理论通过意识哲学向文化哲学的转向，把语言意义回归到社会生活之中。教育的生活世界借助语言，通过交往，在可能世界中建构起有意义的现实世界，它既有政治、法律等制度体系，也有日常生活的样态。言语行动作为一种具体的生存样式和生活内容，"'生活'这个词表示个体的和种族的全部经验"，"'生活'包括习惯、制度、信仰、胜利和失败、休闲和工作"。因而，"教育在它最广的意义上就是这种生活的社会延续"。① 换言之，一切教育都是通过个人参与人类的社会意识而进行的，学校便是社会生活的一种形式，教师和学生从事于适当的社会生活的形成。

（二）言语行动决定教育的民主本质

在杜威看来，民主主义不仅是一项教育原则，一项教育方针和政策，而且其本身已超越了狭隘的形式和原则，体现为开放的经验和具体的生活内容，成为教育的本质，甚而，它几乎是教育的同义语。言语行动蕴含着教育民主的具体内容、形式、程序和结果，与教育民主之间的关系不是谁决定谁的问题，而是互生的过程与样态。

首先，言语行动的"自由"本质是教育民主的前提。一方面，"言语即行动"，言语行动在不确定的经验世界中改组与创造经验世界而获得自由；另一方面，言语行动使人逐渐摆脱自然与社会的各种限制，实现了身体、思维、语言诸方面在具体言语行动中的自由融合。这里，言语行动的自由指理智上的创造性、观察的独立性、明智的发明、结果的可预见性以及适应结果的灵活性。它排除了作为绝对权威的抽象语言对教育过程和目的的绝对地位，消除了"教育语言"的教条主义和意识形态控制。因此，杜威认为，言语行动的自由不是一般的自由，只有现实而具体的自由；既是一种抽象的原则和观念的生成，还是解决特别工作的实际力量。

其次，言语行动的"交往"功能是教育民主的内容。言语行动不仅是"共同生活"和"相互关系"等人类联合行为的基本样式，而且体现中介性、参与性、公开性、实验性的民主特性。杜威认为，通过交往，事物转变成了对象，事物才具有了意义；通过交往，共同体才具有了情感、理智和目的。这样的共同体既是生存论意义上的联合，又是促进人的生长和使人获得充分价值的路径。这样的共同体就是民主的共同体，是具有实

① [美] 杜威:《民主主义与教育》，王承绪译，人民教育出版社 2001 年版，第 7 页。

质意义的共同体。此外，言语行动的"交往"功能不仅生成客观而普遍的意义或规则，建立起教育、社会和政治的民主规范与制度，而且其本身是民主的一种样式，"我们现在已经有了足够的讨论来结论说：民主是一种生活方式"①。

再次，言语行动的"社会性探求"品质是教育民主的特征。言语行动是"社会性探求"工程，即"试错"的或实验的"社会工程"，其符合理智、追求智慧、体现科学的探究精神和态度，正是杜威教育民主的重要特征。"一方面，杜威认为受科学方法影响的民主意味着自由表达和交往或自由公开讨论盛行于社会；另一方面，杜威认为受科学方法影响的民主意味着向政治领域引进'在全面的工作假设指导下、利用数学提供的所有资源的实验观察方法'这种程序。"② 因此，通过言语行动中的不断理智化行动，教育民主制度被建立起来，从而保证教育机会和教育成就平等；同时，在尊重学生言论自由的基础上要求双方言谈的真诚性、真实性和正确性，逐渐达成真理共识，体现出教育民主的精神。

最后，言语行动的"个体性"特性是教育民主的标准。个体性是言语行动的根据、目的和必然的结果。在言语行动中，个体性是自由、民主、平等和博爱之间相互可以化约的标志，而民主和平等"意指一个世界，其中的每个存在必须从自身利益考虑，不能等约于或转化为其他事物"，"假如可以把民主的平等看为个体性，那么就能毫无拘束地将博爱理解为连续性，也就是说，理解为毫无限制的联合与互动"③。杜威主张，个体性应当成为民主的评判标准，因为良好的教育是以个人及其需求为出发点，它必须尊重个体差异，充分发展它的能力、兴趣和特长，掌握言语沟通和行动合作的能力，获得发展共同的和个人的新的兴趣的自由。不仅如此，杜威还建议"民主是一种道德观念、个性观念，蕴含无限的能量，构成每一个人"④。换句话说，个体性还意味着言语行动破除了阶级、种族、血缘的不平等，消除了外在权威的干涉，通过言语交往，建立起保障

---

① 〔美〕杜威：《自由与文化》，傅统先译，商务印书馆1964年版，第98页。
② 童世骏：《批判与实践：论哈贝马斯的批判理论》，生活·读书·新知三联书店2007年版，第176、177页。
③ 〔美〕杜威：《哲学与民主》，载苏珊·哈克主编《意义、真理与行动：实用主义经典文选》，尚新建等译，东方出版社2007年版，第376页。
④ 〔美〕杜威：《道德教育原理》，王承绪等译，浙江教育出版社2003年版，第249页。

个人权利的民主制度和自由社会。

四　教育行动即理解与对话

海德格尔讲，说话的是"语言"而不是人；伽达默尔（Hans‒Georg Gadamer）说，能被理解的存在就是"语言"。因此"语言教育"超越了语言科目学习的范畴，"我们所研究的，仅是关于语言的一般用途，因为语言的日常使用对思维习惯的影响，比那些有意的语言学习要深得多"①。作为具体的"语言教育"行动就是对"此在"意义的呈现和充盈，它具体体现在理解意义和对话教育的实际教育行动中，从而促进个体思维发展、科学精神养成和自我认同。

（一）理解意义

理解意义是教育行动的关键。它与诠释学的"视域融合"有异曲同工之妙，主要指在文化情境中，通过言语交往这一工具性行动，不断满足教育行动的有效性。杜威主张把语言转变成理智的工具，"指导学生的口头和书面语言，使语言由原来作为实际的、社交的工具，逐步变成有意识地传播知识、帮助思维的工具"②。语言的意义要在"用中学"，否则语言就会枯燥乏味，无生气，无活力。杜威列举了一些"语言教育"中缺失意义理解的事例：教师"满堂灌"现象；学生无机会连续表达，害怕失误；语言材料篇幅过小、过于简单；意义无情景，无整体性；强调记忆、忽视理解与运用。总之，"我们的意识，并不是削弱语言这种教育资源的应用，而是要使语言和共同活动建立正常的联系，使语言的运用更有生气，更有效果"③。

理解意义的教育行动不仅是主观世界为了自我表现、实现沟通取向的体验性行动，也是通过呈现事态、实现沟通取向在客观世界中获得真实有效的沟通行为。杜威主张开设口述课（recitation），使学生的交际本能得到无拘无束的运用："如果以社交的方式求助于语言本能，就会不断与现实接触。结果是儿童心里总是有事要讲，有话要说，有思想要表达，而思想如果不是一个人自己的思想，就不成其为思想"，"当儿童有了各种材

---

① ［美］杜威：《我们怎样思维·经验与教育》，姜文闵译，人民教育出版社1991年版，第198页。

② 同上书，第199页。

③ ［美］杜威：《民主主义与教育》，王承绪译，人民教育出版社2001年版，第46页。

料和事实要求谈论它们时，他的语言就变得更优美、更完整，因为它是受现实所制约又来源于现实的"。①

（二）对话教育

对话教育是体现教育性质和实现教育民主信念的教育行动。在杜威看来，由于言语行动中语言和经验与生活的连续性和交互作用，所以教学的学科界限被打破；由于言语行动具有建设性和创新性，所以教学内容不是"预定的"，而是不断地生成的；由于言语行动是心与外物的交互用力，所以教学内容与教学方法得以统一。就语言本身来说，语言意义的生成过程就是教育和学习的过程，"学习，它的正确含义不是学习事物，而是学习事物的意义，而这一过程就必须包括符号的使用，或者从一般意义上来说，必须包括语言的使用"②。

对话教育就是在语境中通过言语行动形成了追求准确和效率的科学精神与探究性的学习态度。在一定的语境下，言语行动所构建的教学内容必然是经验的和实验的，而且言语行动者也必然保持谦恭的态度，譬如，用心、专心和虚心。"但是哲学工作者可以认识到一个背景，一个语境的存在，而这样一来就最终戒绝了将教条和无语境的情形普遍化的做法。另一方面，过于朴素的主观性由于将在场的特定语境与其他语境相比较而可以得到避免。"③

对话教育是自我塑造、自我认同的过程。言语行动具有主体间性，必然面对人的历史性与现实性存在，因此言语行动突破了文本的教条限制，使学习内容在对话中不断地超越文本视域而构建自身意义；情感和理智在对话中交相作用，学生的经验和生活不断地得以呈现和扩展，最后，学生的自我逐渐地形成，"一旦我们承认自我并不是某种现成的东西，而是某种通过行动的选择逐步形成的东西，那么整个情况就清楚了"④。这时，"学生"不仅是与"教师"相对的身份或角色，而且在言语行动中自己的地位、功能和价值得到他者的承认与发现，自我逐渐认同自己的认识主

---

①　［美］杜威：《学校与社会·明日之学校》，赵祥麟等译，人民教育出版社2005年版，第49页。

②　［美］杜威：《我们怎样思维·经验与教育》，姜文闵译，人民教育出版社1991年版，第196页。

③　［美］威廉·J. 高文：《约翰·杜威哲学中语境的重要性》，载俞吾金主编《杜威、实用主义与现代哲学》，人民出版社2007年版，第71页。

④　［美］杜威：《民主主义与教育》，王承绪译，人民教育出版社2001年版，第370页。

体、实践主体和价值主体的功能和地位。

除了以上论述，言语行动意义理论也体现在杜威的德行论、教育学知识论诸方面。例如，杜威认为道德教育要求一个人能够通过在人生一切职务中和别人的交往，使自己充分地、适当地成为他所能形成的人。言语行动提供了教育学知识的资源，也逐渐抽象出一般的科学教育理论和作为"社会工程"的具体的科学教育理论，并且在实践教育理论中自然形成个体的教育理论，"人们必须自己观察，形成他们自己的理论，并且亲自检验这些理论"①。

五　"改造"的意义与"意义"的改造

以"言语行动"替代"劳动"来理解杜威教育思想，意义深远。由于"劳动"主要体现人类使用工具征服自然的过程，而"言语行动"不仅体现了人类与自然界的转化关系，还体现了人类社会通过言语行动建立社会文化关系的过程。于是，杜威教育思想不仅具有改造自然的旨向，强调人的物质性解放力量，还具有改造社会文化的要义，强调人类的民主和自由。因此，最能充分显示语言意义理论的教育，不仅是使哲学上的分歧具体化并受到检验的"实验室"，更是民主的代名词，自由的实验场。

哈贝马斯评论杜威道："当然，杜威对'把实验活动运用于每一个实践问题'是期望得太多了，如果他以为道德的或政治的价值判断也要根据一个实现价值的工具性实践而得到辩护的话。"② 也就是说，哈贝马斯认为杜威试图把客观世界中的科学实践模式僭越到社会世界的道德实践模式中去，这样极易导致工具理性的泛滥或经验主义的无能。然而，有论者反驳，"杜威与汉娜·阿伦特、哈贝马斯相同的地方在于他们对个人自由主义的批评；但不同的地方在于，杜威并不把所有交往自由总概念理解为主体间性话语，而是理解为个体克服问题能力的社会替代品"③，因此杜威的教育思想和教育行动不是基于强烈的解放性批判的规范立场，而是在

---

① ［美］杜威：《民主主义与教育》，王承绪译，人民教育出版社2001年版，第312页。

② ［德］哈贝马斯：《论杜威的〈确实性的寻求〉》，载［美］杜威《确定性的寻求》，傅统先译，上海人民出版社2004年版，序言。

③ 王凤才：《蔑视与反抗：霍耐特承认理论与法兰克福学派批判理论的"政治伦理学转向"》，重庆出版社2008年版，第246、247页。

社会合作与互动的民主精神和集体反思和行动中，通过经验文化的改组与改造和现实语境具体的"做"（to do），践行内在不断生成的教育目的，在言语行动中不断生成和改造教育民主的观念、制度、生活形式和内容，最终实现社会中的个人自由。

当然，杜威教育言语行动理论所体现出来的民主和自由精神还体现在它对以后教育人性化发展的作用和影响，尤其是教育人性化的民主内容和形式的发展方面。美国当代批判教育家吉鲁（Henry A. Giroux）深受杜威的民主观的影响，并且作为批判的参照，把民主推进到学校与社会、理论与实践之间的辩证关系以及阻碍民主的意识形态和物质性批判之中，"若要使激进教育学成为生气蓬勃的政治策略，就必须发展出一套话语，把批判的语言与可能性的语言结合起来"，"这样一种话语，我认为两个重要的要素是将学校定义为民主的公共领域，将教师定义为转化性知识分子"，① 因此，吉鲁的民主观指向双重的斗争，一方面强调教育的发展权能，它指向学校内部的组织和发展，以及各种形式的知识和社会实践的实行，这方面和杜威的民主观没有什么不同；另一方面强调教育的转化，主张教育教师与学生都应该为反抗更大范围社会中的压迫而斗争，而学校只是这种斗争的一个重要场所。② 巴西教育学家弗莱雷大体上赞同杜威教育言语行动的人性解放和自由实践。但相比较而论，弗莱雷的人性论更强调和希望效果行动和交往行动在其文化和历史建构中进行不断的综合。相对于杜威教育互动中的自然主义，弗莱雷不仅强调人是依赖反思、习惯和智力创造的动物，而且强调人是生存于自身所创造的历史和文化的意义世界的动物。假如我们不具备在历史、文化、语言实践中的创造和生存能力，我们就不能使社会具有弗莱雷和杜威共同所向往的民主和公正的愿景。虽然杜威和弗莱雷在理论建构中有不同的解释，但是他们的论证都基于对人的存在的本体性解释，认为它是导向使人类繁荣发展的成功教育实践。杜威的自然主义依靠科学的、进化的和发展的方法，而弗莱雷所选择的人道主义观依靠自由的文化和历史概念，主张人不应当仅仅是压迫者和压迫制度统治下的动物或非人性的人。③ 因此，本章不但需要分析受权力影响和

---

① ［美］吉鲁：《教师作为知识分子》，朱红文译，教育科学出版社 2008 年版，第 4 页。

② 同上书，第 5 页。

③ Ronald David Glass, "On Paulo Freire's Philosophy of Parix and the Foudations of Liberation Education", *Educational Researcher*, No. 2, 2001.

支配的教育话语实践，而且需要进一步从解放教育学派的代表人物弗莱雷的对话教育中探讨教育对话解放人性的具体实践。

第二节　教育话语的人性"遮蔽"

教育人性化需要技术和科学来改变自然环境，满足自身的物质需要，也需要与他人的交往，建立大小不一的社会互动形式，展现人的社会属性，还需要摆脱剥削与压迫，获得人性的解放。进而，只有交往还不够，我们还需要揭示语言和思维方式受到意识形态的影响和歪曲，"教育语言的真实意义必须经由支配着它的假定，并且最终通过它所指向和由它赋予合法性的社会的、政治的和意识形态的关系，而被理解为某一特定理论架构的产物"①，因此，需要考察和反思具体使用着的教育语言，即教育话语。

一　话语意识形态

（一）话语的"单向度"

西方马克思主义者、法兰克福学派代表人物马尔库塞在《单向度的人》中揭示：发达的工业社会是一种片面的、畸形的单向度社会，其根本特征是将人存在的两个向度，即感性与理性、实证与批判，消融到毫无对立的一致之中，形成一种片面的、畸形的单向度语言。

首先，单向度语言是"以命题形式出现在政治话语领域中的自明性假设"②。"自由"、"平等"、"民主"和"和平"在西方话语中具有自明的真理性，当我们提到它们时，这种自明的真理性就以无可辩驳的方式出现，并且得到政府和大众媒介的传播、扩散和重复，结果是，受众者被嵌入这些"真理"，封闭于这些话语所描绘的世界，失去个人自我意识和判断能力。

其次，单向度语言是"滥用语言规则，以语法分析为手段，取消语言中包含的种种差异和对立"③。在社会政治话语中，分析判断随时出现，

---

①　[美] 吉鲁:《教师作为知识分子》，朱红文译，教育科学出版社 2008 年版，第 13 页。

②　[德] 马尔库塞:《单向度的人》，刘继译，上海译文出版社 1989 年版，第 81 页。

③　涂纪亮主编:《英美语言哲学》，中国社会科学出版社 1993 年版，第 264 页。

"分析判断就是这样一种压抑性的结构。由于专有名词几乎总是配有同样的'解释性'的形容词和定语，句子因此而变成一种令人昏昏欲睡的公式。经过无休止的重复，它把意义牢牢地嵌入听众的头脑之中。听众没有想到对名词进行根本不同的（可能是真实的）解释"①。还有人格化语言的欺骗性。例如，"您"的国会议员，"您"的公路，"为您"而生产等，"通过这种方式，强加于人的、标准化的、普遍的事物和作用被描绘成'专门为您的'。无论人们相信它与否都无关紧要。它的成功表明：它促进了个人对自己和他人所起的作用的自我认同"②。广泛采用所有格形式和连接词，如"氢弹（H－bomb）之父"、"载有弹道导弹的核动力潜艇（nuclear－powered，ballistic－missile－firing submarine）"，"上述句子结构，在把技术政治和军事结合为一体的词组中出现得特别频繁，这或许不是偶然的。指谓完全不同范围和性质的术语硬行结成牢固的、坚实的整体"③。还普遍使用缩写词，如 NATO（北大西洋公约组织）、UN（联合国）、AEC（美国原子能委员会）等，缩写词"指称的是那种，也只是那种通过删除超越性涵义的方式而制度化的东西。它的意义是被固定、被窜改和被掺杂进其他成分的东西。一旦成为官方术语，并在普遍用法中不断重复，又得到知识分子们的'认可'，它就会丧失一切认知价值，仅仅服务于对一种不可置疑的事实的认可"④。

再次，单向度语言还表现在作为形式语言的逻辑实证主义的语言意义理论中。逻辑实证主义的形式逻辑思维方法是否认矛盾的、单向度的思维方式，它只是在给定的经验范围的形式化框架内作表面的分析。它的本质是肯定而不是否定，是趋同而不是求异，是保守而不是批判。它把关于事物本质的非实证的实体性概念描绘为"思辨"、"梦语"、"幻想"和"神话"，然后抛弃之。其目的是扼杀语言的批判性，使语言意义变为服务于现实政治统治的"最有效的工具"。

最后，日常语言哲学是另一种单向度语言。日常语言哲学似乎是追求语言的明晰性和意义的确定性，排斥非实证的哲学概念。但是，哲学概念是超越事实的直接具体性，超越日常的言语和行为的领域，从而赋予现实

---

① ［德］马尔库塞：《单向度的人》，刘继译，上海译文出版社 1989 年版，第 84 页。

② 同上书，第 85 页。

③ 同上。

④ 同上书，第 86—87 页。

以本质的意义，以获得真实的具体性。而且日常语言哲学是一种行为主义意义上的具体性，是"虚假的具体性"，最终清除了对现实的潜在本质的认识与把握，把批判的语言和思维囚禁于社会给定的狭隘的日常语言领域，从而形成"哲学专制"。①

马尔库塞认为：语言属于辩证思维，辩证思维不仅要求从本性上把握概念，认识事物，而且要求从历史的角度理解事物及其矛盾。而思维的历史向度本质上是对过去的回忆与对未来的向往，其作用是唤起质变，履行思维与语言的批判职能。

（二）话语的阶级性

英国解释论学派的主要代表人物伯恩斯坦（B. Bernstein）认为学业成绩差别可以用语言来解释。他认为"言语形式即社会关系"，中产阶级的"个人"社会化模式常常采用"精致的"（elaborated）或"复杂的"语言规则，而工人阶级社会化模式则采用"限制的"（restricted）语言规则，前者被称为"精密型言语变式"，后者被称为"封闭型言语变式"。他在论述中引用了伦敦大学教育学院彼得·霍金斯对两组 5 岁儿童（一组是中产阶级出身的儿童，另一组是工人阶级出身的儿童）言语分析的研究。具体情况是，给孩子们四幅图片。第一幅画着几个孩子在踢足球；第二幅画上球从窗口飞进一间屋子；第三幅画了一位老太太把头伸出窗口张望，一位先生做了一个威胁性的姿势；第四幅画中孩子们在逃跑。下面就是两段故事：

　　1）三个男孩在踢足球。一个孩子踢了一脚，球飞进窗户，打碎窗玻璃。孩子们正在找球，一个男子走出来，对着他们大骂，因为他们踢碎了它。于是，他们逃走了。后来一位老太太从窗口伸出头来，她叫他们滚开。

　　2）他们正在踢球。他踢了一脚，它飞进窗户，打碎玻璃。他们正在找球，他走出来，对他们大骂，因为他们踢碎了它。于是，他们逃走了。后来她从窗口伸出头来，她叫他们滚开。②

---

① 涂纪亮主编：《英美语言哲学》，中国社会科学出版社 1993 年版，第 265—266 页。
② 张人杰主编：《国外教育社会学基本文选》，华东师范大学出版社 1989 年版，第 409 页。

听由中产阶级出身的儿童讲的第一个故事，听者不一定看四幅画也能懂得故事的意思，而听第二个故事，听者一定需要看四幅画，以便弄懂这个故事的意思。第一个故事不受描述故事的言语背景的约束，而工人阶级出身的儿童讲述的第二个故事则在相当程度上受故事背景的约束。因而，第二个故事的意义是不明确的。并非工人阶级儿童的备用词汇中没有中产阶级儿童使用的词汇，也不是这些儿童在理解语言的规则系统方面和中产阶级儿童不同。他们二者之间的区别在于这一特殊的背景之外产生的语言习惯中。

第一个孩子很明确他认识到的意义是要用语言告诉听故事的人，而第二个孩子的认识没有达到同样的程度。第一个孩子并不认为别人当然能理解故事的背景，而第二个孩子则认为别人当然能理解故事的背景。所以，对第一个孩子来说，他把自己的任务理解为需要从言语背景中把意义表达明确，而第二个孩子没有理解他的任务需要这样阐明意义。显然，在明显相同的背景中，他们在认识语言运用的方法方面存在差异。我们可以说，根据只要意义不受背景约束就能为大家所理解的认识，第一个孩子的言语产生了普遍性意义；而基于这种认识：只要意义和背景紧紧联系在一起就能为大家所理解（如果他们有机会接近最初产生的言语背景的话），因而第二个孩子的言语产生了特殊性意义。①

伯恩斯坦还强调指出，首先，工人阶级儿童有机会获得分化了的名词短语，但在其运用上有局限性，因为与中产阶级的儿童相比，工人阶级儿童较少使用不确定的表达形式。其次，工人阶级的儿童较少使用"因为"、"但是"、"或者"、"只是"等这些逻辑连词。相对于中产阶级的儿童而言，为引出言语活动的、背景独立的普遍意义而正规设计的背景，可能在工人阶级儿童中引起的是封闭型言语变式，因为工人阶级孩子在掌握这种背景所需要的角色关系方面碰到了困难。最后，受到严格控制的中产阶级的儿童的语言社会化可以既把儿童引向词语的语法意义，又引向逻辑严密的语义空间有序性。中产阶级儿童可能有较好的机会接受深层解释规则，这些规则在某种形成性的言语背景中调节其语言反应。②

---

① 张人杰主编：《国外教育社会学基本文选》，华东师范大学出版社 1989 年版，第 409—411 页。

② 同上书，第 410—412 页。

使用"精致规则"的中产阶级儿童可以洞察到各种经验以及经验的不同方面的联系，而且能够明确地表达自己的意思；使用"限制规则"的工人阶级儿童只能在假定对方具有与自己相同经验的基础上进行，并且对于对方的意思只能有含糊的理解。"精致规则"是学校教育中所使用的规则，因此，来自中产阶级的学生在学业成绩方面，比来自工人阶级家庭的学生处于更有利的地位，因为他们在入学之前所受的家庭教育中，就一直在使用着言语的"精致规则"①。

（三）话语的象征交换性

布尔迪厄把整个社会活动和社会生活当作是一种象征性的交换活动，一种以语言作为中介而进行的社会互动。从这个意义上说，整个社会就是一种通过语言而进行象征性交换的市场，语言、社会、象征和权力相互关联，语言的"象征性权力"把它们连贯在一起。"词语，或者更不用说，格言、谚语和所有已经成为俗套的或者仪式化了的表达形式，都是感觉的程序，也是日常生活中象征性斗争的不同的、或多或少被仪式化了的策略，正如那些重大的集体命名或者任命的仪式——或者，更明显地，关于具体政治斗争的看法和预见的冲突———一样，它们暗示了一种要求，即要求象征性权威作为被社会认可的力量，强行施加某种对社会世界的看法，也就是强行施加对社会世界的某种分类。"② 语言的意义不是来自内部的逻辑语义，语言表达的话语施事力量只有在特殊的例子中，象征性交换才能被降格为单纯的交流关系，信息的资料性内容才会占尽交流的内容。词语的权力只不过是发言人获得了授权的权力而已，语言的意义与权力来自语言之外，而不是从语言学的角度去理解语言表达的力量。布尔迪厄以荷马史诗中一个将要开口讲话的人被授予权力拐杖之后才有资格讲话为例，说明语言至多只是代表了权威，表现了权威，并且把权威象征化。神父、教师的语言都是一个被赋予了"权杖"的顶替者。语言的象征性权力的有效性建立在一种信仰之上，它使受支配者取消了自我判断意识与能力，认为支配者的权威是自然而然的，尤其是中性的、普通的、抽象的语言遮蔽了权威的语言象征性权力的力量。

---

① 郑金洲：《教育文化学》，人民教育出版社 2000 年版，第 155—156 页。

② ［法］布尔迪厄：《言语意味着什么》，褚思真、刘晖译，商务印书馆 2005 年版，第 83 页。

布尔迪厄认为，首先，命名是一种区分与分类的行为，在社会中体现为一种制度行为。在过渡仪式（rites of passage）、圣职授位仪式（rites of institution）或合法化仪式（rites of legitimation）等制度仪式中，命名是"给予不同事物以统一名字的艺术"，就是把具体的社会对立，如男性与女性的对立，看成是一种自然属性，并使之神圣化。其次，制度行为是一种能够从虚无中创造出差异，或者，利用先前已存在的差别创造差异，例如，利用性别差异进行社会巫术行为。最后，强制赋予名称的所指以意义，"一种身份的制度可以成为高贵或者耻辱（'你只不过是一个……'）的头衔，这是一种名称的强加，即社会本质的强加"，"荣誉的符号只是一种说某人是'人中之人'的发展了的表达形式。设立制度，即给予社会界定，一种认同，也就是强加了边界"①。

布尔迪厄认为，方言正在被官方意识形态官方化。关于通过出生的地点以及与其相联系的恒久标志（如口音、方言）而与出身相关的属性（如烙印或象征标志）发生关系的斗争，是关于分类的不同斗争的一种特殊情形，是一种权力垄断的斗争。它要使人们相信，使他们知道并且认可，要强加关于社会世界分类的合法定义，并因此制造或解散群体。②

布尔迪厄提出，科学话语和"异端话语"是语言的象征性权力的两个经典例子。科学话语被称为"客观"标准而为科学家们所熟知。事实上，它们被用作武器，通过使一种分类状态和对分类的看法达到一种神圣化的状态而产生象征性效果。"科学家们指出了那些特征，也就是象征性动员行为为了创造真正的统一体或是对统一体的信仰（既包括在群体内部也包括在其他群体中）而以之作为基础的那些特征；而这种对统一体的信仰，最终将趋向于创造真正的统一体，尤其是通过对合法身份的强加和反复灌输的行为（例如，那些由学校或军队所做的行为）。简而言之，最为'中性'的科学判断将有助于改造科学的对象。"③ 异端话语指那些公开宣称与普通秩序决裂，割断对常识世界的遵奉，同时产生出一种新常识，并在这种新常识的内部综合以前整个群体心照不宣的或者被压抑的实践以及整个群体的经验，并且赋予它们以一种合法性，一种由公众表达和

---

① ［法］布尔迪厄：《言语意味着什么》，褚思真、刘晖译，商务印书馆 2005 年版，第102—110 页。

② 同上书，第 114—115 页。

③ 同上书，第 118 页。

集体性认可所赋予的合法性。异端语言存在于进行授权与被授权的语言,同授权给它和授权其自己使用它的群体的性情倾向之间的辩证之中。① 值得一提的是,占据支配地位的个人通过纯反动的话语抵制异端话语。他们努力通过一种充满常识的简单而透彻的话语,来普遍施加这一世界所强加给他们的明显的和必要的感觉。"因为对他们来说,让事物保持其所是的样子符合他们的旨趣,他们试图以一种非政治性话语来破坏政治,这种话语是通过一系列中性化措施或者更有效地,是通过否定措施生产出来的;这种否定寻求把信念恢复到其最初的无知状态,而且由于其产生的目的就是为了社会秩序的自然化,因而总是借用自然语言。"②

(四) 话语的生产性

福柯的话语理论从批判索绪尔的"语言"与"言语"的二元理论中开辟出第三条道路。福柯的"话语"接近于"语言的形式",是对严格规范化语言的反动,是某种处于遵循语言系统的规范与语言的纯粹个人使用之间的东西,它涉及主体间的关系,来自自由的、不受语言学规则或语法规则限制的东西。当然,不能将话语当作符号集团去指称事物,而是把话语中符号的具体的所作所为视为本体。也就是说,我们与世界的关系只是一种"话语"关系,人类的一切知识都是通过"话语"获得的,任何脱离"话语"的东西都是不存在的。"话语"也不仅是"中介"或"工具",本质上是人类的一种重要活动。福柯认为,历史文化由各种各样的"话语"组构而成,它意味着一个社会团体依据某些成规,将其意义传播于社会之中,以此确立其社会地位,并为其他团体所认识。③

福柯指出真理是通过话语制造出来的,而不是人们所找到的或所欲找到的。话语的对象不是具有能指与所指的一般语言符号,不是所说的事物,而是一种"构成"或"生成"。陈述是话语语用学的基本单位,"陈述是在它充当构成成分的某个组织表层上出现的颗粒。陈述是话语的原子"④。福柯用否定性的描述勾画出陈述的含义,提出,陈述不是命题、

---

① 〔法〕布尔迪厄:《言语意味着什么》,褚思真、刘晖译,商务印书馆 2005 年版,第124—125 页。

② 同上书,第 128 页。

③ 王治河:《福柯》,湖南教育出版社 1999 年版,第 159 页。

④ 〔法〕福柯:《知识考古学》,谢强、马月译,生活·读书·新知三联书店 2007 年版,第85 页。

句子或讲话行为。陈述不是句子，因为一个陈述可以由多种形式的语言表达，也可以用具有不同语法构成的同一种语言表达。陈述不是命题，因为一个陈述的意义并不是固定不变的。陈述作为一种功能，它的意义存在于运动之中，即存在于它赖以存在和运动的句子、命题或其他各种陈述的关系之中。就像陈述不同于一个句子或一个命题一样，陈述的主体也不完全等同于句子或命题的发话者。陈述主体的最大特点是，"他"虽然表现为某个特定的人物，但确切而言，应称其为一个"位置"。陈述不是抽象的存在，它需要依赖一定的物质媒介才能运动，陈述的存在是"物质性"的。陈述的物质性存在决定了陈述的主体对陈述的操纵权。因此，陈述在福柯那里，主要具有两大特征：一是个体性；二是不可还原性。[①] 话语的形成有三个条件，即形成区域、分界权威和专业格局。例如，福柯在考察西方精神病学时，先圈出产生这门知识的文化区域，即欧洲启蒙运动后的家庭、教区、法制等相关环境；此时出现的疯子，是应由司法部门关押，还是交给神父教诲，抑或送济贫院供养？根据不同机构的权威性，人们反复争辩"疯子"的定义及处置办法，逐步认定他们是病人，而不是犯法之徒，最终明确，该让医生去管，这就明确了知识领域的分界权威；可是，早期医学却对付不了这些疯子，需要新的专业格局，需要将生理学、病理学与心理学知识合成一门精细的学问。[②]

　　福柯认为，在话语分析中，话语的内部其实存在着许多从事排除的程序，首先，也是最明显的，是"排除原则"或"禁止原则"。例如，在西方社会中，政治言论和性言论是最严厉地被禁锢的话语领域。其次，是"区别和拒斥"。这表现在，它将理性与疯狂区别开来，疯子的话语与理性人的话语不被同等看待。最后，是真与假的对立。福柯认为，真理与谬误原则是武断的、强制的，也是某种历史性的、可变更的、具有设置性强制力的排斥系统。话语希望讲真理，然而为了做到这一点，它必须将自己装扮成服务于欲望与权力，必须确实将自己装扮成是两种力量的表现。"真理话语"在古希腊是具有权力特征的、强制性服从的、令人恐怖的话语，此后，真理话语不再与权力的练习相联系，真理也并不将自己强加到人类的纯洁的、可接受的心灵上，而是被寻找到的东西。求真意志不是生

---

① 王治河：《福柯》，湖南教育出版社 1999 年版，第 160—162 页。
② 赵一凡：《福柯：权力与主体》，《文景》2005 年第 9 期。

活在空中，而是建立在一整套设置基础上的，这包括教育体系、图书馆、学术团体、实验室以及建立在不同知识形式之上的不同社会体系的价值观。

　　福柯提出，话语具有偶然性，话语内在控制的对象，是话语中不可预测的、突然闯入的事件。话语的内在控制原则有三个，分别是"评论原则"、"作者原则"和"学科原则"。所谓"评论原则"是指每个社会中的某些主要叙述话语被其他的叙述话语重述、重复或变换。宗教、法律文本、"文学"文本和科学文本都是主要的叙述话语，它们逐渐被大量的评论话语取代，失去其主要地位。更主要的是，评论原则把偶然因素，把说话内容可能的多样性，转变为说话形式和说话环境的多样性；把人们的注意力从说什么转移到怎样说。因此，人们在讨论伟大作品时，如果把目光仅仅放到潜在的"思想意义"或"主题"上，那么，这种讨论无论是否"多层次"、"多角度"，无论怎样谈"多重性"、"多义性"，实际上它还是心甘情愿地受到"评论原则的控制，在形式多样性上翻翻花样而已"①。"作者原则"中的作者并非写作文本的说话者个人，而是一种组织话语的原则，它代表着话语意义的来源，代表着文本话语的统一性和连贯性。例如，在中世纪，作者是文本真理性的保证，科学命题的真理性来自作者，所以科学"话语"必须标明作者。此后，作者的作用逐渐减弱。在现代科学中，作者只不过是为理论、效应、实验命名而已，这些话语的真理性不再被视为来自作者。事实上，"作者原则"是把文本的意义加以局限化，视其为某个历史时期的意识形态的产物。也就是说，人们怎么造出一个作者来，也就怎么表明他们在另一方面害怕意义的自由增生。"学科原则"中的"学科"就是一个对象领域，一套方法，一个由所谓真理命题合成的组合体，一种由规则、定义、技术和仪器所构成的活动。"学科原则"的出发点是有待组构的崭新陈述，而不是一个有待发展的意义或有待重复的主文本。任何学科的话语都可能有真陈述和伪陈述，但是一个陈述是否能纳入一个学科，却首先看它是否符合某些条件，这些条件比单纯的真理性条件要严格和复杂。思想家们尽可能在学科之外说出真理，但如果他们想要进入学科真理，想要使他们的声音被接受为学科的声音，那么他们就得服从并执行学科的"话语监督"规则。因此，倘若需要进入这

①　王治河：《福柯》，湖南教育出版社 1999 年版，第 166—168 页。

个学科，那么它首先需要获得这个学科的承认，服从并执行这个学科制定的限制性规则。上述三个原则的共性在于，它们都要造出一种本体文本的幻觉，但这个文本不再是个性和自我，也不再是可重复的统一性，而是对规则的不断执行，服从限制性原则。本质上，它获得的自由是一种服从的自由。

（五）话语的权力本性

话语/权力的共生性表现在，"话语"的各个领域并非对任何人都是同时开放的，有的"话语"几乎让任何人都能进入，但有的"话语"则规定进入者（即话语主体）必须具备或满足某些条件。福柯认为，主要存在四种对话语主体进行控制的原则："礼仪"原则、"话剧社团"原则、"学说"原则和"社会占有"原则。"礼仪"原则就是规定说话主体必须具备某些素质，其言谈举止要得体，必须具备某种身份，受过某种特殊的"专门化"训练，能在对话与评论中使用某种形式的陈述。"话剧社团"原则是确保"话语"在限制的小圈子流通，这样，既能通过生产"话语"来保留"话语"，又能严格限制进入"话语"的人数。"学说"原则不仅要求话语服从主体，而且要求主体服从话语，话语与话语主体相互控制，是一种独特的、严格的控制形式。一方面，陈述规定主体，若谁所作的陈述不能被某个话语接受，谁就会遭到排斥，被逐出话语圈之外；另一方面，主体规定陈述，若谁在话语中，谁就必须运用某种话语，把它当作对某一个阶级或阶层、某一个民族、某一利益的标志、表现和手段。"社会占有"原则是一种在更大范围内的对话语主体的控制。它主要体现为教育制度。西方社会中的教育在对"话语"的取舍和对话人员的分配上，实际上所遵循的却是"社会性疏远、对立和斗争的路线"。任何教育制度都是维持或修改"话语"占有以及"话语"知识和权力的政治方式。在福柯的话语/权力体系中，上述四种控制说话主体的原则是相互联系的，例如：在教育体系中，教育就是利用所掌握的知识和权力使讲话礼仪化；使说话者在某些专门的位置上科班化；形成具有某种学说的团体；散布并占有"话语"。

在福柯的话语理论体系中，话语是对传统上被视为"话语"来源的作者、学科、真理和求真意志的否定，是对"话语"的割裂和冲淡；是非连续的，是彼此相互交叉和并置，相互排斥、非连续的行动；是一种特殊的"话语"，不能被一种先验的意指系统决定，是对事物的一种暴力或强加给事物的"实践";是研究"话语"本身,研究"话语"的表象和它的规则,寻找"话语"存在的外部条件,而不是深入到"话语"内在的、隐藏的核心或表现在"话语"中的思想或意义的核心。此外,"话语实践"中的实践不是与理论相对立的实践,而是"实践的话语",是历史行为手段的"话语实践"。具体而论,一方面,话语实践不是抽象的、普遍意义的"理论"的贯彻实行;另一方面,话语实践是对现存思想和规范的不断"侵越",是一种"反记忆"的,具有批判性的、断裂特征的、不连续的政治性或权力活动。从本质上说,它是一种知识行为,是与理论的内在统一。

由此看来,福柯话语理论的主要目的是批驳主体观念支配下的认知传统,瓦解抽象人性、真理、知识、意义等观念,全面质疑西方人文学科的知识。在福柯的知识考古学看来,庞杂话语的堆积构成了西方庞大的学科体系,它们崇尚理性,沉溺于抽象的思辨,受到"权力意志"、"真理意志"的影响与支配,话语理论的任务就是批判这些貌似中立而又独立的学术机构的运作方式。

二　教育话语的文化政治批判

上述有关话语的五个特征直接或间接地论述到教育话语背后人性意义的流失或背离。"单向度"话语不仅是理性认识论的独断、霸权与专制,而且是人的奴役、自由丧失和人性沦丧。当我们唯"官定教材"的教育话语为尊之时,习惯了政治口号、形式主义、空洞说教的教育话语,在特定的、从概念到概念的语言逻辑中失去了自己的个人体验与批判能力,失去个体、偶在、感觉、体会、参与、闲暇的生存合法性,处处表现出:人为生存而生,不能为存在而谋。话语的阶级性意义把学生变成了复数的、等级阶级的概念,教育话语成为学生内部不平等的支配者和分配者。话语的"象征性权力"意义使教育话语成为阶级权力的标签。虽然布尔迪厄从较为整体或宏观的角度揭示了教育话语的"权力附着",但他和福柯从微观的话语角度揭示微观权力的方法有异曲同工之妙。

教育的人性"危机"不可避免,倘若直面现实,那么批判的靶子就了然于前:教育话语的工具理性意义不仅吞噬人性的总体或整全意义,而且代替了作为上位系统或一阶概念的教育意义系统,因此,有关教育意义的研究故步自封,沉溺于教育语言学、语义—逻辑意义的顺从或奴役;教育意义，尤其是人性意义，成为彼岸世界的幻象，学生、教师和教育研究者的"不成熟"、"儿童化"、"糊涂"、"装聋作哑"登堂入室，拱手交出自己的判断力，服从于教育语言的工具性意义，就成为自然而然的了。如此一来，即使"生活教育"、"生命教育"、"生本教育"有教育人性化之名，却实有单向度的、阶级性、象征性权力之实。也就是说，当它们成为"符号"或"概念"空壳之时，意识形态、权力、压制、欺骗、专制乘虚而入，教育的非人性化就自然地产生了。

（一）学校话语的批判性自主力量

福柯的话语理论揭示的是话语与微观权力的交织互生，美国批判教育学家吉鲁（H. A. Giroux）受其影响，运用话语理论分析学校进行的教与学中的日常话语，提出了"反文本"、"反记忆"、"解放记忆"等概念。在后现代主义者看来，文本指一切文化符号。吉鲁认为，每个文本都有传统文化与历史的局限性，文本中的话语与社会中特定的文化相关。学校中的教材是话语的主要表现形式，体现了社会主流文化，忽视其他文化，在学生社会化的同时，隐藏或退却了教材话语背后其他文化的意义与人性，因此，学生必须进行"反记忆"，不能把单纯的教材话语继承下来，而是通过批判地分析与读解历史，立足于现实，结合学生自己的经验，发出自己的"声音"，重构过去历史的意义与人性。[①] 吉鲁不赞同布尔迪厄的"符号暴力"概念，认为，虽然学校教育行为是一种符号暴力，但是他们忽视了学校和学生在文化再生产中的主动建设作用，主张发挥学生、教师与学校在话语中的批判性自主力量。

吉鲁把学校定义为民主的公共领域，相应地，教师作为知识分子在特定的条件下工作，就要发挥特定的社会与政治功能。具体而言，教师必须重新思考其工作的条件和本质，在可能的条件下，把自己所具有的权能进行转化，并发展出相应的一种话语和一套假设，发挥更加具体的作用，"作为知识分子，他们必须把反思和行动结合起来，给学生必要的知识和技能，以使他们面对社会的不公正，并使他们作为批判的行动者，致力于建立一个没有压迫与剥削的世界。这样的知识分子，不只关心如何促进个人获得成就，或者推动学生沿着职业的阶梯进步，他们还赋予学生以权

---

① 郑金洲：《美国批判教育学之批判》，《比较教育研究》1997 年第 5 期。

能,从而使他们能够批判性地观察社会,并在必要时改变社会"①。

吉鲁从方法论的角度提出,"解放记忆"是激进教育实践的本体论基础的最为重要的方面,它指对公众和个人遭受苦难的那些情况的认识和体验,这些苦难的成因和表现需要理解和同情。"解放记忆"唤起对历史苦难事件的回忆和对现实中"他者"现实的关注,通过各种知识和理解的形式引起抗争。值得注意的是,"历史记忆"是"解放记忆"的辩证性元素,它保持对抗争的社会运动的记忆,希望形成一种更好的生活方式。此外,转化性知识分子应该从知识的角度,特别是从建构课堂教学与学生声音的方面,重新定义文化政治。亦即,从话语/知识/权力的角度,理解各种社会形式是怎样历史地创造和规约主体,以及怎样体现具体的利益的。同时,形成种种探索模式,"既探究经验是如何在诸如学校之类的特定社会形式中被形塑、传递和承受的,也探究特定的权力装置如何制造各种知识形式,来把特定类型的真理和生活方式加以合法化的"②。

(二) 教育话语中的不公正

与杜威的建构主义经验观不同,批判教育学认为,经验是在日常课堂生活的动力机制中竞争、产生,并被合法化的,它代表着一种特殊的经验政治,知识、权力和话语在其中交互作用,形成了特定道德和社会规则的历史实践。因此,学校作为一些个体和群体得以界定的环境,正是通过这些话语或术语,使他们生存于自己的身份和权力之中。由于学校中的话语既是权力的构成要素,又是权力的产物,而权力是产生社会形态的一种具体实践,其目的是建构不同的经验和主体性形式,因此,话语成为一种权力技术,具体体现在知识的各种形式中。既表现为课堂社会关系,又表现为正规的课程,它们"死死粘住"学生和教师的身体和心灵。总之,批判教育学必须批判或揭示教育话语中存在的现实的不公正和不平等,从而探讨教师和学生在教育经验和实践中担当有思想的、批判性的角色的可能性。

教育实践中充满着管理和控制的话语,它所蕴含的文化观认为,知识是由经典作品构成的,是人类文明仓库的组成部分。事实上,这种话语对儿童的差异和兴趣置之不理,把一种预先确定的和按等级安排的知识作为

---

① [美]吉鲁:《教师作为知识分子》,朱红文译,教育科学出版社 2008 年版,第 6 页。
② 同上书,第 8 页。

一种文化通货，分发给所有学生。而且，处于控制和管理地位的意识形态把学生的经验简化为直接的表现，简化为可以被测量、管理、记录和控制的东西，而教师的角色就是教育帝国的"办事员"。因此，教师的优秀品质表现为一种主要用更高的阅读、数学和应试成绩来表现的品质，要求对教师的行为进行控制，并使其在不同的学校和学生群体中保持一致，并且完全可以预料和管理。

教育理论和实践中的中肯性话语（the discourse of relevance）在杜威及其他进步主义教育家的理论和实践中明显地表现出来，它是给"满足年轻人的需要"和为了维持学校的控制和秩序而发展与学生友好关系的经验概念以特殊的地位。中肯性话语从文化的充实、弥补和基础的角度界定教育，这恰好是一种意识形态。因为，事实上，一种文化剥夺理论的逻辑构成了这种经验的基础，它赞同某种特定的生活方式，并通过鄙视那些不拥有同样特征的生活方式来标明自己的优越性，或者通过表示友好关系的话语为阶级、种族和性别的种种具体形式提供合理化的意识形态。另外，由中肯性话语转化而来的整合话语借助"儿童中心说"的个性化心理学和规范多元主义的逻辑，剥夺了差异概念下的文化冲动和不平等，掩盖了不对称的权力关系。中肯性话语和整合话语使语言概念非政治化了，语言被特殊化为一种技术术语，不再具有作为在不同意义、实践和世界的解读基础上进行抵制、斗争的工具和场所的作用。然而，语言和权力相互交织，每一种具体的语言形式在学校中都被用作组构具体社会群体的意识形态和生活方式，并使之合法化。

（三）教育的生产、文本分析和生存文化话语

吉鲁认为，学习不仅是以世界为中介的，而且从文化政治的角度看，教育中的经验概念联系着更广泛的话题，因为教育作为一个文化政治的话语，是行动和反思相统一的行动方式；教师作为转化性的知识分子必须保持对制度形式和日常实践中的各种利益的质疑；作为知识分子的学生和教师必须通过批判性的话语理解文化被体验着的和实质性的形式及其再生产过程。据此分析，批判性的教育工作者需要分析文化生产是如何在学校不对称的权力关系中被组织起来的，在教育的生产话语、文本分析话语和生存文化话语的统一中建构一种新的语言，指出新的问题和可能性，从而为参与社会斗争而制定政治对策，把学校变成民主的公共领域。

　　教育的生产话语是指学校生活直接范围之外的结构性力量是怎样建构学校在其中发挥功能的客观条件的，教育实践中占支配地位的话语方式是如何在学校之外建构、保持和传播的。它表明了劳动被客观地建构的途径。也就是，它提供了一种关于人们在其中工作的条件，以及无论在限制还是促进教育工作者的行为方面这些条件的政治意义的分析。例如，如果教师和学生由于环境的折磨而没有时间进行富有创造性的工作，或者受到那些不给予他们权能的规章与制度的限制，那么劳动的技术和社会条件就必须被作为改革和斗争话语的一部分来理解和说明。

　　关于教育的文本形式分析是教育的生产话语的必要补充。课程资料中文本的表达形式不是思想的中立传送器，仔细、系统地分析学校课程资料得以运用和排序的路径及其"能指"如何显示特定意识形态的压力和倾向的方式，为教师和学生解构那些悄悄地进入，并组织学校日常生活不同意义体系的构成性原则之中的作用和影响提供了重要条件。文本批评可以用来分析叙事、说明方式和意识形态关联的不同形式之中技术规范或意象如何力图形成一种范围有限的立场，这样技术的规范和意象也从这个立场得到解读。文本分析还对主体性和文化形式如何在学校内起作用提供有价值的洞见，因为，预先打包的课程资料的构成原则运用了一种说明方式，它认为教师仅仅是知识的执行者，而且知识为了使人安静的目的而被消费或消遣，但知识用于智慧、产生真理和变革的可能性都被清除掉了。

　　教育生存文化话语的核心是自我生产的理论，是理解师生如何通过话语体现和生产复杂的历史、文化和政治形式，并赋予其生活以意义。教育生存文化话语首先承认政治意志和斗争的主观形式，它首先质问人们是怎样创造那些处理关于决定因素与能动作用的意识的故事、记忆和叙事的，关注那些被学生带到学校中的历史、梦想和经验。只有这样，才能生发出一种肯定和介入文化资本的矛盾形式的教育学。此外，自我生产因素不仅是用来肯定那些学校教育中支配性文化压制学生经验的一种教学技巧，而且是质问权力、不平等、压迫等因素如何围绕阶级、种族和性别来促进和限制学生的意识形态和实践的那种话语。这种可能性的话语通过确证和质问，揭示教学方式中知识和权力的交互关系，为学生提供机会，批判性地理解他们在更广泛的社会形态的组成部分中自己的身份、地位和权利，而且帮助他们批判地运用对他们来说在传统上总是被否定的那些知识形式。

第三节　对话教育的人性解放

语言、思想和教育的关系是教育人性化的一个重要主题。就语言而论，按照本雅明（Walter Benjamin）的观点，语言是万物的精神传达，而万物的精神传达并不以语言为媒介，就在语言之中，这是语言传达的直接性。语言具有无限性，在语言中传达的东西不可能受到外界的限制或从外部加以衡量。人的语言区别于抽象语言和其他非人语言的特点在于，它是词语语言，是"命名语言"。亦即：人是命名者，是语言的唯一说出者，而命名是"语言的语言"，因为只有当物从人那里获得自己的名字，上帝的创造才完成，精神的存在和语言的存在统一于人的命名过程中。[①] 因此，从语言的本体论观点看，语言是教育思想和行动的基础；从命名语言来看，命名是教育行动的出发点，"真正的词同时也是实践。因此，说出一个真正的词，就意味着改造世界"[②]。

一　从"独白"到"对话"

米哈伊尔·巴赫金（Mikhail Bakhtin）认为，人类社会绝非个人的"独白"或封闭的自我言说，而是交流与开放的对话。他将对话区分为"自我"、"我—他"、"我—世界"三种类型，指出对话的根本前提是承认人的独特的个体性、唯一性。人的存在就是以对话相互生活在对方之中，在"我—他"关系中建构现实与世界，因此，固定不变的、具有普适性的公认人性是没有的，人生就是一种对话人生，"生活就其本质说是对话的"，"语言本质上是对话性的（'交际工具'）"。[③]巴赫金认为，意义出自人们相互对话与具体的语境，唯有对话、交际才是语言生命的真正所在之处。大家经由对话而获得意义，对话既可以在两者之间，也可以在个人内在中体现思想矛盾。

巴赫金提出超语言学理论，认为超语言学理论主要研究在活的语言中

---

① 刘北成：《本雅明思想肖像》，上海人民出版社 1998 年版，第 40—45 页。

② ［巴西］保罗·弗莱雷：《被压迫者教育学》，顾建新等译，华东师范大学出版社 2001 年版，第 37 页。

③ 引自沈华柱《对话的妙语：巴赫金语言哲学思想研究》，生活·读书·新知三联书店 2005 年版，第 15 页。

超出语言学范围的那些东西，注重语言的社会历史性语义分析，关注语言在实际应用中不断变化的活的意义，而不是语言学范围内的词法、句法等。更重要的是，超语言学理论注重对话原则，关注语言、言语、表述、话语与语境在对话中生成意义的重要作用。

巴赫金也认为，语言是一种特殊的意识形态体系，"语言作为意识形态创作的一种特殊物质活动，它的作用还未给予足够的评价"①，"符号的意义属于整个意识形态"②，"哪里没有符号，哪里就没有意识形态"③。详言之，语言的意义不能归结为意识或客观心理，而是与属于社会的意识形态相关，受到意识形态影响。他反对索绪尔偏重语言的共时性意义而偏废语言的历时性意义，把索绪尔的语言理论称为抽象客观主义。他主张，语言的意义主要体现在其历史性之中，语言有自己的历史，就某一时刻而言，语言既有共时性统一不变的体系，也有该话语集团在历史形成过程中的变化与生成，"其实，语言不是被传送，它在发展，就像不断的形成过程那样在发展"，"语言是活生生的，并且正是在这里历史地形成的，在具体的交际中，而不是在抽象的语言学的语言形式和说话者的个人心理之中形成"。④

在巴赫金的理论体系中，表述与话语是"活意义"产生的特殊的、具体的、现实的语境。由于语言是不断演变的流程，因此"表述是言语的基础单位"。事实上，表述是指具体的言语事件，是个人的某一言语事件。所谓"话语"，是指具体言语事件的表述，与作为个人言语总和的言语概念有类似之处。话语的意义在言语交际中形成，其根本特点是它的社会性和意识形态性。这里，言语交际使语言与社会生活、历史、意识形态紧密相联，决定着语言的一切因素。由于言语理所当然地优先于作为固定规则体系的语言，所以表述就成为巴赫金语言思想的关键之关键概念。巴赫金说，"表述是言语流动的现实单位"⑤，"表述是社会的"⑥，"表述结

---

① ［俄］巴赫金：《周边集》，李辉凡等译，河北教育出版社 1998 年版，第 345 页。

② 同上书，第 349 页。

③ 同上书，第 350 页。

④ 引自沈华柱《对话的妙语：巴赫金语言哲学思想研究》，生活·读书·新知三联书店 2005 年版，第 22 页。

⑤ ［俄］巴赫金：《周边集》，李辉凡等译，河北教育出版社 1998 年版，第 449 页。

⑥ 同上书，第 432 页。

构是纯粹的社会结构。表述，就其本身而言，存在于说话者之间"①。

巴赫金提出，"他人言语"与言语的"内在对话性"是言语对话性的两个方面。"我所理解的他人言语，是指任何他人的任何话语，不管是用自己语言还是任何别的语言说的或写的；换言之，是指任何非我的话语。"②每一个主体都生活在他人言语世界中，个体的全部生活都是在他人言语的世界里得以定位，都是对他人言语的反应。他人言语在对话中具有积极作用，他人的积极应答或理解是表述链进行的有效动力，还决定着我们表述的立场、语调、情态、评价以致相应的言语体裁形式等一切。而且，他人言语与作者话语处于相互动态关系，这种动态反映着语言思想交际者之间相互理解的社会动态。这具体表现在两个方面：一是转述他人言语的线性风格（或者说素描风格），"该风格的一个基本倾向是在他人言语内部个性化削弱的情况下建立起言语清晰的外部轮廓。在整个语境充满同类风格的情况下（作者和他的所有主人公操同一种语言），他人言语在句法和结构上逐渐达到最大程度的封闭状态和轮廓明显的平稳状态"③，这种风格具有浓厚的意识形态底蕴。例如，在 17 世纪的法国和 18 世纪的俄国，唯理论的教条主义是当时最具代表性的思想，这种教条主义削弱着言语的个性化，被引用、转述的他人言语具有不可置疑的神圣地位和权威，这种线性的平行的关系是与大一统、封闭、神权和王权的旧时代联系在一起的。二是图性风格，它具有与第一种风格相反的特征，"语言不断产生出一些更精辟透彻、更善于表达各种感情色彩的方法，使作者插语和评述注入在他人言语之中"④。它倾向于消除他人话语的一些明显的外部轮廓，"在这种情况下言语本身在相当大的程度上被个性化了；对他人表述不同方面的感知是可以被明确区分的。所接受的不仅是他人话语的具体意义及包含在其中的见解，而且还有其所有词语表现的语言特点"⑤。例如，在 18 世纪末及 19 世纪的俄罗斯，占优势的是某种社会评价的相对性，它对于积极敏锐地接受思想、信念、情感的所有个性语言的细微差异是非常有利的。

---

① ［俄］巴赫金：《周边集》，李辉凡等译，河北教育出版社 1998 年版，第 452 页。
② ［俄］巴赫金：《言语体裁问题》，白春仁、晓河等译，河北教育出版社 1998 年版，第 152 页。
③ ［俄］巴赫金：《周边集》，李辉凡等译，河北教育出版社 1998 年版，第 473 页。
④ 同上。
⑤ 同上。

巴赫金指出,言语是说者(作者)、被议论者(主人公)、听者(听者)这三者社会的相互作用的表现,总是三者之间的一种对话。对话的研究,过去只是作为组织言语的一种结构形式进行,而对于这种话语内在的对话性,那种渗透着话语整个结构及其语义和情味的对话性,却被忽视了。内在对话性,具体而言,"一是说每个言语都同先前于它的其他言语处在程度不同的对话关系之中,是先前言语的继续、反响;二是说每个言语都诱发和期待着它后面的言语的出现"①。

巴赫金用对话中的"泛音"来描述对话与整个表述的关系,即"作为修辞现象的对话的泛音只能在整个语境中才能揭示出来,内在对话性只能建立在整个表述的基础之上。每一个具体表述都要在各种他人表述中判定自己的位置,并且考虑接踵而至的对自己的反应,这两方面都能产生对话的泛音"②。内在对话性揭示出词语的具体社会语境,反过来,社会语境决定着词语的整个修辞结构、形式和内容。"总之,在巴赫金看来,语言作为社会思想的真实而具体的存在,总是对话性的,这种对话性不但存在于言语的外部形式结构上,而且还存在于言语的内部,正是这种对话的泛音,丰富了表述的风格,使表述具备巨大的修辞意义,保证了人类话语生活生机盎然、纷繁复杂地朝前发展。"③

二　对话教育的人性化诉求

从语言学角度看,语言包括语形、语义和语用三个部分。就语言的语用学转向而言,语言的意义在于其用法,言语即行动,行动离不开言语。言语行为理论的核心概念是:To say something is to do something(言即行,或说话就是行动);言语行为是"语言交流的基本或最小的单位"④。奥斯丁(John Austin)最早系统提出言语行为论。他把话语分为施行式和记述式两类,后者可以用真假来判断,即有真值;前者是以往哲学家没有阐述的,就是指"以言行事的力量",是其话语必然对听者的感情、意见等产

---

① 沈华柱:《对话的妙语:巴赫金语言哲学思想研究》,生活·读书·新知三联书店2005年版,第45页。

② 同上。

③ 同上书,第46页。

④ John R. Searl, *Speech Acts*, Foreign Language and Research Press & Cambridge University Press, 2001, p. 16.

生间接效果。言语行为的内容分为三个方面：以言表意、以言行事和以言取效。三者是同时发生的，是语言与世界、语言与实在、语言与事实、语言与事态的统一。塞尔（John Searle）在 *Speech Acts：an Essay in the Philosophy of Language* 一书中从行为目的、所表现的心理状态等十二个方面区分了言语行为论，并引入了意向性概念：言语行为不仅使用语言符号，而且表达了说话人的意向。言语行为论的主要贡献在于：克服语言与世界的二元论，从真值语义学转向语用学研究，"是迈向形式语用学的第一步"①，因此"我们必须认真对待以言行事功能，把它们看作是特殊的功能，因为它们详细说明了言语者在他表达中所提出的是怎样的有效性要求，又是如何提出的，他为什么会提出这些有效性要求"②。综合本章的前述内容，可以说，人的语言是教育的人性基础，命名和言语是教育人性化的行动，"有人性地活着，就意味着命名世界，改变世界。一旦世界被命名，世界反过来又以问题形式再现在命名者眼前，要求他们给予新的命名。人类不是在沉默中，而是在词中，在工作中，在行动—反思中被造就的"③。

弗莱雷认为，命名世界就意味着改造世界，这种命名是通过有意识的行动，通过与他人批判式的讨论来改变客观和主观现实，也就是说，命名世界必须通过对话来完成。对话是以世界为中介的人与人之间的接触，其本质在于"词"，词的构成要素就是反思与行动，没有反思的行动就只能是行为主义，没有行动的反思是空话。命名世界和对话的区别和联系在于："如果人通过命名世界来改造世界时在他们说出的词当中得到反映，那么对话本身就成了他们获取作为人的意义的途径。"④ 因此，对话就是一种教育人性化的话语实践。而且，对话是接触，在接触中，对话双方的联合反思和行动恰好面对待改造的世界和待人性化的世界，因此，对话不是灌输思想，不是对话者"消费"的思想交流，更不是敌对性论战，而是一种创造性行为。

---

① ［德］哈贝马斯：《交往行为理论》（第一卷），曹卫东译，上海世纪出版集团、上海人民出版社 2004 年版，第 265 页。

② 同上书，第 266 页。

③ ［巴西］保罗·弗莱雷：《被压迫者教育学》，顾建新等译，华东师范大学出版社 2001 年版，第 38 页。

④ 同上。

对话何以可能？在弗莱雷看来，爱、谦逊的态度、对人的信任、希望和批判性思维是对话得以进行的必要条件。首先，"真正的教育不是通过'甲方'为'乙方'（'A'for'B'），也不是通过'甲方'关于'乙方'（'A'about'B'），而是通过'甲方'与'乙方'一起（'A'with'B'），把世界作为中介而进行下去的——这个世界给甲、乙双方留下了印象并提出了挑战，产生各种关于这个世界的观点或想法"①。其次，对话与行动的目的是一起改造现实。再次，对话内容必须是当前的、现实的、具体的情况，这种情况反映人民的愿望；是与人民的对话，讨论彼此的世界观，了解人民的"主题域"。最后，对话所揭示的是：人是自在与自为存在的辩证运动；人是意识的存在，所以人存在于对限度的确定以及自身的自由之间的辩证关系之中；人是超越有限的存在的创造的与实践的存在。② 总之，对话作为一种文化行动理论，它所建立的是解放的、自由的教育学，"这种教育，是从非人性化到人性化的解放过程——所有人的'终生意识化'（a Permanent of Conscientization）过程"③。与之相对照，代表统治意志的反行动对话理论必然与代表解放意志的对话行动理论对立。二者关系见表6—1。

表6—1   两种文化行动的对照表④

反对对话行动理论	对照项	对话行动理论
征服	文化行动的意图	合作（对话行动只存在于主体间，现实是中介）
离间（个体失去人格，群体相互分裂）	文化行动的手段	为解放而团结（反意识形态化）
操纵（约定；推动人民建立虚拟组织）	文化行动的形式	组织（自由、纪律和权威的辩证关系的建立）
文化侵犯（世界观的强加并引向模仿）	文化行动的后果	文化合成（战胜敌对矛盾，为组织和解放服务）
统治	文化行动的目的	解放

---

①　[巴西]保罗·弗莱雷：《被压迫者教育学》，顾建新等译，华东师范大学出版社2001年版，第42页。

②　同上书，第43—55页。

③　董标：《哪里有压迫，哪里就应该有〈被压迫者教育学〉》，《比较教育研究》2002年第8期。

④　同上。

　　这种解放与统治的对立，反映的是统治阶级和人民之间的外部矛盾与在人民内部即人民与领导层之间的内部矛盾。因此，针对不同的矛盾，对话所揭示的人性化内容就有所不同（具体内容见表6—2）。

表6—2　　　　　　　　　　对话揭示的不同人性化内容

	外部矛盾（人民与统治者）	内部矛盾（领导层与人民）
对话"域"	神话	问题/生成主题
对话条件	以活着的死亡为条件	为了一起获得新生
对话关系	人"物"关系/垂直关系	交流合作/同志式的平等关系
对话伦理	非人道主义	人道主义
对话形式	无知的绝对话语，如口号	无私的思考/一起思维
对话结果	暴力革命	相互解放

　　根据弗莱雷的主张，对话与革命行动同时发挥作用，无先后主次之分。对话是革命行动的本质，"在这一行动理论中，行动者主体间把行动指向一个对象（现实，这是他们的中介）。把人的人性化（要通过改造这一现实来实现）当作他们的目标"①。
　　对话教育是指教育主体之间通过相互作用、相互沟通、相互交流，从而达到他们对知识、经验、智慧、思想和人格方面的共享以及共同创造新的意义的过程，具有学生、教师等教育主体追求解放的人性意义。教育解释学家认为弗莱雷的对话理论是基于学生个体解放的主体间性对话，而且他们"以一种三位一体的、对话的关系，把弗莱雷的合目的的教育加以系统地描述成共存于世"②。这里的"共存于世"就是海德格尔所称谓的"共显"、"本真的烦神"之意，就是"将学生的存在看成是教育过程的基础，这种方法所具有的主体间的有效性是可以被证实的"③。学生的主体或自我解放意识离不开对现实批判的对话教育，"灌输教育麻痹、抑制创造力，而提问式教育（即对话教育——作者注）却不断地揭示现实。前

　　①　[巴西]保罗·弗莱雷：《被压迫者教育学》，顾建新等译，华东师范大学出版社2001年版，第76页。
　　②　[澳]范登堡：《解释的教育理论与规范的教育理论》，载瞿葆奎主编《教育学文集·教育与教育学》，人民教育出版社1989年版，第506页。
　　③　同上。

者试图维持意识的淹没状态；后者则尽力让意识脱颖而出，并对现实进行批判性干预"①。学生的主体或自我解放意识也与自身社会的、历史的、实践的条件休戚相关。弗莱雷认为，那些被争取过来站在被压迫者一边的人，当他们相信自己必须成为社会变革的领导者时，常常受到某种新的统治形式的影响。而且，当他们转向团结被压迫者时，应伴随这样一个意识上的转变：允许一个人与知觉世界、自己的历史、背景意识和自己的前理论理解之间保持联系（即与一个人自身的存在相联系）。没有这种自我意识，一个人几乎不能理解他人或参加集体的实践。尤其对于教师来说，诠释的兴趣应该制约追求解放的兴趣，只有这样，才能在不断地提高自我理解的过程中，把批判建立在对文化诠释学解释的基础之上。换句话说，他认为，批评的理论应当以存在主义诠释学为基础，以摆脱对虚伪的宽容的不良观念。②

"提问"是弗莱雷批判教育学中的概念，也是批判教育学的核心。"提问导致对既有课程的互动参与以及批判探究，并得以扩充对学生生活中课题的反省。这种学习方式并非立基于早已准备好的教学大纲和制定好、指定好的课程。提问开启了质疑与寻求解答之门，包括显著课程与潜在课程。提问关注的是潜在课程，因而使许多人感到不安。提问常质疑人们不愿意听的问题。"③ 提问包括三个步骤：命名、批判地反省和行动，这也是批判性教育学的最佳程式。下面是关于一位高中文学老师 Johnson 小姐如何将她的班级改变成一个批判活动的社区的例子。

命名 六〇年代期间，女孩不准穿长裤到学校。我们对此感到生气，我们曾到她的办公室谈论这件事。在她的班上，我们知道我们可以对任何所想要谈论的事命名，只是我们并不知道我们正在命名。

批判地反省 我们利用了许多午餐时间在她的教室来谈论我们的愤怒。她会倾听我们每一个人。若对我们重要的事，对她一样重要。

① ［巴西］保罗·弗莱雷：《被压迫者教育学》，顾建新等译，华东师范大学出版社 2001 年版，第 32 页。

② ［澳］范登堡：《解释的教育理论与规范的教育理论》，载瞿葆奎主编《教育学文集·教育与教育学》，人民教育出版社 1989 年版，第 51 页。

③ ［美］Joan Wink：《批判教育学：来自真实世界的记录》，黄柏叡、廖贞智译，台湾巨流图书有限公司 2005 年版，第 84 页。

行动　在思考若干选择之后，我们设计了在当时相当激进的计划。我们写信，并去询问学生会、学校行政人员和学校董事会，是否女孩子可以穿长裤到学校。我记得学生会的男孩、男性行政人员以及学校董事会的男人说"不"的样子：女孩子必须穿洋装。但是，在我们毕业后的那一年，所有的学生都可以穿长裤了。①

这里，命名就是一种实践活动，"命名即是称某种主张为某种主义，如：种族主义、阶级主义、性别主义。命名就是在指出被边缘化的群体曾经感受到，但却被限定不可提及的腐化的殖民、可恶的控制以及潜藏的威权"，"命名不只是在表达一种想法；也不只是谈论与归类。命名是，我们在陈述。命名发生在当非主流群体向主流群体明确地诉说'多余'和'不足'的复杂关系。例如，当女孩子们向男孩子们说（或当女性对男性说）她们憎恨'玻璃天花板'，她们就是在命名"。②

批判性反省是一种反思性行为或反思性实践。反思性实践并不排除心理中的自我意识与主体意识因素，如巴赫金的内部对话与弗莱雷的内在意识沟通，但这里更强调交互性对话中以三个有效性要求为基础的理解过程。此外，基于维果茨基（Lev Vygotsky）的理论，批判性反省的前提是有社会文化或情景脉络、主体之间的互动、语言与使用的观念，以及在已知与未知之间有可发展的距离等，它是社会关系中以问题为对象的思维、判断与调整的过程。

行动有不同的类型，从哈贝马斯交往行动理论的意义上讲，有目的行动、策略行动、规范行动、戏剧行动和交往行动等。批判教育学中的行动更强调交往行动，因为它是以理解为中心，把语言作为直接理解的媒介，此时的语言涉及主观世界、客观世界和社会世界。在上面的例子中，"女孩子们"在命名、批判性反省之后，借助语言媒介，即写信、询问等话语方式，通过对话，改变或改造了"被动者"施加的"符号暴力"（长裤）。

---

① ［美］Joan Wink：《批判教育学：来自真实世界的记录》，黄柏叡、廖贞智译，台湾巨流图书有限公司 2005 年版，第 184 页。

② 同上书，第 65—66 页。

第七章　教育人性化的道德实践

如果说，教育人性化的交往实践阐明了教育互动的人性化意义，那么承认理论就是交往实践的另一种理解，[1] 目的是揭示主体间互动的伦理实践意义。毋庸置疑，让人沉默和被动、遏制人的想象力、剥夺交往的权利，是专制的基础，也是教育中灭绝人性的"意识形态"。因此，这里将正视教育人性化的规范伦理，研究教育人性化的自由、平等和博爱（或团结）等规范内容，但它们也是基于教育行动和互动的实践基础上进行的。前面的论述主要从实践哲学的视角辨析教育人性化实践中有关教育互动的几个基本概念，并在教育人性化实践的历史性和创造性中厘清教育人性化的具体实践形式。在论文的最后一章，将继续循着教育人性化的自由目的，拓展教育人性化在社会互动或主体间互动中的道德内涵，从而探讨教育人性化的规范内容。这里主要通过"为承认而斗争"的实践哲学分析，总结性地探讨教育人性化的实践规范。

第一节　自由：教育人性化的道德目的

如果教育人性化实践要解决社会所能合法施用于个人的权力的性质和限度，实现个人自主和自我认同，那么教育人性化实践必须深入到教育行动的一般形式中，研究教育人性化的自由问题，尤其是教育的自由目的及其民主实践，后者具体包括作为道德的民主和作为政治制度形式的民主。

---

[1]　霍耐特发现了哈贝马斯的交往行动理论和承认理论之间的相同之处，认为"交往范式只能被理解为承认理论"。王凤才：《蔑视与反抗：霍耐特承认理论与法兰克福学派批判理论的"政治伦理转向"》，重庆出版社 2008 年版，第 122 页。

因此，这里将发展前面教育互动中对话教育的内容，从教育实践的政治哲学层面进行论述。

一　思想自由：教育人性化的道德理想

由于教育知识首先是为了具有知识的人具有更多选择的自由，而且，在具体的社会现实中，教育必须保障人们的人权、政治权利和社会权利等，与此同时，教育也必须保证人人皆有保护他人的义务，所以教育具有引导和支配人们心灵的使命。与马克思同时代的德国哲学家施蒂纳（Max Stirner）曾经担心：任何形式的教育都有可能限制思想自由，因此，检验一个人是否接受了某一思想或信仰的标准在于，此人是否有能力摆脱这一思想或信仰，摆脱学校等外在力量把观念植入大脑，否则，这种任何个人无法摆脱的思想就将成为"大脑中的轮子"。据此推理，拥有自我就意味着要取消"大脑中的轮子"，教育人性化所追求的自由也要取消大脑中的轮子，实现人的思想自由、言论自由等。根据施蒂纳的观点，"脑中之轮"意味着，它是把所想象的、可能的和应该的同一起来，认为，一切想象的都是可能的，一切可能的就是应该的。事实上，一个人设想所有人都可以是好人，并不意味着所有人都真的成为好人，或者他们应该成为好人。在现代社会中，人们为自己应当成为的"理想"或"真理"而牺牲真实的自我，但他们并不拥有自我，而是被这些"理想"或"真理"支配着。因此，施蒂纳认为，唯一能抵消脑中之轮的控制作用的途径就是，通过个人意志而不是通过学校教育来获取知识和信仰。如此看来，像自由资本主义社会的民主教育，也极可能混淆所想象的、可能的和应该的之间的界限，只能保证官方学校教育人们去重构社会并为反对权力分配的不平等而斗争，事实上，这是不可能的，因为美国的公立学校不可能完全采纳，而且在有关公共教育的政治结构之下，学校不可能致力于消除权力和财富的不平等。[①] 归结起来，在施蒂纳和密尔（J. S. Mill）等早期的无政府主义和自由主义者看来，教育人性化的使命就是去除"脑中之轮"，通过言论自由、人身自由等还之以思想自由。

无政府主义和自由主义者认为，社会权力源自对人的日常生活、内心

---

① ［美］乔尔·斯普林格：《脑中之轮：教育哲学导论》，贾晨阳译，北京大学出版社2005年版，第64—71页。

生活和理想的掌控；就教育与国家之间的关系而言，国家试图通过教育制造心灵的暴政。密尔担心学校传授有利于政治领导者、社会精英而不利于个人的理想，从而限制思想言论的自由，妨碍新知识的增长。即使在资本主义民主所奉行的少数服从多数的代议制形式里面，也存在多数人暴政的危险，因为多数人并不能完全代表"人民"，"运用权力的'人民'与权力所加的人民并不永远是同一的；而所说的'自治政府'亦非每人管治自己的政府，而是每人都被所有其余的人管治的政府"①；多数人的意志并不完全代表人民的意志，"至于所谓的人民意志，实际上只是最多的或最活跃的一部分人的意志，亦即多数或者那些能使自己被承认为多数的人们的意志"②。多数人的暴力的可怕之处，不仅体现于政治压迫，而且体现在社会本身作为暴君渗入到生活的细节，奴役人的灵魂。因此，如何在社会控制和个人独立之间做出恰当的调整，成为教育自由的关键所在。密尔所主张的教育自由是消极的自由，是个人只有与他人发生关系的行为中不伤害他人的不作为。相应地，社会对个人的控制必须绝对地尊重这个原则：人类之所以有理有权可以个别地或者集体地对其中任何人的行动自由进行干涉，唯一的目的只是自我防卫，"任何人的行为，只有涉及他人的那部分才须对社会负责。在仅涉及本人的那部分，他的独立性在权利上则是绝对的。对于本人自己，对于他自己的身和心，个人乃是最高主权者"③。

二　个性自由：教育人性化的道德灵魂

个性自由是教育人性化的灵魂，是"人是目的，不仅仅是手段"的价值理性在教育人性化实践中的具体展现，它主要表现为人的心理素质、行为能力、思维方式、品德修养等方面在社会实践中得到全面而和谐地发展，体现出个人品质的独特性和创新性。

（一）具有自由意志的"超人"

尼采是西方哲人中主张个性自由的代表人物之一，其思想的深刻性在于，反对现代性中盛行的庸众道德，认为，只有拥有权力意志的"超人"

---

① ［英］约翰·密尔:《论自由》，许宝骙译，商务印书馆 2008 年版，第 4 页。
② 同上。
③ 同上书，第 11 页。

才是个性自由的人。尼采认为，以往道德的历史是为权力意志效力的撒谎和诽谤的历史，是群畜意志反抗强者的历史；文明的提高是为了使某种选择得以可能而牺牲大众，是一切其他增长的条件；和古希腊的贵族政体相对而言，一切道德和基督教价值论断就是奴隶造反和奴隶的虚伪。①　因此，尼采呼吁重估一切价值，换回权力意志，归还给人们以发展自身欲望的勇气；打消妄自菲薄，找回自然的人的欲望；删除这种人为设计对立；要从存在中剔除过失、惩罚、正义、正直、自由、爱等社会特质。概言之，权力意志的条件是"首先人们能干什么；然后才是，人们应该干什么"②。

　　尼采说"上帝死了"，那么是谁杀死了上帝，"上帝哪儿去了？让我们告诉你们吧！是我们把它杀了！是你们和我杀的！咱们大伙儿全是凶手！"③　杀死了上帝之后谁将取代上帝的位置？尼采认为应当到超越于人性之外去寻找，用最能体现权力意志的"超人"来重新评估和树立人类的一切价值。海德格尔总结说，必须从价值这个视点来看待生命，是生命为生命体设定视点，生命在其本质中便表明自身是设定价值的生命；权力意志就是生命的基本特征，它具体体现为一种生命的生成活动。④因为尼采的权力意志是"生成"、"生命"、"强力"的同义词，生命的保存作为人性的本能，也是服从于生命的生存和生长并由其建构起来，"为了这个目的、目标和意向，一般的意愿就等于变得更加强大的意愿，生长的意愿——此外，还是取得手段的意愿"⑤，因此，尼采基于价值虚无主义视角，寻找"最充沛的生命的理想"，并认为，新的最高价值隐含着"着眼于生成范围内的生命之相对延续的复合构成物，'价值'的观点乃是保存—提高的条件的观点"⑥，保持生命和提高生命二者统一为生命的复合构成物，生命之本质是生长欲望。

　　海德格尔的弟子卡尔·洛维特提出，尼采真正的思想是一个思想体系，它的开端是上帝之死，中间是上帝之死产生的虚无主义，而它的终端

①　Friedrich Nietzsche, *The Will to Power*, New York: Random House, 1967, pp. 81 – 82.
②　Ibid. , p. 76.
③　[德] 尼采：《快乐的科学》，黄明嘉译，华东师范大学出版社 2007 年版，第 209 页。
④　[德] 海德格尔：《林中路》，孙周兴译，上海译文出版社 2004 年版，第 240—244 页。
⑤　Friedrich Nietzsche, *The Will to Power*, New York: Random House, 1967, p. 356.
⑥　Ibid. , p. 380.

是对虚无主义的克服，成为永恒的复归。① 也就是说，尼采用永恒轮回观念来克服价值虚无主义，因为他赋予了永恒轮回以自然法的地位。事实上，尼采的永恒轮回思想意指：世界永远都在生成变化，周而复始，保持能量的守恒。它预示着：无论你现在过的生活还是过去过的生活，都要一直过下去，包括痛苦的生活和快乐的生活，这是一种反复出现的，经受考验和挑战的生活，即使你知道生命是痛苦，但你仍然要忍受。"忍受这种永恒轮回的观念，我们需要：从道德中解放出来；需要新的方法去对抗痛苦的事实（将痛苦视为一种工具，作为快乐之源；没有累积的不愉快的感觉）；欣然承受一切不确定的东西，欣然接受实验主义，作为对极端的宿命论的对抗；取消必然的概念；取消'意志'；取消绝对的知识。"②

（二）自由主义的个性

在自由主义者密尔看来，个性是和文明、教化、教育、文化等同等重要的东西，而且个性是它们的一个必要部分和必要条件。个人的自由必须不使自己成为他人的妨碍，同时，在并非涉及他人的事情上，个性应当维持自己的权利。在此前提下，人有言论的自由，试验不同的生活的权利。不能因习俗而遵从习俗，人的各种官能、智力和道德的能力只有在进行选择和具体的使用中才能得到进展。工作中使用生命以求其完善化和完美化的目的是人本身，人性就像一棵树，需要生长并且从各方面发展起来，需要具有活力的内在力量趋向生长和发展壮大。欲望和冲动是人类自我完善的一个构成部分，在一个强烈的意志控制之下，在符合其本性并经过他自己的教养加以发展之后，它们就变成一个富有精力的性格。密尔指出，威胁人性的危险不是个人的冲动和择取过多，而是不足；凡是不鼓励个人的欲望和冲动并使之展开的人，必认为社会不需要强有力的人。密尔正确地指出，"人类要成为思考中高贵而美丽的对象，不能靠着把自身中一切个人性的东西都磨成一律，而要靠在他人权利和利益所许的限度之内把它培养起来和发扬起来"③。也就是说，如果需要给每个人的本性以任何公平的发展机会，那么，最主要的是容许不同的人过不同的生活。因此，在密尔看来，压制人的个性都是专制，无论他以何种名义，而且任何时代为人

---

① ［德］卡尔·洛维特：《从黑格尔到尼采》，李秋零译，生活·读书·新知三联书店 2006 年版，第 261 页。

② Friedrich Nietzsche, *The Will to Power*, New York: Random House, 1967, p. 546.

③ ［英］密尔：《论自由》，许宝骙译，商务印书馆 2008 年版，第 74 页。

所关注的地方就看独立自由运用到何种程度。个性与发展是同一回事，只有培养个性，才产生出很好的人类。

密尔认为，首创性是个性自由的必然结果。事实上，现在世界上的一切事物都是首创性所结的果实，这也证明了少数首创者的价值，他们就像地上的盐，没有他们，人类生活就会变成一池死水。因此，为了要维持少数天才①的存在，必须保持让他们生长的土壤，让他们在自由的空气里自由地呼吸。当然，有天才的人必然是比任何人有更多个性的人，所以，那种突出的个人特别不应当受到吓唬，而应当受到鼓励，做出和群众不同的行动。个性自由还意味着，一个人需要保有一定的常识和经验，都应当以自己的方式去规划其存在的方式，因为，人都有多种歧异的嗜好和兴趣，不能用一个模子来铸造它们，而且不同的人需要不同的发展其精神的条件，不同的人不能健康地生存于同一道德的空气和气候之中。换言之，个性自由需要人们的宽容，包容那些为所欲为而不致损及他人的个人的放肆。密尔批判当时的教育着力于扩展同化，把人们置于共同的影响之下，并给予人们以通向一般事实和一般情操的总和的手段，最终和其他社会势力一起与个性为敌。因此，密尔呼吁，"个性要保住它的根据，将有愈来愈大的困难，除非我们能做到让公众中有头脑的一部分感到个性的价值，让他们看到有不同是有好处，即使不是不同得更好，甚至在他们看来或许有些是不同得更坏"②。

（三）自由全面发展的个性

从历史唯物主义的视角看，作为教育人性化的目标，人的自由全面发展是以每个人的充分发展、充分地体现出每个人的个性为前提的。正如马克思所说，个性自由是在解除阶级压迫、劳动异化和文化压制之后实现的。在资产阶级社会里面，个性是由非常明确的阶级关系决定和规定的，个人也只是一定历史发展阶段的个人，绝不是偶然的个人。换言之，个性

①　康德认为，天才是天生的内心素质，通过它自然地给艺术提供规则，详言之，首先，天才是一种产生出不能为之提供任何确定规则的那种东西的才能，而不是对于那可以按照某种规则来学习东西的熟练的素质，于是，独创性就必须是它的第一特性；其次，天才的作品必须是有示范作用的；再次，天才自己不能描述或科学地指明它是如何创作出自己的作品来的，相反，它是作为自然提供这规则的；最后，自然通过天才不是为科学，而是为艺术颁布规则，而且这也只是就这种艺术应当是美的艺术而言的。［德］康德：《判断力批判》，邓晓芒译，人民出版社2002年版，第150—152页。

②　［英］密尔：《论自由》，许宝骙译，商务印书馆2008年版，第87页。

自由离不开历史发展的状况和水平，它是历史发展的结果，而且共产主义革命也是个人自由发展的共同条件而已，"一个人的发展取决于和他直接或间接进行交往的其他一切人的发展"，"发展不断地进行着，单个人的历史绝不能脱离他以前的或同时代的个人的历史，而是由这种历史决定的"。① 因此，马克思讲，共产主义是个性自由和全面发展实现的社会，到那时，只有全面发展的个人才能占有现存的交往和现存的生产力，消灭私有制，把它们变成个人生活的自由活动。

> 在共产主义社会中，即在个人的独创的和自由的发展不再是一句空话的唯一的社会中，这种发展正是取决于个人间的联系，而这种联系部分地表现在经济前提中，部分地表现在一切人自由发展的必要的团结一致中，最后表现在以当时的生产力为基础的多种多样的活动方式中。②

概言之，当作为自主的和独立的人彼此平等对待时，人就变成了新的意义上的个体，但这还是抽象意义上的个体。每个个体的社会身份、地位都会不同，在具体的行动中，每个人都有不同的角色，会面对各种不平等的对待，因此，个体行为方式及其所体现的精神气质就表现为个性。客观上讲，个性是一个中性词，每个人都有个性，但如果要获得个性的自由，那么这就不是客观事实，而是需要努力争取的事。同时，个性受制于社会、经济、文化和制度等客观条件以及个人的主观条件，因此个性自由也是满足各种人性要求的行动方式与发挥人性能力的结果。

三　言论自由：教育人性化的道德核心

教育互动是教育人性化的重要实践形式，它不仅仅是一种教学理论或方法，更重要的是，它是关乎人性解放与自由的教育理论，也是有关社会自由或公民自由的政治哲学。换言之，教育互动何以可能的基本条件是每个人都有语言表达的能力，也有发表自己意见和建议的权利，更有参与讨

---

① 马克思、恩格斯：《德意志意识形态》，中共中央马克思恩格斯列宁斯大林著作编译局译，人民出版社 2003 年版，第 99 页。

② 同上书，第 100 页。

论的权利，因此，它涉及每个人的私人自主和社会的公共自主及其相互关系的问题，是思想自由、个性自由的具体表现形式，也是政治自由的集中体现。

（一）言论自由是最基本的政治权利

事实上，教育互动的前提和目标是实现言论自由。从政治权利的角度讲，言论自由是维护每个人在教育中进行平等对话的自由和权利，因为人类应当有自由地形成意见并且毫无保留地发表意见的基本权利，否则，对话教育毫无意义。马克思认为，言论自由是人性的基本的需要，也是人性需要的满足，"我觉得我确实喜欢的那种东西（他在这里特别指出的是出版自由——笔者注）的存在是一种必要，一种需要，如果没有它，我的本质就不能得到实现、满足和完成"①。教育互动也是弗莱雷对话教育理念在政治哲学中的具体实践，因此，弗莱雷所关注的对话教育或教育互动基于马克思阶级分析和黑格尔主奴辩证法，对"恋尸癖型"和"爱生命型"的人性爱欲进行分析，但还未从实践的规范内容出发，对对话教育中的话语伦理学及其言语自由思想进行阐述。

自由主义者密尔相信教育是维护政治自由的重要途径，因此，为了避免国家的教育服务于精英和多数人利益的可能性，他和洛克一样重视家庭教育，希望借此减少政府的职能干预，让政府帮助家庭支付教育费用、进行教育考试等。同时，为了避免千人一面的教育弊端，主张通过政府与教育的职能分离，保持教育思想的多样性，实现思想自由和言论自由。反过来讲，在自由主义者的视域内，教育人性化的自由观就应当是尊重人的思想自由和言论自由，因为，在他们看来，人不仅是会说话的动物，而且是自由言说思想和意志的有尊严的动物，"自由，作为一条原则来说，在人类还未达到能够借自由的和对等的讨论而获得改善的阶段以前的任何状态中，是无所适用的"②。密尔按照人的意识、趣味、合作三个维度把人类自由的领域划分为思想自由、言论自由、个性自由和联合的自由等，主张政府应当保证人们自由发表意见和讨论，维护每一个人的自由发言权利，保持言论的多样性，"假定全体人类都执有一种意见，而仅仅一人执有相

---

① ［美］弗洛姆：《马克思关于人的概念》，载复旦大学哲学系现代西方哲学研究室编《西方学者论〈一八四四年经济学—哲学手稿〉》，复旦大学出版社1983年版，第49页。

② ［英］约翰·密尔：《论自由》，许宝骙译，商务印书馆2008年版，第11—12页。

反的意见,这时,人类要使那一人沉默并不比那一人(假如他有权力的话)要使人类沉默较可算为正当"①。就此,密尔分析说,一方面,迫使一个人的意见不能发表的罪恶是对整个人类的罪恶,因为我们永远不能确信我们所力图窒闭的意见是一个谬误的意见,即使我们确信,要窒闭它也仍然是一个罪恶;另一方面,意见的真确性离不开讨论的自由,因为真确性是以有反对它和批驳它的完全自由为条件,而且也别无其他条件能使一个像具有人类精神能力的东西享有令它成为正确的理性保证。

密尔的真理观与批判理性主义的"证伪法"具有相同之处。他认为,只有通过意见分歧才能使真理的各个方面得到公平竞赛的机会,即使大多数人都居于正确的方面,那些少数异议者也总是可能有其值得一听的为自己辩说的东西,假如他缄口不言,真理就会有所损失。即使公认的意见不仅是真理而且是全部真理,若不容它去遭受而且实际遭受到猛烈而认真的争议,那么抱执这个意见就像抱执一个偏见那样,对于理性根据就很少领会。如果没有讨论,那么真理就会沦为教条,因为教条仅仅是形式上宣称的东西,妨碍着去寻求根据,还阻挡着任何真实的、由衷的信念从理性或亲身经验中生长出来。

在教育人性化中的实践中,教育并不含有强迫、宰制的成分,每个人都有发表自己的见解的机会和权利。进而,言论自由的政治权利不仅表现为学生维护言论自由不受干涉的消极自由的权利,而且这种政治权利通过学生自由发表意见和讨论等形式赋予学生权利,并最终赋予所有公民。当学生和所有公民都获得了这种用以改变周围世界的社会、政治和经济状况的知识和批判的思维方法之后,就拥有权利。由于教育互动中的语言无法脱离权力关系,它是在权力关系的背景下社会性地建构起来的,尤其是在用来描述黑人、女性、幼童等弱势群体的话语中,因此,主动地给予被权力操纵的"潜能语言"在发表意见和论辩中不断规整的机会,使人们看到他们有能力通过民主斗争限制权力分布的不平等。此外,言论自由不仅表现为学生或所有公民有自由表达的自由,要求老师或统治者倾听他们的言论的权利,而且有助于学生或所有公民在自己的知识范围之外质疑自己所相信的事物为真的社会建构机制,发表教师或社会认为是"错误"的言论,从而理解自己为什么这样思维和言说。因此,吉鲁总结说:

---

① 　[英]约翰·密尔:《论自由》,许宝骙译,商务印书馆2008年版,第19页。

从批判理论的立场出发，学生们的对立文化必须被视为正当，也必须给他们表达对学校教育看法的机会。学生为什么会对学校有这样的看法和举动，答案将在批判对话中寻找。如果这种寻找是在师生间展开的，那么老师也必须说明他们对于学生和学校教育的看法来自何处。在对话中，不存在这样的假设：某方有权决定什么是错误的观点，并需要加以改正。从师生对话中也许会产生出一些方法，可以改善学校，并改变老师和学生们对于平等参与学校事务的态度。①

（二）话语民主体现言论自由的程序正义

根据罗尔斯的看法，对于一个民主社会来说，正义的观念是以一种人性理论为前提的，因为，它必须首先考虑到，通过其个人观念和秩序良好之社会观念所表达的那些思想，必须经受人性的各种能力和社会生活的各种要求的检验。言论自由主要包括：不存在任何诸如煽动性诽谤一类的犯罪；不存在任何对出版自由之类的预先限制；拥护革命的行动和颠覆性的学说也受保护。在民主社会里，革命言论也会产生让人无法控制的颠覆性力量，然而，如果自由言论得到保证，每个人的人性苦难都会为人所知，成为公开发出的声音，而不会成为高度危险的东西，而且一个适度而良好管理的社会，必将借助更完备的政治观念和制度进行改革，使人们自由而公正地使用理性。② 因此，罗尔斯提出，为了达到政治自由的公平价值，必须合理设计各种各样的言论规则，这也是哈贝马斯等批判教育学家所要完成的任务。

教育人性化不仅是出于义务或责任等普遍化原则，或满足欲望与幸福的行动，它还是超越主体的独白式或唯我主义的推理，引入他者，向所有人开放，通过主体与主体之间的语言交往形成共同行为规范的过程，它充分地体现在教育互动的过程和形式中。哈贝马斯所提出的对话理论批判性地吸收了自由主义和社群主义的各自优点，尤其是自由主义通过不同利益之间的妥协以及社群主义通过道德的自我理解形成民主的意见和意志的优

---

① ［美］乔尔·斯普林格：《脑中之轮：教育哲学导论》，贾晨阳译，北京大学出版社2005年版，第42页。

② ［美］罗尔斯：《政治自由主义》，万俊人译，译林出版社2000年版，第367—368页。

点，这样，实践理性就从普遍主义的人权或共同体的道德中发展出来，还
原为话语原则和论证形式，他们从交往行为的有效性基础或者语言交往结
构中获得其规范内涵。①

　　哈贝马斯认为，话语民主意味着，大家都是参与者而非观察者，可以
自由地表达他们自己，最终的决定必须基于更好的论据，真正的决定总是
能够根据新的证据、新的经验和新的观念而受到质疑，因此，话语民主保
证了这种道德决断的程序，而非结果。"交往伦理学的理论基本概念就是
普遍的讨论。……因为合理动员的理解的这种观念已经安置于语言结构
中，所以它不仅是实践理性的要求，而且渗透进了社会生活的再生产。交
往行动越是从宗教那里接受过来社会统一的重担，一种无限制的和未受歪
曲的交往共同体的标准，就必然会在交往共同体中，获得经验的作用。"②
话语民主必须满足交往行动的三个基本有效性前提，即真诚性、真实性、
正确性，这样才能认同一致的社会规范，对科学理性有共同的理解，维护
个体化与社会化的统一，保证生活世界的合理结构。同时，话语民主也是
实现生活世界和公共生活总体化的重要途径，"话语民主讨论的是公众的
事，任何一项决定都必须为多数人赞同才能有效，反之，得到公众一致支
持的决定又必须为所有人视为对自己有约束力的而遵守之。唯有如此，话
语意志的民主和自由才能实现，一种社会制度也才能获得稳固的基础"③。

　　可以用"论证"或"辩论"（argumentation）概括哈贝马斯的话语民
主的核心内容。论证既是交往有效性解决歧义或分歧的反思工具，也是一
个严格检验是否满足论证理由和根据的交往形式，它包括三个层次的内
容：首先，它是一个对话的过程，也就是在排除内外强制因素的理想对话
情景中，通过不同方法走向理解的过程；其次，它是一种程序，在相互合
作的倡议者和反对者的分工形式中，接受一定规则的控制，既提出有问题
的有效性申述的主题，然后以假设态度解除行为和经验的压力，最后以理
性并且只用理性来检验那个由倡议者捍卫的申述是否成功；最后，论证是
一种特殊产品，其目的在于产生中肯的论证，并且根据内在的性质，使这

---

　　① ［德］哈贝马斯:《包容他者》，曹卫东译，上海人民出版社 2002 年版，第 287 页。
　　② ［德］哈贝马斯:《交往行为理论》（第二卷），洪佩郁、蔺菁译，重庆出版社 1984 年
版，第 125 页。
　　③ ［德］哈贝马斯、米夏埃尔·哈勒:《作为未来的过去》，章国锋译，浙江人民出版社
2001 年版，第 190 页。

些论证具有说服力，这样，论证作为工具，可以使主体之间可能产生对倡议者所假设的有效性申述的承认，从而也使意见转化为知识。①

话语民主的上述论证证明：一个命题可以得到合理的接受，最终取决于理由，取决于论证过程自身的固有特征；论证作为一种义务和权利，它不是一种道德义务和道德权利，它需要"共同"的努力才能实现。话语伦理学论证道德视角的关键在于，认知游戏的规范内容只有经过论证规则才会转变为对行为规范的选择，而且，这些行为规范和它们的道德有效性要求一道贯彻在实践话语中。其结果是，在规范应用中，实践问题发生了分化，即共同生活的道德问题、合理选择的实用问题和好的生活的伦理问题分化开来，实践的交往合理性才得以确立。论证过程的最为重要的特征表现在：首先，不管谁，只要能作出相应的贡献，就应当允许他参与论证；其次，所有人都应当享有均等的机会，在论证中作出自己的贡献；再次，参与者必须言出心声；最后，交往必须同时摆脱外在强制和内在强制，以便有更好理由的说服力能促使人们对可以批判检验的有效性要求采取肯定或否定的立场。②

个体的自由植根于交往关系之中。阿伦特和哈贝马斯都主张，具体的个体只有在通过语言理解的公共领域中才能获得自由，这种自由就是"交往自由"③。交往自由体现话语民主的核心精神。它不仅要求摆脱对话的外在束缚，也就是法律、风俗之类的束缚，而且要求消除与言论及其表达的思想有关的各种内在障碍，也就是虚假意识或意识形态的障碍。它主要体现在交往的包容性、无强制性等方面。所谓包容性，是指进入话语不受任何限制，而不是指任何一种强制性的行为规范都具有普遍性。而"无强制性"主要指论证过程本身，包括理想对话情境的设定、保证参与者享有同等的交往权利、话语的真诚表达等，不受论证实践之外的人际关系的影响。交往自由与密尔的言论自由的区别与联系在于，交往自由是言论自由的前提，而言论自由和一个开明的公共领域、公共意见与公共意志一起是交往自由得以实现的最基本的制度保障；言论自由只是消除个人意

①　[德] 哈贝马斯：《交往行为理论》（第一卷），曹卫东译，上海人民出版社 2004 年版，第 25 页；何包钢：《民主理论：困境与出路》，法律出版社 2008 年版，第 141—142 页。

②　[德] 哈贝马斯：《包容他者》，曹卫东译，上海人民出版社 2002 年版，第 47 页。

③　王凤才：《蔑视与反抗：霍耐特承认理论与法兰克福学派批判理论的"政治伦理转向"》，重庆出版社 2008 年版，第 245—246 页。

见表达的外在束缚，不涉及个人意见与个人、团体和社会的利益状况的关系；交往自由是消极自由和积极自由的结合，它不仅需要解除外在束缚，而且还需要通过个人和社会两个层面上的其他条件的满足来实现。①

教育互动在对话教育的实践中表现出来的主体间的规范潜能，尤其是言论自由和交往自由中所体现的自由语境下的语言潜能，成了蕴含着政治、文化和人格的生活世界和涵括工具理性的系统之间的重要媒介，是去除生活世界被工具理性殖民化危险的人性化实践。但是，就哈贝马斯的交往行动理论是否成功地实现了规范的重建而言，存在不少的质疑。因为，如果从教育人性化的个体价值取向来理解，教育互动不仅通过反思实现普遍的道德规范和个体的道德经验的实践综合，还需要从个体的道德经验出发去验证和获取单个社会主体的言论自由、思想自由、交往自由等权利。如果脱离了个体的道德经验，那么这种教育是危险的。包括霍耐特在内的法兰克福第三代批判理论家们质疑把规范建立在对话结构和语言潜能基础上是否过于简单化，最关键的是，从青年黑格尔时期的"为承认而斗争"的社会思想来看，教育互动的规范内容将重审教育互动的主体间性形式，这样，如果用未被扭曲的主体间关系代替哈贝马斯的未被扭曲的语言关系，那么主体间为自我认同和承认的预设或假定更为基本，因此，用承认理论替代交往行为理论，就可以使其成为教育人性化的更基本的道德动力。②

综合上述三方面的论述，在教育人性化的实践中，自由的实现拒斥任意性和单纯的选择的自由，它的存在具有历史性，"人类实践选择的自由只有作为历史的自由，才有可能作为人与他的现实的关系"③。同时，任何教育实践必须正视人性的不完善性和创造性生成的可能性，并且通过具

---

① 童世骏:《批判与实践:论哈贝马斯的批判理论》，生活·读书·新知三联书店 2007 年版，第 235—236 页。

② 对哈贝马斯交往行动理论的批判性质疑，参阅理查德·沃林《文化批评的观念》，商务印书馆 2000 年版；[英] 吉登斯:《没有革命的理性:论哈贝马斯的交往行动理论》，《马克思主义与现实》2002 年第 2 期；王凤才:《蔑视与反抗:霍耐特承认理论与法兰克福学派批判理论的"政治伦理学转向"》，重庆出版集团、重庆出版社 2008 年版，第二章第五节；王凤才:《从语言理论到承认理论》，《山东大学学报》2005 年第 3 期；Honneth, Alex, *The Critique of Power: Reflective Stages in a Critical Social Theories Studies in Comtemporary German Social Thought*, Cambridge: MIT Press, 1991。

③ [德] 底特利希·本纳:《普通教育学:教育思想和行动结构的系统的和问题史的引论》，彭正梅等译，华东师范大学出版社 2005 年版，第 22 页。

有选择可能性的人类实践的不同形式和领域表现出来，包括思想自由、个性自由和言论自由等。而且，应该把教育人性化的道德目标建立在行动自由的基础上，而非意识哲学上的内在的、抽象的意志自由，把康德的实践理性中的完全利他的义务论和经验领域中的行动问题结合起来，正视社会自由和公民自由所面临的复杂多样的问题，尤其是平等问题。

第二节 平等:教育承认的道德诉求

教育人性化的道德动力问题在柏拉图的《理想国》中初见端倪。柏拉图根据人的欲望与理性的比例确立人在城邦中的社会地位和阶级等级，试图为人的先天差异和政治与社会的不平等之间的关系寻找合理性根据，也为教育何以可能奠定人性基础。在前市民的封建社会，教育的道德目的服务于等级制秩序，平等与不平等的问题没有成为教育的道德起点。只有在市民社会，个人的平等与不平等、是否天生平等，以及与之相关的个人自由、平等、博爱的社会秩序才成为教育的道德争论焦点问题，尤其是在卢梭的《论人类不平等的起源和基础》之后，平等问题成为教育的规范讨论的核心问题。在教育学的讨论上，存在着关于人的平等和不平等是由环境还是天资决定的相互对立的立场。一种立场假定人的自然天资决定了人的平等，如果超越了人的等级界限，去除了造成不平等的环境因素后就可以实现平等；另一种立场认为人的差异是由其自然天资决定的，如果消除了等级界限和超越了个体自由发展的阻碍之后，人类社会才能建立起体现出人的差异的公正社会秩序。① 这两种立场否定了人的可塑性和主动性，也无视甚或否定了通过教育生成人性的可能性。更为重要的是，把人的不平等归于天资或环境的理论，不仅是自然主义的错误，把遗传或天资和自环境作为教育的决定性力量，而且无视个体和社会的实践在教育中的作用，用自然的不平等证明政治不平等的合理性，用自然主义的平等证明教育平等的合理性，最终无视人们在情感、道德责任和文化价值方面交往。因此，从方法论上讲，这里还需要回归到教育互动的理想模型中，为了教育人性化的自由、平等和博爱（团结）的目的，通过主体间的实践

---

① ［德］底特利希·本纳:《普通教育学:教育思想和行动结构的系统的和问题史的引论》，彭正梅等译，华东师范大学出版社 2005 年版，第 44—45 页。

关系，探讨教育人性化的伦理形式。

一　教育承认源于"斗争"

从哲学人类学的意义上看，劳动的规范内涵是主体之间的承认过程；从政治哲学的角度看，劳动也意味着，通过劳动实现社会解放和个体的自我认同。按照马克思的分析，平等的承认关系是劳动的最基本的条件，因为个人自我实现的要素就是主体间承认要素，通过生产的对象，一个人不仅可以把自我经验为具有特殊能力的个体，而且可以把自我理解为有能力满足互动伙伴要求的个人。也就是说，人类主体就其结构而论，在生产过程中，不仅渐渐将自己的能力对象化而自我实现，同时还在情感上承认全体互动伙伴，因为他把他们当作是有所需要的共在主体。但是，霍耐特批判说，早期马克思这种按照生产美学把劳动当作手工劳动或工艺活动的思想，不可能把劳动理解为"内在本质力量"的对象化过程，这些前提也不允许把劳动看作是主体间承认关系的充分实现，因为，一切个体的特性和能力在对象化过程中不可能充分地存在于心灵中，也并不是通过生产活动就可以把它们都表现出来，而且在与客观对象打交道的时候，其他主体也未必是作为可能的消费者存在、的确也作为有需要的存在得到承认，即便如此，这也削弱了满足物质需要的人们之间可能存在的承认关系。此后，马克思把劳动概念当作政治经济学的绝对基础，用功利主义的社会冲突模式去除了承认模式；在他对资本主义的分析中，他把不同阶级之间冲突运动的规律固定在经济利益的对立上，其结果是，为经济的自我肯定而斗争的模式取代了因相互承认关系的破坏而产生的道德冲突，以及个人在生产过程中的地位和同一性要求被挫败所产生的道德经验无法表现出来。①

教育过程是一个互动的过程和形式，其理想预设或规范性前提是，交互主体希望通过他者的承认获得自我认同，实现人的自然属性、社会属性和精神属性的统一。承认（acknowledgement），即主体在他者中的自我存在，是社会交往中主体间实践自我关系的形成过程。根据对"现代自我"颇有独到见解的加拿大哲学家泰勒（Charles Taylor）的定义，认同

①　［德］霍耐特：《为承认而斗争》，胡继华译，上海世纪出版集团、上海人民出版社2005年版，第152—155页。

（identity）解决的是"我是谁"的问题，即一个人对于他是谁，以及他作为人的本质。泰勒认为，我们的认同部分是由他人的承认构成的，同样地，如果得不到他人的承认，或者得到他人扭曲的承认，也会对我们的认同有重要的影响。教育互动蕴含着承认的规范性内容，因此，教育中的交往结构是一种相互承认的关系结构，"教育交往是一种纯粹性的交往互动，也就是说，教育交往是伦理性和教育性的，它的目的在于帮助儿童形成人的整体精神的建构。既然承认是社会互动的特征，因此，承认也是教育关系的本质内容，也就是说，如果教育的力量和价值是在互动中实现的，那么，承认就是教育中最为重要的环节"①。

　　相对教育劳动而言，教育互动何以更人性化，这不仅在于教育互动增加或增强了人性中人的社会属性和精神属性满足的合理性条件，而且放到历史中去考察，教育互动的承认形式所蕴含的道德动机存在于冲突的社会动力学之中，其追求解放与自由、平等的动力更能代表批判教育学的方向。根据哈贝马斯的交往行为理论来理解作为教育互动的主要形式的对话教育，虽然对话教育具有教育劳动所不具有的规范潜能，能通过阐发对话的有效性，理解所蕴含的社会互动规则，描述生活世界的合理化过程，但是，它无法完全表现出教育劳动所具有的人的肉身欲望和行动的直观表现形式及其道德的直觉体验。因此，对话教育作为"没有革命的理性"，还需要追溯到更基本的主体间社会互动的前提中，寻找社会冲突和斗争的道德逻辑，再现社会承认关系的结构及其教育意义。据此分析，教育互动还需要在两个方面拓展：首先，教育互动必须考虑各个主体的角色与身份，它们作为承认的对象，在家庭、市民社会和国家中分别表现为具有具体需要的个体、具有形式自主性的个人和代表个体的特殊性的主体；其次，教育互动的人性化还需要从形式伦理学的角度考虑到实践自我关系，从交往互动的规范角度理解作为情感需要的爱、作为道德义务的权利和作为特性与能力的团结三种之间的辩证形成过程，把承认和斗争作为目的与手段关系联系起来。换言之，承认关系的发展动力，一方面表现在"蔑视"中，蔑视作为承认关系的否定等价物，能使互动主体的其中一方认识到他们被拒绝，它具体表现为个体在肉体完整性中受到的虐待或强奸、个人追求社会完善过程被剥夺权利或受到排斥、人的"荣誉"或尊严受到诽谤或伤

①　金生鈜：《承认的形式以及教育意义》，《教育研究》2007年第9期。

害;另一方面承认关系发展的一般前提中自然地包含着一个动力要素,因为在社会生活中个体只有逐步解除施加在相互承认意义上的束缚,才能在社会中不断扩展自己的主体性要求,所以,个体化必须和社会化相互作用,而且通过在个体和集体的努力中表现出来的社会群体的道德斗争,个体化的类历史过程才能随着相互承认关系的不断扩展而发展。

根据黑格尔在耶拿时期进行的阶段划分,这种承认关系与社会冲突的内在统一性表现在:在社会承认的不同阶段的理论中,不同的承认方式对应于不同的个人概念,因此,一系列后果都从要求越来越高的承认媒介中表现出来(见图7—1①)。它意味着,首先,主体间的社会关系成为承认理论的前提,它取代了原子论的基本概念,认为人性中根深蒂固地具有一种与共同体相联系的根基,主体间义务的存在是人的社会化过程的自然前提条件;其次,从一种"自然伦理"状态向具有伦理总体性性质的社会组织形式的逾越,经过对遭到破坏的平衡不断修复,最终达到普遍与特殊的统一,这也被视为人类精神历史发展的冲突过程,即通过"否定或主体的不断扬弃",自然伦理中固有的"道德"潜能在冲突过程中得到普遍化。冲突使承认与斗争的内在一致性表现出来,"在一种伦理设定的相互承认关系框架中,主体永远处在了解其特殊身份的过程中;因为,主体由此而确认的总是其自我认同的新维度,所以,为了实现对个体性更为苛刻的形式的承认,他们必须通过冲突再次离开已达到的伦理阶段"②。

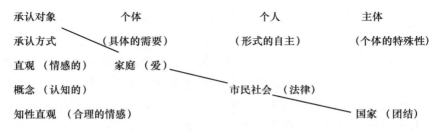

图7—1 黑格尔耶拿时期承认伦理的阶段理论

---

① 〔德〕霍耐特:《为承认而斗争》,胡继华译,上海世纪出版集团、上海人民出版社 2005 年版,第 30 页。

② 同上书,第 22 页。

二　承认是教育人性化的最基本道德形式

教育人性化的道德意义在于，它体现了人的完整性存在，"人的完整性，在其存在的深层，乃归因于我们一直在努力辨别的认可和承认模式，这么一种意义是我们日常语言运用中所固有的"。①

（一）蔑视：教育非人性化的道德形式

承认充分体现了教育人性化的内涵，是最基本的教育人性化道德形式。根据中国学者金生鈜的理解，承认必须把儿童作为一个完整人性的存在，给予重视和尊重；这是教育应该具有的伦理性，是教育价值的实现。在一定意义上说，教育并不是简单地教给学生知识、道德等内容，而是以平等的承认来促进完整的人的精神成长。因此，平等的承认是教育的根本方式，即教育是以承认的方式来促进学生的公共品质和个人品质的发展，通过承认而培育人。离开了承认，或者离开了爱与关怀、权利的尊重、社会赞许和重视，儿童将无法形成自信、自尊和自重的积极关系，将无法建构道德、个性、责任、品格等，教育将不成为完整的教育。② 进而，从教育的承认伦理的角度看，教育非人性化是一种不公正的行为。它作为否定概念，是对承认的否定，也就是蔑视。与承认的三种模式相对应，蔑视具体表现为强暴、剥夺权利和侮辱，因为这些行为不仅有害于儿童和限制他们的行动自由，而且伤害了儿童在与家长、老师以及其他人之间获得承认的自我理解和认同。

教育非人性化中最具毁灭性的形式是在肉体完整性层次上对个人的伤害，因为，在实际的虐待形式中，强制剥夺一个人自由支配其肉体的一切机会，违背其意志而控制个人肉体，是最根本的个人贬黜形式，这也常常被称为"心理死亡"。教育中直接对学生的肉体伤害和强暴所带来的结果并非最纯粹的痛苦，而是一种与在他人淫威下的孤立无助、无法自卫相关联的痛苦，个人在现实感中完全失去了自我，更不用说基本的自信。受到肉体伤害的儿童还失去对自己和周围世界的信赖，在承认关系中切断自己和其他人的交往实践，甚而走向社会共同价值观的反面，与理性自我、他

---

① ［德］霍耐特：《为承认而斗争》，胡继华译，上海世纪出版集团、上海人民出版社 2005年版，第 140 页。

② 金生鈜：《承认的形式以及教育意义》，《教育研究》2007 年第 9 期。

人和世界构成对立，完全失去自我发展的潜能。强暴下受到毁坏的承认形式与剥夺权利和侮辱相比，具有非历史的永恒性。也就是说，和其他两种蔑视形式相比，儿童遭受拷打或强暴所造成的伤害具有强烈的反身性，常常带来自信心的崩溃；无论法律和社会重视怎么惩罚和同情，都常常无法涉入原始关系中修补如初。

从社会承认关系的结构来看，教育非人性化的第二种蔑视形式是削弱道德自尊的"权利剥夺"，即"社会死亡"。一般而言，权利是"个体通过正当的方式可以获得社会满足的要求，因为他作为共同体的合格成员享有参与制度秩序的权利"①。在现代社会，受教育权是人权的首要权利之一，因为人有接受教育进行社会生存和发展的权利。当然，在教育中，人还有言论自由和交往自由等。如果这些权利被剥夺或忽视，那么受教育者就没有赋予和其他成员同等程度的道德责任。因此，无视受教育者在主体间承认关系中的道德判断能力，剥夺了伙伴间互动的地位，必将最终导致自尊的失落，丧失作为在法律面前平等、与他人进行交往的互动伙伴而自我相关的能力。

教育非人性化的第三种蔑视形式是现代意义上的对荣誉和尊严的"伤害"，它与个体或集体的生活方式贬黜以及生活形式的文化价值贬黜有关。在制度化和形式化教育中，如果不基于人人平等的法律地位，忽视个人的能力和努力在教育中的作用，既采取价值等级制度，贬黜个体生活形式和信仰方式，又使用不同的评价标准，使机会不均等，教育资源分布人为地严重倾斜，那么这种压制自我实现的教育模式必将使受教育者无法实现在共同体中与自我有关的肯定价值和意义；对个体而言，这将导致自我重视的失落。在教育互动中，对个体的诽谤或伤害，都将使个体无法得到群体团结的鼓励，失去得到社会认可的切身体验和经验。

（二）教育承认：教育人性化的伦理形式

由于在教育人性化的主体间自我实践关系中，每个人在承认结构中既是独立自主的存在，也是个体化的存在，因此，如果还是按照伦理总体性或康德主义的道德哲学，把人当作目的而不仅仅是手段，应当使所有人都得到同样的尊重并公平地对待他们的利益，那么在经验世界或生活世界

---

① ［德］霍耐特:《为承认而斗争》，胡继华译，上海世纪出版集团、上海人民出版社2005年版，第142页。

中，这种纯粹的应然要求将无法满足个体化存在的主体间性条件。也就是说，如果教育承认要成为教育人性化的伦理形式，那么它既要基于个人的自律，尊重每个人的道德自主，尊重教育人性化的价值理性，又要在教育互动中满足自我实现的条件或承认的结构体系，即爱、权利和团结。只有这样，教育承认才能在自由主义和社群主义之间，把普遍的规范和个人的自我实现综合起来，从而使教育人性化具有了自己的伦理形式。

教育人性化的实践目的在于：每个人在教育关系中实现自我，而且，它必须以言论自由、行动自由等权利和手段为必要条件。在具体的实践过程中，这些必要条件蕴含在教育承认的结构体系里面，因为爱、权利和团结等教育承认的形式结构提供了主体间的保护屏障，保护着外在自由与内在自由的条件，无强制地表达和实现个体生活的目标。在教育承认中，儿童自信的前景内在于爱的经验，自尊的前景内在于法律承认的经验，自重的前景内在于团结的经验，所以，儿童自我肯定的过程就是从情感需要中逐渐产生独立性、在普遍化的道德义务中感受到自己的上帝地位、从价值评价中形成自己的个性和能力的过程。而且，教育承认中的这种肯定的自我关系，即一定程度的自信、法律保障的自主和个人能力的可靠价值，何以成为自我实现的必要条件？因为，教育承认确保儿童的自我实现过程既去除外在力量和影响，没有强暴、剥夺权利和伤害，又没有内在的阻碍，没有心理抑制，也没有恐惧。综合上述论述，教育承认的三种形式是有机统一的整体，是教育人性化的伦理形式的高度抽象和经验内容的统一，"这些特别具有现代特征的社会互动模式形成了一幅不同承认关系的网络，在每一种承认关系中，个体都认识到在其自我实现的维度上得到肯定"①。

三　教育承认体现为爱、权利和团结

上述论述表明，教育互动与幸福、自由、平等等价值理想密不可分，因此，教育互动的人性化理想是：在自由、平等和博爱的教育世界里每个教育活动者都获得自我肯定和实现。在这样的理想中，"平等和个人主义这样的普遍主义成就都体现在互动模式中，以至于所有主体都能作为独立

---

① ［德］霍耐特：《为承认而斗争》，胡继华译，上海世纪出版集团、上海人民出版社 2005年版，第 182 页。

的、个性化的、平等的和特殊的个人而得到承认"①。

（一）体现基本自信的爱

家庭是孩子最早接受教育的地方，它不是以形式化和制度化的形式进行，而是顺乎孩子的需要和情感在日常的交往中进行的。爱的关系作为一种本源性关系，是强烈情感与需要的表达，是黑格尔哲学意义上的"在他者中的自我存在"，代表了友谊关系、两性之间的情感依恋、父母与子女之间的情感关系等。因此，爱作为互动关系，是承认的第一个阶段，具有情感认可和情感鼓励的性质，形成了一种特殊的相互承认模式的基础。在婴儿与母亲之爱的关系中，母亲作为一个重要角色，被赋予了重要的独立地位。只有对母亲的情感依恋才能产生本能满足的经验，而且，在母子互动关系中，母子双方都在实践中获得了共同的情感经验和共同的知觉能力。但是，儿童的心理发展不是作为一系列组织化的独白关系形式发生的，并未体现"力比多"和自我包容能力之间的关系，而是通过互动关系的爱，依赖于共生状态和自我肯定之间平衡能力建立起来的。

由于在儿童从母爱中获得自我认识和承认的同时，互动的形式也就从模糊走向清晰，儿童逐渐获得了个体的独立性，所以，一方面，爱具有教育性；另一方面，教育互动成为爱的重要形式。作为承认的一种特殊形式，爱体现出下述特征：首先，承认是爱的分化形式，它主要表现在婴儿从"搂抱阶段"向"相对依赖阶段"过渡的过程中。在怀孕过程和出生婴儿的最初阶段，婴儿处于绝对的无助性，在交流的意义上，无法区分自我与对象，更无法表达自己肉体和情感上的需要。母亲将婴儿的本能性需要视作自己的需要，本能性地关怀和适应婴儿的需要。婴儿也绝对地依赖于母亲以"需要"的方式"搂抱"他们，其肉身在母亲的爱意的肉体保护空间里成长。在"相对依赖"阶段，随着婴儿社会交往范围的扩大，母亲成为婴儿完全控制之外的世界上的某种存在，同时，婴儿既意识到自己的依赖性，也产生自我意识，认识到自己是"在他者身上的自我存在"。其次，爱体现了个体在社会化中的独立性和安全感。当儿童发现母亲在自我意识中逐渐独立出去，而且在客观现实中无法把握的时候，他会通过进攻行为，试探具有情感负荷的对象是否真正属于无法控制的客观现

---

① ［德］霍耐特：《为承认而斗争》，胡继华译，上海世纪出版集团、上海人民出版社 2005年版，第 182 页。

实，然后，通过母亲和外在的反应行为整合自己的爱感，从而能够把共生依赖性和独立自主的经验协调起来。随着母亲作为儿童自我意识中的角色以及物质对象逐渐走向象征性和客观性，他们也相应地成为儿童与特定对象之间游戏和承认关系的过渡物，这样，儿童的想象力使他能够维持"独立存在"。究其缘由，是因为在它与共生状态的"母亲"分裂之后，它能够在"她"的持续的关怀中产生足够的信赖。"可靠母亲持续存在"的经验使儿童相信，他者能持久地满足自己的需要，从而产生安全感和自信。最后，爱中的承认形式既是一种主体间性状态，也是悬置在独立存在的经验和融入他者的经验之间的交往弧线，自我相关性与共生状态作为相互平衡的力量，共同作用、相互蕴含。

（二）表现自尊的权利

在制度化教育中，由于教育对于维持生命是必要的，对于人类活动是必要的，因此，受教育权是人的首要的权利之一，而且，受教育权既是消极的权利，即要求政府组织和他人承认人们拥有受教育的权利；又是积极的权利，即通过教育行动主动实现受教育的权利。"作为自由权利，受教育权没有加诸政府和社会任何压力以保证所有人都接受教育。另一方面，作为要求权的受教育权则加诸社会和政府一项义务，以保证人人都可以实施那一权利。"① 受教育权在社会权利的保障中受到国家普遍义务教育的法律保护，因为这不是给儿童而是给未来的成年人以必要的文化教育水平，使他们能够平等地行使公民权利，从而在普遍化的法律中获得自尊。

霍耐特认为，如果说爱代表着相互个体化所打破的共生状态，那么在爱的行为中，显然，彼此承认的只是他者的个体依赖性，而且亲情、友情和爱情等一切爱的关系都假设了不受个体控制的同情和吸引，他还会随着社会关系领域的扩大而演变为一种客观的关系，这就是法律关系。它是一种在自己和"普遍化他者"之间形成的，既是规范义务的承担者又是权利的承担者的互相承认的关系。霍耐特认为，法律关系不同于爱的关系之处在于，它是以一种普遍有效的方式承认别人是、同时也希望别人承认它是自由的，承认它是一个人。从这个意义上讲，法律关系要求他者有所作为，同时，要求自我和他者作为法律主体应当互相尊重，因为，其唯一的

① ［美］乔尔·斯普林格：《脑中之轮：教育哲学导论》，贾晨阳译，北京大学出版社 2005 年版，第 275 页。

理由是：他们都意识到在共同体中正当分配权利和义务的社会规范。

霍耐特认为，由于法律承认关系中的个体和他者都是"法人"，而非母子、朋友等社会角色，因此，它不是源自社会重视，而是出于普遍主义道德概念，要求个体权利与具体的角色期待分离开。在法律关系中，个体权利归属于作为自由存在的每一个个体，它不因角色承担者的社会等级地位而改变，因此，相互承认的关系是"尊重"他者而非"重视"他者。前者把每一个人类主体视为"自在目的"，体现出康德实践哲学中的"个人意志自由"的普遍尊严；后者只在解释"价值共同体"中的承认形式中具有重要意义，它所处理的是对个体成就的承认，其价值是以社会认为其重要的程度来衡量的。这样，"为承认而斗争"就出现在法律承认及其所蕴含的"承认尊重"意义的运用范围和情境解释之中。因为"承认的尊重"意味着，关于他者，个人面对的是拥有个人性的存在，这种普遍化的尊重在康德主义的表述方式中表现为：要把每一个人都当作个人来承认，就必须以一种道德上受个人特征强制的方式对全体个人采取行动。

法律承认的结构假设了法律主体至少都具有独立进行合理道德决断的能力，因此，法律承认关系的合法化程序越高，共同构成道德责任主体地位的特征也就越广泛。在现代社会，个体权利要求的累积扩张与道德责任之个人普遍特征的范围逐渐扩大成正比。同样，资产阶级自由的制度化至少产生了两种新的个体权利，即"为了作为道德责任个人参与政治，个体不仅需要在法律上得到保护，免于别人对其自由领域的干涉，而且还需要在法律上受到保障，有机会参与公共意志的形成过程，仅当个体也具有一定的社会生活水平，他们才能现实地运用着这种机会"①。最后，霍耐特总结说，一方面，在法律上得到承认的同时，不仅个人面对道德规范的自我抽象能力得到尊重，而且个人为占有必要社会生活水平而应当具备的具体人性特征也得到了尊重；另一方面，权利之于自尊，就是把权利看作是解个人化的社会尊重的符号，从而在每个人身上产生了个人因值得每一个人尊重而能够自我尊重的意识形式，而且随着在法律上诉诸权利的选择活动，个体现在获得了一种象征的表达手段，其社会有效性每次都能向他显示出来，以至于他们普遍地作为道德责任个人而相互承认，"在法律承

---

① ［德］霍耐特：《为承认而斗争》，胡继华译，上海世纪出版集团、上海人民出版社 2005 年版，第 123 页。

认的经验中，人们可以自视为个人，与共同体其他成员共有那种品质，使参与话语意志结构具有可能性，我们不妨把以此种方式肯定地自我相关的可能性称之为'自我尊重'"①。

（三）为了自重的团结

儿童的受教育权是为了儿童的自尊而采取的消极保护，但是它还未承认儿童的个人能力和成就，因此，随着儿童的成长，他们的进一步发展需要以教育互动中的团结为媒介，体现出自己的个性能力和成就，从而保证自我实现，"儿童的努力、取得的微小的进步、个体的特性、理想作为完整的人的组成部分得到了教育的认可和支持，儿童的独特生活历史获得了肯定，其才能通过教育的重视实现自我认同"②。

霍耐特认为，为了获得一种未被歪曲的自我关系，人类主体除了情感关怀和法律承认的经验之外，还需要一种允许他们积极地与其具体特征和能力相关联的社会交往的重视形式；综合黑格尔所称的"伦理"和米德所言的民主化劳动分工，它应当是一种价值共同体。与现代法律承认所代表的人类主体的普遍特征不同，价值共同体着重于不同个人特征的特殊性与个体成就的能力，并根据主体间强制的方式表达人类主体的个性差异，而这种社会重视的承认形式所要求的社会中介就是一种永远开放和普遍渗透的、在象征意义上清楚表达的方向性架构。它陈述了那些整体上构成一个社会在文化上自我理解的价值和目标，并成为认可特殊人格特征的参照系统。由于社会"地位"和"声望"是其重要的结构形式，所以个人社会评价所指向的人格特征，就不是生命历史个性化的主体的特征，而是文化分类的地位群体的特征。群体中的每个成员按照群体的"价值"衡量自己的价值，反过来，群体价值又是从社会地决定的、对实现社会目标所作的集体贡献的程度中浮现出来的。社会交往中的重视形式具有一种特殊的性质，那就是一个文化分类的社会成员之间存在着一种内在对称但外在不对称的关系，即在地位群体中，主体作为特殊的个人相互重视，但在地位群体中间，等级化分类的重视关系却存在。

由于价值共同体具有价值多元的形式，其形成离不开文化冲突和文化

---

① ［德］霍耐特：《为承认而斗争》，胡继华译，上海世纪出版集团、上海人民出版社 2005 年版，第 126 页。

② 金生鈜：《承认的形式以及教育意义》，《教育研究》2007 年第 9 期。

解释,因此承认的相关形式在生活历史个体化中具有主体间关系的非对称性,从而也使团结成为社会重视中的优先概念。众所周知,法律关系不能整合社会交往中社会重视的所有维度,而社会重视的功能也决定了,它只能应用于那些使社会成员彼此区分的特性和能力,即个人成就必须是别于普遍化权利的特殊价值。因此,个体化的成就意味着,个人自我实现的不同形式的社会价值观念必须开放,价值形式必须多元化。这种新的个体化承认关系系统要求有一种普遍价值境域作为依据,它既能包容各种不同的自我实现形式,也必须是一种具有普遍涵盖力量的重视体系。也就是说,这种张力既是文化冲突,又表现为文化解释,因为,一方面,"在现代社会,社会重视关系从属于永久的冲突,不同的群体在冲突中以符号力量为手段,参照普遍社会目标,努力提高与他们的特定生活方式相联系的能力和价值"①,不同群体控制符号力量的权利、不受公共注意的趋势、收入分配模式等对于为承认而斗争的形式都具有构成意义;另一方面,对社会目标的占主导地位的文化解释以及在这些社会目标作为评价标准发挥作用之前的文化解释都赋予不同自我实现的价值,并规定相关特性和能力的方式。

团结的"承认结构"是彼此对等,团结中个体的成就和能力与社会承认互为条件,他们之间的实践关系就是自重。在社会重视中,个体的成就和自我实现离不开个人所在的特有群体的集体同一性的认同,每个成员都认识到自己得到其他成员同等程度重视的重要意义,因此,这种互动形式就是团结关系的体现,"'团结'可以被理解为一种因主体彼此对等重视而互相同情不同生活方式的互动关系"②。团结并不意味着个体通过完全遵循合作的路线行事,从而使个体获得社会重视。在现代社会,个体化和独立化主体之间根据价值相互评价,形成对等重视的社会关系。也就是说,一方面,个体在经验到社会重视的同时,产生了一种能切实感觉到的信心,个人的成就和能力也被其他社会成员承认,这种实践的自我关系就是"自重","在每一个体都有能力自重的程度上,我们才可以谈到社会团结"③;另一方面,团结不仅意味着被动的宽容,而且激发了对他者个体性和特殊性的切实可感的关怀,所以个体为社会重视而进行的积极作为

① [德]霍耐特:《为承认而斗争》,胡继华译,上海世纪出版集团、上海人民出版社2005年版,第132页。

② 同上书,第133页。

③ 同上书,第134页。

或竞争是一种免于痛苦，摆脱蔑视经验的承认形式。

综上所述，教育互动领域可以追溯到主体间承认的爱、法律和团结等三种不同模式里，爱是基础，没有爱就没有法律上的权利和价值共同体中的团结；权利是团结的基础，没有权利的保障就无法实现团结。但是，前两者不能代替团结，个人成就的价值评价虽然具有一定的历史性和相互性，然而自我实现既是自重的源泉，又是个性、独立性和自主创造性的独一无二的承认形式。因此，每个模式都对应于道德发展的特殊潜能和个体自我关系的不同类型，这种承认关系的结构见表7—1（对原表略有调整——笔者注）。①

表 7—1　　　　　　　　　　　承认关系结构

承认方式	情感上支持	认识上尊重	社会交往中重视
人格维度	需要与情感	道德义务	特性与能力
承认形式	原始关系 （爱，友谊）	法律关系 （权利）	价值共同体 （团结）
发展潜能	—	普遍化，解形式化	个体化，平等化
实践自我关系	基本自信	自尊	自重
蔑视形式	虐待，强奸	剥夺权利，排斥	诽谤，伤害
被威胁的个人 人格构成	肉体完整	社会完善	"荣誉"，尊严

第三节　正义：教育承认的首要道德价值

教育人性化意味着，教育必须以人为出发点，以人为本，至少让人活得有尊严。然而，这里的"人"不是抽象的人，而是在现实的、具体的社会活动中的人，是通过教育实现自信、自尊、自重的人。因此，在形式化和制度化的现代教育背景下，教育人性化的核心问题不再是抽象的人性问题，而是在具体的国家和社会关系中，探讨如何建构教育的制度正义，让学生获得自我、社会、法律的承认，从而维护和实现人的自由。为此，

①　［德］霍耐特：《为承认而斗争》，胡继华译，上海世纪出版集团、上海人民出版社 2005 年版，第 135 页。

教育人性化研究不仅需要阐明正义是教育人性化的价值基础，而且需要进一步探究教育交往蕴含的承认正义原则何以是教育人性化的根本法则。

一　正义是教育人性化的首要价值原则

如果说正义是人性的重要品质，它归根结底是为了"人性的完善"，那么正义也是教育人性化的必要条件，是教育人性化的形式条件和实质性内容。正义和幸福是柏拉图分别针对城邦社会和个人提出的根本价值追求，正义也是亚里士多德所提出的"节制、勇敢、审慎和正义"四大美德之一。罗尔斯在《正义论》中提出，"正义是社会制度的首要价值，正像真理是思想体系的首先价值一样"[①]。也就是说，正义源自人性，又是人性的首要价值。究其缘由。

首先，正义源于人的发展和人性完善的需要。[②] 休谟认为，由于资源的中度匮乏与人的自私的本性和有限的慷慨，人与人之间不得不签订协议，确立正义原则。罗尔斯认同休谟的观点，只是把它简化为：只要互相冷淡的人们对中等匮乏条件下社会利益的划分提出了互相冲突的要求，正义的环境就算达到了。也就是说，正义离不开人的需要，要求个人以最经济的手段在与他人或社会的关系中获得一定的甚或最大的利益，从而实现自我与他人、社会的共同发展。

其次，社会正义是人的发展的形式条件和实质内容。在分配正义中，正义为人的发展进行基本权利和机会的分配，最终实现由罗尔斯高度概括的最一般的正义："所有社会价值——自由和机会、收入和财富、自尊的基础——都要平等地分配，除非对其中的一种价值或所有价值的一种不平等分配合乎每一个人的利益。"[③] 这里，罗尔斯强调对基本善的偏爱，即自由优先于权利，希望通过形式正义实现实质正义，维护每个人的自由发展机会和切身利益。同时，个人幸福与正义休戚相关，只有在正义的社会，个人才有自我实现的机会，为幸福提供物质的和精神的基础。诺奇克（Robert Nozick）驳斥罗尔斯基于分配正义对个人发展的压制，提出，"个人是目的，而不仅仅是手段；没有他们的同意，他们不能被牺牲或被用来

---

① ［美］罗尔斯:《正义论》，何怀宏等译，中国社会科学出版社 1988 年版，第 3 页。
② 冯建军:《教育公正：政治哲学的视角》，福建教育出版社 2008 年版，第 239—244 页。
③ ［美］罗尔斯:《正义论》，何怀宏等译，中国社会科学出版社 1988 年版，第 62 页。

达到其他的目的。个人是神圣不可侵犯的"①。事实上，诺奇克从人的主观努力和财富与地位的关系出发，基于个人自由和权利的神圣性而对人的行为进行边界约束，为个人划定一个自由发展的最大空间，从而充分发挥人的选择能力和责任，体现出人的自主性、主体性。

最后，教育人性化的正义原则必须考虑如何通过正义促进和发展人本身。教育人性化的外部的正义，即教育的权利、机会、资源等的分配，必须根据个人发展的需要和潜能来进行分配，而不是根据受教育者的种族、出身、阶层和社会经济地位来确定，所以正义的教育是适合每个人的教育，是个性化的教育。与之相应，教育的外部的正义是为了实现内部的正义，亦即：促进人的自由、个性发展。② 这也就是教育人性化的承认正义原则。它意味着：一方面，就道德教育而言，由于道德的核心是正义、公平③，因此，教育正义是道德教育的必要条件④；另一方面，如果教育要充分保障儿童的权利免于羞辱及其伤害，那么教育就必须追求教育的正义，只有这样，人们才能在日常生活中有意识地阻止不正义，才能建立制度化的机制，以防止教育中压迫或羞辱的产生。

二　承认正义是教育人性化的核心价值原则

正义的历史形态包括了分配正义、关系正义、交互正义等，但它们的人性化性质决定了它们必将转向以个人自我实现为伦理目标的承认正义。在分配正义中，"社会主要制度分配基本权利和义务，决定由社会合作产生的利益之划分的方式"⑤，因此，所有人都均等地受到对待，平等地分配教育资源，例如，在义务教育阶段，我们必须把接受义务教育当作基本的政治权利和自由。而且，分配正义离不开平等原则，以满足处于最不利者的长期期望。分配正义不仅有来自内部，如执有正义与个人权利观的挑战，而且共同体主义从亚里士多德美德思想出发，反对"权利优先于善"，并针锋相对地提出"善优先于权利"，强调个人德性和共同体的价

① ［美］诺奇克：《无政府、国家和乌托邦》，姚大志译，中国社会科学出版社 2008 年版，第 37 页。

② 冯建军：《教育公正：政治哲学的视角》，福建教育出版社 2008 年版，第 243—244 页。

③ 扈中平：《教育目的论》，湖北教育出版社 2008 年版，第 228 页。

④ 金生鈜：《教育正义作为道德教育的必要条件》，载金生鈜主编《教育：思想与对话》（第二辑），教育科学出版社 2007 年版，第 58 页。

⑤ ［美］罗尔斯：《正义论》，何怀宏等译，中国社会科学出版社 1988 年版，第 62 页。

值。此外，关系正义的引入值得关注。他们认为，正义不但是程序和有关分配领域的问题，更应该关注一种人际互动层面的社会关系正义，因为"压迫"是社会不公平现象的主要原因，而"压迫"包括了剥削、边缘化、无权、文化帝国主义和暴力等方面。在教育实践中，它主要表现为两性、不同种族之间的教育不公平，不同阶层的父母教育参与上的不同，教育中的文化歧视，校园中暴力欺辱等。① 承认正义被视为教育的分配正义和教育关系正义之外的一种独立的正义类型。② 它既是前面两种正义的综合和深化，又是基于马克思以来的实践正义的批判性继承和发展。也就是说，平等的分配不再是社会正义的核心，承认每个人在社会中的"尊严"和"尊重"，这才是社会正义的核心问题。

　　承认正义理论是由法兰克福学派第三代领军人物霍耐特、弗雷泽（Nancy Fraser）以及加拿大政治哲学家查尔斯·泰勒提出的。它具有典型的马克思主义批判传统，但又综合了自由主义、社群主义等流派的正义观，所以它既不同于马克思之前的思辨正义，也不同于自由主义和社群主义的正义，而是一种综合了马克思主义正义观的批判解放性和自由主义、社群主义正义理论的规范性的实践正义。故此，它更具有人性化的特点。承认正义包括了承认和再分配两个方面，无法把二者孤立起来。弗雷泽基于哈贝马斯的话语理论以及交往行动理论体系，设计了一个把承认和再分配并列的二维的正义概念，使之能够适应社会平等和差异承认的保护性诉求，从而在实践上确定一个程序性的政治定位，把承认政治和再分配各自的最优方面整合为一体。但是，霍耐特秉持承认的规范主义一元论思想，把承认构想为基础性的、统摄性的道德范畴，将再分配作为"为承认而斗争"的特殊形式，也就是"把承认解析为一个适应个别差异的概念，不仅包括'权利承认'、'文化鉴赏'和'爱'，还寻求包含再分配的棘手难题"③。

　　根据霍耐特的承认正义观，由于教育的分配正义解决的是"应得"的问题，教育的承认正义解决的是"应当"的问题，而主体"应得"只

---

　　① 钟景讯、曾荣光：《从分配正义到关系正义：西方教育公平探讨的新视角》，《清华大学教育研究》2009 年第 5 期。

　　② 蔡春：《分配正义与教育公正》，《教育研究》2010 年第 10 期。

　　③ ［美］弗雷泽、［德］霍耐特：《再分配，还是承认？：一个政治哲学的对话》，周穗明译，上海人民出版社 2009 年版，第 3 页。

是主体间"应当如何"的具体实施，因此，教育的承认正义比教育的分配正义更基础。在教育的承认正义理论看来，首先，承认概念具有核心的意义，它并没有表达一个新的社会运动目标，其核心"不是消除不平等，而是避免羞辱或蔑视代表着的规范目标；不是分配平等或物品平等，而是尊严或尊敬构成了核心范畴"①。究其缘由，一方面，尊严和承认等概念的转变，可以被理解为政治幻灭来临的结果，因为一旦经济再分配的要求在长期内不能实现的话，那么消除羞辱或蔑视的负面影响就将盛行；另一方面，在一系列社会运动过程中，我们意识到经验的政治地位在社会或文化上受到蔑视，所以感受到人类尊严的承认构成了社会正义的中心原则。其次，承认的社会关系的特性应当是社会正义概念的参照点。基于此，社会平等的目的是赋予所有社会成员个人身份形成的权利，也就是说，能够使个人的自我实现构成我们的社会中所有主体平等对待的真正目标，应当给每一个体平等的机会，实现他或她的个性。

承认正义的规范性关涉到：主体对社会所抱的规范性期望，会直接针对各种普遍化他者对我们能力的社会承认，并关涉到主体的道德社会化和社会的道德整合两个发展方向。这样，在主体理论方面，个体学会通过逐渐发现自己的特殊能力，将自己看作为社会共同体中的一个真正和特殊的成员，并且通过对普遍化互动同伴反应的认可方式，逐步构建起他或她的个性。在社会的道德整合方面，社会整合是一个包容过程，"它们能够保证在不同层面上相互承认的可靠关系。在这范围，社会的规范整合仅仅通过承认原则的制度化而出现，以一种易于了解的方式支配相互承认的形式，由此，其成员被纳入到社会生活的背景之中"②。因此，社会正义就是关于如何使每个人享有自由和自我实现，是根据在个体的认同型构以及自我实现能够充分进行的情况下，保证相互承认状况出现的能力程度来衡量的。

三 承认正义原则是教育人性化实践哲学的根本法则

对正义的讨论，归根结底是关于人的正义，③ 承认正义概莫能外。因

---

① ［德］霍耐特：《承认与正义：多元正义理论纲要》，《学海》2009 年第 3 期。

② ［美］弗雷泽、［德］霍耐特：《再分配，还是承认？：一个政治哲学的对话》，周穗明译，上海人民出版社 2009 年版，第 132 页。

③ 易小明：《论差异性正义与同一性正义》，《哲学研究》2006 年第 8 期。

此,从教育人性化实践哲学的角度看,承认正义是人性化的正义原则,更是教育人性化的根本法则。

(一) 承认正义是教育人性化的交往、实践性正义

在教育实践中,获得承认的欲望是教育互动的源泉,每个人在他人对自己的承认中获得自我认识,获得自我肯定和发展。① 首先,教育的人性化目的必须在教育交往或互动的内部去寻找,从社会理论、正义构想和道德心理等方面去分析交往中的相互承认关系、形式和原则,从而在平等承认关系中保证个体的自我实现。杜威在总结教育的目的时说,如果教育的目的在于使每个人能继续他们的教育,或者说,学习的目的和报酬是继续不断地生长,那么教育目的就必须到教育过程中去寻找,通过教育交往中的互动与合作,平等地分配各种利益,发展个人自身,"除非一个社会人与人的交往是相互的,除非这个社会的利益能平等地分配给全体成员,从而产生广泛的刺激,并通过这些刺激适当地进行社会习惯和制度的改造,这个思想不能应用于社会的全体成员。而这样的社会就是民主主义的社会"②。如果在社会关系不平等不均衡的时候,教育者和受教育者在外在关系中去寻找教育的目的,那么教育的目的就不是从人与人的交往活动的经验自由发展而来。故此,通过交往活动而自我发展和认同的互动正义是承认正义的必要条件。而且,从杜威的新个人主义的观点来看,在教育的互动正义中,自由民主的社会最终服从于个人的自由与发展,这也是承认正义认同并采纳的观点。

教育的承认正义还是一种实践性正义。根据当代西方马克思主义的最新理论,教育的承认正义批判教育的分配正义不能定位在关于怎样理解社会再生产的教育社会理论和观点上,指明,再分配教育经济资源的唯一目标遗忘了社会不平等的那个真正原因,即资本和劳动之间未改变的不对称。因此,教育的分配正义的概念应当重建,它应当不是去适应国家再分配方式,而是考虑那种宣布主流教育分配秩序合法化的初始努力得到保证的非国家空间。进言之,教育正义的讨论应当从关注人获得其平等地位的外在物质条件转向关注人的自我实现,即使教育中基本权利和义务的分配都必须以保障每个人的自由为前提,只有自由优先于权利,自由优先于效

---

① 金生鈜:《承认的形式以及教育意义》,《教育研究》2007 年第 9 期。
② 〔美〕杜威:《民主主义与教育》,王承绪译,人民教育出版社 1990 年版,第 111 页。

率，权利才能优先于善。而且，教育的承认正义的实践哲学性质决定了，它必须植根于当时的阶级历史，发现教育中使"不平等合法化"背后的"经济目标和价值；家庭、种族、性别和阶级关系的观点；文化、差异和认同的政治；以及国家在上述方面的作用等"①，以及它们之间的冲突动力学和普遍与特殊之间的道德辩证法，并深入到经济、政治、文化之基础的道德秩序，探索和理解其中不正义的体验和无根据的蔑视何以成为个人自由和自我实现的道德动力，从而把社会冲突作为主体承认的动力。

（二）承认正义是教育人性化的多元、实质正义

由于承认正义是一个由爱、法律平等、社会尊重等三个平等原则共同作用的多元正义，因此，现代社会的教育主体在认同的形成过程中必须依赖社会承认的三个形式及其领域：爱、法律平等和社会尊重。教育的承认正义必须涵盖这三个平等原则或承认原则，而且，教育承认正义的内容是根据主体之间维持社会关系的各自类别来衡量的，"如果关系的形成通过爱来形成，那么需要原则具有优先权；如果在法律关系上形成关系，那么平等原则优先；如果形成合作关系，价值原则占优"②。这三种承认原则之间不可划约，如果所有教育主体间的、完整的个性条件希望被同等程度的保护的话，那么三个独立的特殊领域的承认原则必须作为正义的不同标准，通过不断的应用和诠释这些原则，例如：在法律领域，道德教育的进步只有在现代法律领域内才能明确在平等原则的应用中意味着什么；在爱的领域，道德教育的进步意味着不断消除那些陈腐的套语、模式和文化属性，因为它们会减少相互适应他人需求的机会；在社会承认领域，道德教育进步意味着从根本上质疑这些文化建构。

教育人性化的承认正义不仅关注形式正义，而且更注重实质正义。教育正义既是社会正义、经济正义、文化正义的合理延伸，也具有自身的独特性：教育作为培养人的社会活动，更应当体现出个体正义。在个体正义的意义上，教育活动与其他活动有所不同。其他活动的个体正义，可能是资源分配和利益获得中的，而教育活动中的个体正义，则是个体发展上的。亦即，教育中的个体正义的核心是教育与个体的发展之间的关系，目的是使个体潜能得到最大限度的发展，而且教育的外部正义都应当服务于

---

① ［美］阿普尔：《文化政治与教育》，阎光才等译，教育科学出版社 2005 年版，第 20 页。
② ［德］霍耐特：《承认与正义：多元正义理论纲要》，《学海》2009 年第 3 期。

这个目的。① 因此，教育人性化的承认正义通过教育互动的实践活动，在与"社会化的他者"的承认关系中，通过情感关怀的爱、法律承认的权利和社会尊重的团结实现自信、自尊和自重。

在教育人性化的承认正义中，个人的自我实现不同于马斯洛需要层次理论中最高精神需要的满足，它是在社会正义中通过交互正义获得的个人正义感，在个人道德发展中形成的个人品格和美德，在美好生活中获得的个人幸福。如果按照罗尔斯的划分，善分为合理性的善和正义的善，那么，由于教育的本义是求善，所有教育所追求的善应当是正义的善，是把正当性和善保持一致，从而形成个人的正义感的善，"在一个组织良好的社会中，一种有效的正义感将从属于一个人的善，因而不稳定的倾向能够得到控制，假如不是消除的话"②。根据罗尔斯的理解，个人道德的发展过程也相应地经历了三个阶段：首先是对父母的爱，然后是对朋友和熟人的信任，最终使对社会制度的原则性认同，亦即正义感。在这三个阶段中，它们各自的前提是家庭结构正义和父母之爱心、社会的同情心、公认的制度正义，而且前面的每个阶段是后面阶段的前提条件。③ 这里不难看出，罗尔斯的个人正义也具有相互性，是从个人未来发展的意义上看待的，但是这种相互性也有"互利性"的意义，是在分配正义前提下以制度正义优先于个人正义为主旨的互动正义。相比较而言，教育人性化的承认正义需要把分配正义和个人正义结合起来，关注正义在经验现象学中的个人体验，如幸福、美好生活，以及在实践自我关系中如何把社会正义与个人行为联系起来，通过个人自主及其行为来塑造个人德性等。

由于教育的承认正义主张平等对待和道德关怀相互包容，所以它实质上还表现在其与道德进步的紧密联系中。教育的承认正义关注个体差异，要求个体或群体的特殊性必须得到承认或认同，而且，教育中的性别、种族和家庭出身所受到的歧视可以通过文化承认的形式来重构，也就是把教育和经济结构、政治权力、文化价值结合起来，发动有关合法性的争论，重新评价主流的文化定义。同时，教育的承认正义也是一种道德关怀。如果教育活动中主体在主体间性关系中的实践自我关系受到不正义待遇或伤

① 苏君阳:《论教育公正的本质》,《复旦教育论坛》2004 年第 5 期。
② ［美］罗尔斯:《正义论》,何怀宏等译,中国社会科学出版社 1988 年版,第 516 页。
③ 慈继伟:《正义的两面》,生活·读书·新知三联书店 2001 年版,第 162 页。

害，那么就会出现道德伤害，它具体表现为：个体道德责任能力被蔑视；个体自尊被破坏；从个体被蒙蔽、被欺骗到整个群体的法律歧视；侮辱、能力不被承认等。从积极的方面来看，教育的承认正义的多元性是人的完整发展的必然要求，表现出道德关怀的不同形式，例如：在实践自我关系三个阶段，教育的承认正义的表现形式首先是情感关怀，道德教育哲学体现为爱、关怀等；其次为普遍平等、道德尊重，道德教育哲学具有康德义务论的性质，它意味着承认所有其他人的责任能力；最后是特殊的尊重，道德教育哲学的核心是团结、忠诚，要求教育主体为了共同目标而关心他人的价值和安康。

由此观之，正义是教育人性化实践哲学的核心价值；承认正义是教育人性化的实践性正义；教育人性化的承认正义原则是为了适应个别差异的个体发展目的，培育学生的完整人格和维护学生的平等和尊严，从而解决分配正义遭遇到的自我实现等问题。教育人性化的承认正义通过社会批判，综合道德教育哲学、社会理论和政治分析，追溯到教育交往的承认伦理，从而把教育的道德哲学、社会理论和政治分析统一到社会批判之中，建构以权利承认、社会团结和爱为形式和内容的多元正义。

参考文献

一　中文著作

1. 北京大学西语系资料组：《从文艺复兴到十九世纪资产阶级艺术家有关人道主义、人性论言论选辑》，商务印书馆 1971 年版。
2. 陈友松编：《当代西方教育哲学》，教育科学出版社 1982 年版。
3. 陈桂生：《教育原理》，华东师范大学出版社 2000 年版。
4. 陈桂生：《历史的"教育学现象"透视》，人民教育出版社 1998 年版。
5. 程亮：《教育学的"理论—实践"观》，福建教育出版社 2009 年版。
6. 慈继伟：《正义的两面》，生活·读书·新知三联书店 2001 年版。
7. 董标：《马克思主义教育思想论纲》，中国矿业大学出版社 1999 年版。
8. 董标主编：《教育哲学译文集》（内部资料），华南师范大学教育系 2006 年版。
9. 董标主编：《教育理论百年文献举要》（内部资料），华南师范大学教育系 2008 年版。
10. 戴本博：《外国教育史》（上、中、下），人民教育出版社 1990 年版。
11. 冯建军：《生命与教育》，教育科学出版社 2004 年版。
12. 冯建军：《教育公正：政治哲学的视角》，福建教育出版社 2008 年版。
13. 葛晨虹：《人性论》，中国青年出版社 2001 年版。
14. 扈中平：《教育目的论》，湖北教育出版社 2004 年版。
15. 黄楠森：《人学原理》，北京出版社 2005 年版。
16. 黄克剑：《人韵：一种对马克思的读解》，东方出版社 1996 年版。
17. 金生鈜主编：《教育：思想与对话》（第 1 辑），教育科学出版社 2005 年版。

18. 陆有铨：《现代西方教育哲学》，河南教育出版社 1993 年版。

19. 刘小枫：《现代性社会理论绪论》，上海三联书店 1998 年版。

20. 刘小枫、陈少明主编：《古典传统与自由教育》，华夏出版社 2005 年版。

21. 刘奔、周国平等：《关于人的学说的哲学探讨》，人民出版社 1982 年版。

22. 刘森林：《实践的逻辑》，社会科学文献出版社 2009 年版。

23. 罗廷光：《教育科学纲要》，福建教育出版社 2007 年版。

24. 李德顺：《价值论》（第二版），中国人民大学出版社 2007 年版。

25. 李恩来：《人性的焦点与圆周：卡西尔符号与文化哲学研究》，广西师范大学出版社 2005 年版。

26. 瞿葆奎主编：《教育学文集·教育目的》，人民教育出版社 1989 年版。

27. 瞿葆奎主编：《教育学文集·教育与人的发展》，人民教育出版社 1989 年版。

28. 渠敬东：《现代社会中的人性及教育：以涂尔干社会理论为视角》，上海三联书店 2006 年版。

29. 彭正梅：《解放与教育：德国批判教育学研究》，华东师范大学出版社 2008 年版。

30. 任钟印主编：《世界教育名著通览》，湖北教育出版社 1994 年版。

31. 《思想与社会》编委会编：《教育与现代社会》，上海三联书店 2009 年版。

32. 上海社会科学院哲学研究所外国哲学研究室编：《法兰克福学派论著选辑》，商务印书馆 1998 年版。

33. 沈华柱：《对话的妙语：巴赫金语言哲学思想研究》，生活·读书·新知三联书店 2005 年版。

34. 舒新诚：《教育通论》，福建教育出版社 2006 年版。

35. 童世骏：《批判与实践：论哈贝马斯的批判理论》，生活·读书·新知三联书店 2007 年版。

36. 滕大春主编：《外国教育通史》（第1—6卷），山东教育出版社 2005 年版。

37. 田光远：《科学与人的问题：论约翰·杜威的科学观及其意义》，复旦大学出版社 2006 年版。

38. 涂艳国:《走向自由》,华中师范大学出版社 1999 年版。

39. 徐复观:《中国人性论史》(先秦篇),上海三联书店 2001 年版。

40. 徐长福:《走向实践的智慧:探寻实践哲学的新进路》,社会科学文献出版社 2008 年版。

41. 许纪霖、罗岗等:《启蒙的自我瓦解:1990 年代以来中国思想文化界重大论争研究》,吉林出版集团有限责任公司 2007 年版。

42. 夏正江:《教育理论哲学基础的反思:关于“人”的问题》,上海教育出版社 2001 年版。

43. 王成兵主编:《一位真正的美国哲学家:美国学者论杜威》,中国社会科学出版社 2007 年版。

44. 王海明:《人性论》,商务印书馆 2005 年版。

45. 王海明:《新伦理学》,商务印书馆 2002 年版。

46. 王凤才:《蔑视与反抗:霍耐特承认理论与法兰克福学派批判理论的“政治伦理转向”》,重庆出版集团、重庆出版社 2008 年版。

47. 王坤庆:《现代教育价值论探寻》,湖南教育出版社 1990 年版。

48. 王卫东:《现代化进程中的教育价值观:西方之鉴与本土之路》,中国社会科学出版社 2002 年版。

49. 万俊人:《现代西方伦理学史》(上、下),北京大学出版社 1992 年版。

50. 汪民安:《尼采与身体》,北京大学出版社 2008 年版。

51. 吴式颖:《外国教育史教程》,人民教育出版社 1999 年版。

52. 吴式颖、任钟印主编:《外国教育思想史》(第 1—10 卷),湖南教育出版社 2000 年版。

53. 吴全华:《教育现代性的合理性》,广东省出版集团、广东人民出版社 2009 年版。

54. 于伟:《现代性与教育》,北京师范大学出版社 2007 年版。

55. 岳伟:《批判与重建:人的形象重塑及其教育意义探索》,华中师范大学出版社 2009 年版。

56. 杨大春:《语言·身体·他者:当代法国哲学的三大主题》,生活·读书·新知三联书店 2007 年版。

57. 张人杰主编:《国外教育社会学基本书选》,华东师范大学出版社 1989 年版。

58. 章斐宏：《第三种人性》，学林出版社 2006 年版。

59. 张志伟等：《西方哲学问题研究》，中国人民大学出版社 1999 年版。

60. 中国历史唯物主义研究会：《马克思恩格斯列宁斯大林论人性 异化 人道主义》，清华大学出版社 1983 年版。

61. 中国社会科学院哲学研究所、《国内哲学动态》编辑部：《人性、人道主义问题讨论集》，人民出版社 1983 年版。

62. 赵汀阳：《论可能生活》，中国人民大学出版社 2004 年版。

63. 郑金洲：《教育文化学》，人民教育出版社 2000 年版。

64. 张焕庭主编：《西方资产阶级教育论著选》，人民教育出版社 1979 年版。

65. 梁清：《批判与扬弃：教育异化论》，博士学位论文，东北师范大学，2006 年。

66. 李颖：《教育的人性追寻——西方社会转型时期的教育转型及其启示》，博士学位论文，东北师范大学，2006 年。

67. 刘习根：《总体与实践》，博士学位论文，中山大学，2010 年。

68. 柳谦：《教育承认与自我认同》，博士学位论文，南京师范大学，2008 年。

二　中文译著

1. ［奥］茨达其尔：《教育人类学原理》，李其龙译，上海教育出版社 2001 年版。

2. ［巴西］保罗·弗莱雷：《被压迫者教育学》，顾建新等译，华东师范大学出版社 2001 年版。

3. ［德］阿多诺：《否定的辩证法》，张峰译，重庆出版社 1993 年版。

4. ［德］阿克塞尔·霍耐特：《为承认而斗争》，胡继华译，上海人民出版社 2005 年版。

5. ［德］本纳：《普通教育学》，彭正梅等译，华东师范大学出版社 2006 年版。

6. ［德］博尔诺夫：《教育人类学》，李其龙译，华东师范大学 1999 年版。

7. ［德］黑格尔：《精神现象学》（上、下），贺麟译，商务印书馆 1987

年版。

8.　［德］霍克海默、阿多诺：《启蒙的辩证法》，渠敬东、曹卫东译，上海世纪出版集团、上海人民出版社 2006 年版。

9.　［德］哈贝马斯：《认识与兴趣》，郭官义、李黎译，学林出版社 2002 年版。

10.　［德］哈贝马斯：《理论与实践》，郭官义、李黎译，社会科学文献出版社 2004 年版。

11.　［德］哈贝马斯：《作为"意识形态"的技术与科学》，李黎、郭官义译，学林出版社 1999 年版。

12.　［德］哈贝马斯：《交往行为理论》（第一卷），曹卫东译，上海人民出版社 2006 年版。

13.　［德］哈贝马斯：《合法化危机》，刘北成、曹卫东译，上海人民出版社 2009 年版。

14.　［德］哈贝马斯：《后形而上学思维》，曹卫东、付德根译，译林出版社 2001 年版。

15.　［德］哈贝马斯：《包容他者》，曹卫东译，上海人民出版社 2002 年版。

16.　［德］海德格尔：《存在与时间》，陈嘉映译，生活·读书·新知三联书店 2006 年版。

17.　［德］海德格尔：《路标》，孙周兴译，商务印书馆 2009 年版。

18.　［德］海德格尔：《林中路》，孙周兴译，上海译文出版社 2004 年版。

19.　［德］伽达默尔、杜特：《解释学 美学 实践哲学：伽达默尔与杜特对谈录》，金慧敏译，商务印书馆 2005 年版。

20.　［德］卡西尔：《人论》，甘阳译，上海世纪出版集团 2003 年版。

21.　［德］卡尔·洛维特：《从黑格尔到尼采》，李秋零译，生活·读书·新知三联书店 2006 年版。

22.　［德］康德：《实践理性批判》，韩水法译，商务印书馆 2005 年版。

23.　［德］康德：《道德形而上学基础》，苗力田译，上海人民出版社 1986 年版。

24.　［德］康德：《论教育学》，赵鹏、何兆武译，上海世纪出版集团 2005 年版。

25.　［德］马尔库塞：《爱欲与文明》，黄勇、薛明译，上海译文出版社

2005 年版。

26. ［德］马尔库塞：《单向度的人》，刘继译，上海译文出版社 2006 年版。

27. 马克思：《1844 年经济学哲学手稿》，中共中央马克思恩格斯列宁斯大林著作编译局译，人民出版社 2000 年版。

28. 马克思：《德意志意识形态》，中共中央马克思恩格斯列宁斯大林著作编译局译，人民出版社 2003 年版。

29. 马克思、恩格斯：《马克思恩格斯论教育》，人民教育出版社 1985 年版。

30. 马克思、恩格斯：《马克思恩格斯选集》（第 1、2、3、4 卷），人民出版社 1972 年版。

31. ［德］马克斯·舍勒：《价值的颠覆》，罗悌伦、林克、曹卫东译，生活·读书·新知三联书店 1997 年版。

32. ［德］马克斯·舍勒：《人在宇宙中的地位》，李伯杰译，贵州人民出版社 1989 年版。

33. ［德］M. 兰德曼：《哲学人类学》，阎嘉译，贵州出版集团、贵州人民出版社 1990 年版。

34. ［德］沃尔夫冈·布列钦卡：《教育知识的哲学》，杨明全、宋时春译，华东师范大学出版社 2006 年版。

35. ［德］曼弗雷德·弗兰克：《个体的不可消逝性》，先刚译，华夏出版社 2001 年版。

36. ［德］尼采：《人性，太人性了》，杨恒达译，中国人民大学出版社 2005 年版。

37. ［德］尼采：《快乐的科学》，黄明嘉译，华东师范大学出版社 2007 年版。

38. ［德］尼采：《不合时宜的沉思》，李秋零译，华东师范大学出版社 2007 年版。

39. ［德］尼采：《查拉图斯特拉如是说》，黄明嘉译，漓江出版社 2000 年版。

40. ［德］叔本华：《作为意志和表象的世界》，石冲白译，商务印书馆 1997 年版。

41. ［德］雅斯贝尔斯：《什么是教育》，邹进译，生活·读书·新知三联出版社 1999 年版。

42. 〔德〕乌尔里希·贝克:《风险社会》,何博闻译,译林出版社 2004年版。

43. 〔丹麦〕克尔凯廓尔:《恐惧与颤栗》,刘继译,贵州人民出版社 1994年版。

44. 〔俄〕米哈伊尔·巴赫金:《周边集》,李辉凡等译,河北教育出版社 1998 年版。

45. 〔俄〕杜比宁:《人究竟是什么》,李雅卿、海石译,东方出版社 2000年版。

46. 〔俄〕谢·卡拉 – 穆尔扎:《论意识操纵》(上、下),徐昌翰等译,社会科学文献出版社 2004 年版。

47. 〔法〕鲍德里亚:《象征交换与死亡》,车槿山译,凤凰出版传媒集团、译林出版社 2006 年版。

48. 〔法〕鲍德里亚:《生产之镜》,仰海峰译,中央编译出版社 2005年版。

49. 〔法〕德尼·布伊康:《达尔文与达尔文主义》,史美珍译,商务印书馆 1999 年版。

50. 〔法〕福西耶:《中世纪劳动史》,陈青瑶译,上海人民出版社 2007年版。

51. 〔法〕拉·梅特里:《人是机器》,顾寿观译,商务印书馆 1999 年版。

52. 〔法〕卢梭:《论科学与技术》,何兆武译,上海人民出版社 2007年版。

53. 〔法〕卢梭:《爱弥儿》(上、下卷),李平沤译,人民教育出版社 1985 年版。

54. 〔法〕贝尔纳·斯蒂格勒:《技术与时间:爱比米修斯的过失》,裴程译,译林出版社 2000 年版。

55. 〔法〕布尔迪厄、J. – C. 帕斯隆:《再生产》,商务印书馆 2002年版。

56. 〔法〕布尔迪厄、〔美〕华康德:《实践与反思》,李猛、李康译,中央编译出版社 1998 年版。

57. 〔法〕布尔迪厄:《实践感》,蒋梓骅译,译林出版社 2003 年版。

58. 〔法〕布尔迪厄:《言语意味着什么》,褚思真、刘晖译,商务印书馆

2005 年版。

59. ［法］埃德加·莫兰：《复杂性理论与教育问题》，陈一壮译，北京大学出版社 2004 年版。

60. ［法］埃德加·莫兰：《迷失的范式：人性研究》，陈一壮译，北京大学出版社 1999 年版。

61. ［法］福柯：《规训与惩罚》，刘北成、杨远婴译，生活·读书·新知三联书店 1999 年版。

62. ［法］福柯：《词与物：人文科学考古学》，莫伟民译，上海三联书店 2001 年版。

63. ［法］福柯：《知识考古学》，谢强、马月译，生活·读书·新知三联书店 1998 年版。

64. ［法］福柯：《性经验史》，佘碧平译，上海人民出版社 2005 年版。

65. ［法］德日进：《人的现象》，李弘祺译，新星出版社 2006 年版。

66. ［法］海然热：《语言与人：论语言对人文科学的贡献》，张祖建译，生活·读书·新知三联书店 1999 年版。

67. ［法］莫里斯·梅洛－庞蒂：《知觉现象学》，姜志辉译，商务印书馆 2005 年版。

68. ［法］乔治·索雷尔：《进步的幻觉》，国英斌、何君玲译，光明日报出版社 2009 年版。

69. ［法］乔治·埃利亚：《话语分析基础知识》，曲辰译，天津人民出版社 2006 年版。

70. ［法］让·保罗·萨特：《存在与虚无》，陈宣良等译，安徽文艺出版社 1998 年版。

71. ［古希腊］柏拉图：《理想国》，郭斌和、张竹明译，商务印书馆 2002 年版。

72. ［古希腊］亚里士多德：《尼各马可伦理学》，苗力田译，中国人民大学出版社 2003 年版。

73. ［古希腊］亚里士多德：《灵魂论及其他》，吴寿彭译，商务印书馆 1999 年版。

74. ［捷克］夸美纽斯：《大教学论》，傅任敢译，教育科学出版社 1999 年版。

75. ［捷克］丹尼尔·沙拉汉：《个人主义的谱系》，储智勇译，吉林出版集团有限责任公司 2009 年版。

76. ［加］查尔斯·泰勒：《自我的根源：现代认同的形成》，韩震译，凤凰出版传媒集团、译林出版社 2001 年版。

77. ［加］查尔斯·泰勒：《现代性之隐忧》，程炼译，中央编译出版社 2001 年版。

78. ［加］马歇尔·麦克卢汉：《理解媒介：论人的延伸》，何道宽译，商务印书馆 2000 年版。

79. ［美］阿伦特：《人的境况》，王寅丽译，上海人民出版社 2009 年版。

80. ［美］迈克尔·W. 阿普尔：《意识形态与课程》，黄忠敬译，华东师范大学出版社 2001 年版。

81. ［美］迈克尔·W. 阿普尔：《教育与权力》，曲囡囡等译，华东师范大学出版社 2008 年版。

82. ［美］迈克尔·W. 阿普尔：《文化政治与教育》，阎光才等译，教育科学出版社 2005 年版。

83. ［美］A. 麦金太尔：《追寻美德：伦理理论研究》，宋继杰译，译林出版社 2003 年版。

84. ［美］安德鲁·芬伯格：《技术批判理论》，韩连庆、曹观法译，北京大学出版社 2005 年版。

85. ［美］鲍里斯、季亭士：《资本主义美国的学校教育》，李锦旭译，桂冠图书股份有限公司 1989 年版。

86. ［美］赫舍尔：《人是谁》，隗仁莲译，贵州人民出版社 1994 年版。

87. ［美］简·卢文格：《自我的发展》，韦子木译，浙江教育出版社 1998 年版。

88. ［美］马斯洛：《人性能达到的境界》，马良诚等译，陕西师范大学出版社 2010 年版。

89. ［美］马斯洛等：《人的潜能与价值》，华夏出版社 1987 年版。

90. ［美］罗尔斯：《正义论》，何怀宏等译，中国社会科学出版社 1988 年版。

91. ［美］诺奇克：《无政府、国家与乌托邦》，姚大志译，社会科学文献出版社 2008 年版。

92. ［美］罗伯特·梅逊：《西方当代教育理论》，陆有铨译，文化教育出版社 1984 年版。

93. 〔美〕弗莱德·R. 多尔迈:《主体性的黄昏》,万俊人、朱国均、吴海针译,上海人民出版社 1992 年版。

94. 〔美〕杜威:《经验与自然》,傅统先译,商务印书馆 1964 年版。

95. 〔美〕杜威:《民主主义与教育》,王承绪译,人民教育出版社 2001 年版。

96. 〔美〕杜威:《新旧个人主义》,孙有中、蓝克林、裴雯译,华夏出版社 1999 年版。

97. 〔美〕杜威:《学校与社会·明日之学校》,赵祥麟、任钟印、吴志宏译,人民教育出版社 1994 年版。

98. 〔美〕杜威:《评价理论》,冯平等译,上海译文出版社 2007 年版。

99. 〔美〕杜威:《确定性的寻求》,傅统先译,上海人民出版社 2004 年版。

100. 〔美〕杜威:《人的问题》,傅统先、邱椿译,上海人民出版社 2006 年版。

101. 〔美〕杜威:《哲学的改造》,张颖译,陕西人民出版社 2004 年版。

102. 〔美〕杜威:《自由与文化》(内部读物),傅统先译,商务印书馆 1964 年版。

103. 〔美〕列奥·施特劳斯:《自然权利与历史》,彭刚译,生活·读书·新知三联书店 2006 年版。

104. 〔美〕乔万尼·萨托利:《民主新论》,冯克利、阎克文译,上海世纪出版集团、上海人民出版社 2009 年版。

105. 〔美〕Joseph Ratner 选编:《杜威哲学》,赵一苇等译,世界书局 1960 年版。

106. 〔美〕库利:《人性与社会秩序》,包凡一、王湲译,华夏出版社 1989 年版。

107. 〔美〕S. E. 佛罗斯特:《西方教育的历史和哲学基础》,吴元训等译,华夏出版社 1987 年版。

108. 〔美〕吉鲁:《教师作为知识分子》,朱红文译,教育科学出版社 2008 年版。

109. 〔美〕吉罗克斯:《跨越边界:文化工作者与教育政治学》,刘惠珍等译,华东师范大学出版社 2002 年版。

110. 〔美〕B. F. 斯金纳:《超越自由与尊严》,黄德兴等译,贵州出版集团、贵州人民出版社1990年版。

111.〔美〕布鲁柏克:《教育问题史》,吴元训等译,安徽教育出版社 1991年版。

112.〔美〕埃里希·弗罗姆:《健全的社会》,蒋重跃等译,国际文化出版公司2003年版。

113.〔美〕埃里希·弗罗姆:《逃避自由》,刘林海译,国际文化出版公司2002年版。

114.〔美〕埃里希·弗罗姆:《寻找自我》,陈学明译,工人出版社1988年版。

115.〔美〕古特克:《哲学和意识形态视野中的教育》,陈晓瑞译,北京师范大学出版社2008年版。

116.〔美〕莱茵霍尔德·尼布尔:《道德的人与不道德的社会》,蒋庆等译,贵州人民出版社1998年版。

117.〔美〕R.尼布尔:《人的本性与命运》(上、下卷),成穷译,贵州出版集团、贵州人民出版社2006年版。

118.〔美〕杰里米·里夫金:《生物技术世纪:用基因重塑世界》,付立杰等译,上海科技教育出版社2000年版。

119.〔美〕马歇尔·萨林斯:《文化与实践理性》,赵丙祥译,上海人民出版社2002年版。

120.〔美〕内尔·诺丁斯:《学会关心,教育的另一种模式》,于天龙译,教育科学出版社2003年版。

121.〔美〕内尔·诺丁斯:《幸福与教育》,龙宝新译,教育科学出版社2009年版。

122.〔美〕伊斯雷尔·谢弗勒:《人类的潜能:一项教育哲学的研究》,石中英、涂元玲译,华东师范大学出版社2006年版。

123.〔美〕纳坦·塔科夫:《为了自由:洛克的教育思想》,邓文正译,生活·读书·新知三联书店2001年版。

124.〔美〕琼·温克:《批判的教育学:来自真实世界的笔记》,路旦俊译,湖南教育出版社2008年版。

125.〔美〕乔尔·斯普林格:《脑中之轮:教育哲学导论》,贾晨阳译,北京大学出版社2005年版。

126.〔美〕乔治·H.米德:《心灵、自我与社会》,赵月瑟译,上海译文出版社 1992 年版。

127. ［美］桑塔亚那:《人性与价值》,乐爱国、陈海明译,广东人民出版社 2003 年版。

128. ［美］苏珊·哈克主编:《意义、真理与行动:实用主义经典文选》,任艳艳译,东方出版社 2007 年版。

129. ［美］威廉·V. 斯潘诺斯:《教育的终结》,王成兵译,凤凰出版传媒集团 2006 年版。

130. ［美］威尔逊:《论人性》,方展画、周丹译,浙江教育出版社 2001 年版。

131. ［匈］卢卡奇:《历史与阶级意识》,杜章智等译,商务印书馆 2004 年版。

132. ［意］维柯:《维柯论人文教育》,张小勇译,广西师范大学出版社 2005 年版。

133. ［英］达尔文:《人类的由来》,潘光旦、胡寿文译,商务印书馆 1986 年版。

134. ［英］狄肯斯:《社会达尔文主义:将进化思想和社会理论联系起来》,涂骏译,吉林人民出版社 2005 年版。

135. ［英］格雷厄姆·沃拉斯:《政治中的人性》,朱曾汶译,商务印书馆 1997 年版。

136. ［英］洛克:《教育漫话》,徐诚、杨汉麟译,河北人民出版社 2001 年版。

137. ［英］博伊德、金:《西方教育史》,任宝祥、吴元训译,人民教育出版社 1985 年版。

138. ［英］戴维·伯姆:《论对话》,王松涛译,教育科学出版社 2004 年版。

139. ［英］霍布斯:《利维坦》,黎思复、黎廷弼译,商务印书馆 1997 年版。

140. ［英］莱斯利·史蒂文森:《人性七论》,赵汇译,国际文化出版公司 1988 年版。

141. ［英］罗素:《教育与美好生活》,杨汉麟译,河北人民出版社 2001 年版。

142. ［英］沛西·能:《教育原理》,王承绪、朝瑞英译,人民教育出版社 2005 年版。

143. ［英］斯图亚特·沃尔顿:《人性:情绪的历史》,刘建鸿等译,上海科学普及出版社 2007 年版。

144. ［英］詹姆斯·施密特:《启蒙运动与现代性:18 世纪与 20 世纪的对话》,徐向东等译,上海人民出版社 2005 年版。

145. ［英］休谟:《人性论》（上、下册）,关文运译,商务印书馆 2004 年版。

146. ［英］肖恩·塞耶斯:《马克思主义与人性》,任平译,东方出版社 2008 年版。

147. ［英］约翰·密尔:《论自由》,许宝骙译,商务印书馆 2008 年版。

148. ［英］约翰·斯图亚特·穆勒:《功利主义》,叶建新译,九州出版社 2007 年版。

149. ［英］以赛亚·伯林:《扭曲的人性之材》,岳秀坤译,凤凰出版传媒集团、译林出版社 2009 年版。

150. ［英］威廉·葛德文:《人性的本质》,孙宜学、蔡旭林译,江西高校出版社 2009 年版。

151. ［英］雷蒙·威廉斯:《关键词:文化与社会的词汇》,刘建基译,生活·读书·新知三联书店 2005 年版。

152. 联合国教科文组织国际教育发展委员会:《学会生存》,桑新民译,教育科学出版社 2004 年版。

三　英文著作

1. Aexel Honneth and Hans Joas, *Social Action and Human Nature*, Cambridge: Cambridge University Press, 1980.

2. Anne Michaels Edwards, *Educational Theory as Political Theory*, Athen: Athenaeum Press, 1996.

3. Brian Jacobs and Patrick Kain, *Essays on Kant's Anthropology*, Cambridge: Cambridge University Press, 2003.

4. Donald E. Polinghorne, *Narrative Knowing and the Human Sciences*, New York: State University of New York Press, 1988.

5. Dave Hill, Peter Maclaran, Mike Cole, and Glenn Rikowski, *Maxism against*

Postmodernism in Educational Theory, New York: Lexington Books, 1999.

6. David Carr, *Education, Knowledge and Truth: Beyond the Postmodern impasse*, London: Routledge, 1998.

7. Edmund Fuller, *The Christian Idea of Education*, New Haven: Yale University Press, 1957.

8. Erich Fromm, *Marx's concept of man*, New York: Frederick Ungar Publishing CO, 1961.

9. Edmund Fuller edited, *The Christian Idea of Education*, New Haven: Yale University Press, 1960.

10. Friedrich Nietzsche, *The Will to Power*, New York: Random House, 1967.

11. Geoffrey Thornton, *Language, Ignorance and Education*, London: Edward Arnold Ltd, Austrinia, 1986.

12. Gorge Lakoff and Mark Johnson, *Philosophy in the Flesh*, New York: the Perseus Books Group, 1999.

13. Harold Coward, *The Perfectibility of Human Nature in Eastern and Western Thought*, New York: State University of New York Press, 2008.

14. Hook, *John Dewey: An Intellectual Portrait*, New York: Prometheus Books, 1995.

15. Honneth, Alex, *The Critique of Power: Reflective Stages in Critical Social Theories Studies in Contemporary German Social Thought*, Cambridge: MIT Press, 1991.

16. Hans G Furth, *Knowledge as Desire: An Essay on Freud and Plaget*, New York: Columbia University Press, 1987.

17. Jurgen Habermas, *The Future of Human Nature*, Oxford: The Blackwell Publishing Ltd. , 2003.

18. Jean Baudrillard, *Simulacra and Simulation*, Ann Arbor: Michigan Press, 1994.

19. Joe L. Kincheloe. *Critical Pedagogy Primer*. New York: Peter Lang Publishing, Inc. 2005.

20. John Dewey, *Human Nature and Conduct*, New York: The Modern Library, INC, 1930.

21. John Dewey, *Individualism Old and New*, New York: Capricorn Books, 1962.

22. John Dewey, *The Influence of Darwin on Philosophy*, New York: Prometheus Books, 1997.

23. John Walton and James L. Kuethe, *The Discipline of Education*. Madison: The University of Wisconsin Press, 1963.

24. James Bowen and M. J. Bowen. *A History of Western Education* (I , II , III) , London and New York: Routledge Taylor & Francis Group, 1981.

25. Jennifer Welchman, *Dewey's Ehical Thoughts*, Ithaca and London: Cornell University Press, 1995.

26. Jerome Bruner. *Making Stories: Law, Literature, Life*, New York: Farrar, Straus and Giroux , 2002.

27. Jim Garrison. *The New Scholarship on Dewey*, Dordrecht, Boston, London: Kluwer Academic Publishers, 1995.

28. John E. Grumley. *History and totality*, New York: Routledge, 1989.

29. John P. Lizza. *Persons, Humanity, and the Definition of Death*, Baltimore: The Johns Hopkons University Press, 2006.

30. Jonathan Glover, *Humanity: The Moral History of the Twentieth Century*, New Haven and London: Yale University Press, 2001.

31. Kristen Renwick Monroe. *The Heart of Altruism: Perceptions of a Common Humanity*, Princeton : Princeton University Press, 1996.

32. Mark Johnson, *The Body in the Mind*, Chicago: The University of Chicago Press, 1987.

33. Mary Midgley, *Beast and Man*, London and New York: Routledge, 1995.

34. Max Van Manen, *Researching Lived Experience: Human Science for an Action Sensitive Pedagogy*, Ontario: The Althouse Press in Canada, 1997.

35. Michael R Matthews, *The Marxist Theory of Schooling: A Study of Epistemology and Education*, Atlantic Highlands, New Jersey: Humanities Press INC. , 1980.

36. Nel Noddings, *Critical Lessons*, Cambridge: Cambridge University Press, 2006.

37. Nel Noddings, *Caring: A Feminine Approach to Ethics & Moral Education*, Oakland: University of California Press, 1986.

38. Noam Chomsky and Michel Foucault, *The Chomsky – Foucault Debate on Human Nature*, New York: The New Press of New York, 2006.

39. Paddy Walsh, *Education and Meaning：Philosophy in Practice*. Cassell education of New York, 1993.

40. Paulo Freire, *Education for Critical Consciousness*, London and New York：Continuum, 1974.

41. Paulo Freire, *Pedagogy of the Depressed*, London：Penguin Group, 1996.

42. Paul H. Hirst and Patricia White, *Philosophy of Education：Major Themes in the Analytic Tradition（Volume Ⅱ, Ⅲ, Ⅳ）*, London and New York：Routledge, 1998.

43. Paddy Walsh, *Education and Meaning：Philosophy in Practice*, New York：Educational Limited House of NY, 1993.

44. Peter Reason and Hilary Bradbury, *The Sage Handbook of Action Research*, London：Sage Publication, 2008.

45. P. M. S. Hacker, *Human nature：the Categorial Framework*. Oxford：Blackwell Publishing, 2007.

46. Reinhold Niebuhr, *The Nature and Destiny of Man*, Beijing：China Social Sciences Publishing House Chengcheng Books Ltd. , 1999.

47. R. B. Burns, *The Self Concept – In Theory, Measurement, Development and Behavior*, London：Longman Group Limited, UK, 1979.

48. Robert E. Young, *A Critical Theory of Education：Habermas and Our Children's Future*, New York：Teachers College Press, 1990.

49. Roy F. Baumeister, *The Cultural Animal*, Oxford：Oxford University Press, Inc. 2005.

50. Wilfred Carr, *For Education：towards Critiical Educational Inquiry*, Buckinghan & Philadelphia：Open University Press, 1995.

51. Zhai zhenming, *The Radical Choice and Moral Theory*, Boston：Kluwer Academic Publishers, 1994.

四 中、英文论文

1. 陈桂生：《教育价值的缺失与寻求》，《北京大学教育评论》2010 年第 4 期。

2. 蔡春：《分配正义与教育公正》，《教育研究》2010 年第 10 期。

3. 陈云恺：《人性教育与教育人性化》，《教育评论》2003 年第 2 期。

4. 董标：《哪里有压迫，哪里就应该有〈被压迫者教育学〉》，《比较教育研究》2002 年第 8 期。

5. 董标：《教育的文化研究——探索教育基本理论的第三条道路》，《华东师范大学学报》（教育科学版）2002 年第 3 期。

6. 刁培萼：《试论实践辩证法・人学辩证法・教育辩证法的关系》，《教育文化论坛》2010 年第 2 期。

7. 戴茂堂：《人性的结构与伦理学的诞生》，《哲学研究》2004 年第 3 期。

8. 冯建军：《实践人：生活德育的人性之基》，《高等教育研究》2010 年第 4 期。

9. 高德胜：《节俭・人性・教育》，《高等教育研究》2010 年第 1 期。

10. 高德胜：《找回失落的人性——论环境教育的转向》，《高等教育研究》2008 年第 2 期。

11. 扈中平：《人是教育的出发点》，《教育研究》1989 年第 8 期。

12. 扈中平、蔡春：《教育人学论纲》，《华东师范大学学报》（教育科学版）2003 年第 3 期。

13. 扈中平：《教育何以能关涉人的幸福》，《教育研究》2008 年第 11 期。

14. 刘小枫：《尼采的微言大义》，《书屋》2000 年第 10 期。

15. 刘森林：《实践、辩证法与虚无主义》，《哲学研究》2010 年第 9 期。

16. 刘铁芳：《从自然人到社会人：教育人性基础的现代转向》，《华东师范大学学报》（教育科学版）2010 年第 4 期。

17. 金生鈜：《承认的形式以及教育意义》，《教育研究》2007 年第 9 期。

18. 鲁洁：《教育：人之自我建构的实践活动》，《教育研究》1998 年第 9 期。

19. 鲁洁：《一个值得反思的教育信条：塑造知识人》，《教育研究》2004 年第 6 期。

20. 彭正梅：《德国教化思想研究》，《教育学报》2010 年第 4 期。

21. 宋剑、扈中平：《教育与人性——教育人学研究的永恒命题》，《教育理论与实践》2007 年第 9 期。

22. 石中英：《论教育实践的逻辑》，《教育研究》2006 年第 1 期。

23. 苏君阳：《论教育公正的本质》，《复旦教育论坛》2004 年第 5 期。

24. 苏健：《当代中国人性研究述评》，《青海社会科学》2002 年第 4 期。

25. 吴全华：《人的本性与教育的人性放逐》，《华南师范大学学报》（社会科学版）2009 年第 6 期。

26. 王坤庆：《关于人性与教育关系的探讨》，《教育研究与实验》2007 年第 3 期。

27. 文雪、扈中平：《人性假设与教育意蕴》，《高等教育研究》2004 年第 5 期。

28. 徐长福：《论人性的逻辑异质性》，《吉林大学社会科学学报》2001 年第 5 期。

29. 萧诗美：《实践论和辩证法的分离与统一》，《哲学研究》2009 年第 1 期。

30. 肖朗：《人的两重性和教育的两重性》，《教育学》2003 年第 5 期。

31. 俞吾金：《马克思对现代性的诊断及其启示》，《中国社会科学》2005 年第 1 期。

32. 杨国荣：《人性能力》，《哲学研究》2008 年第 3 期。

33. 赵敦华：《人性科学何以可能》，《哲学原理》2006 年第 1 期。

34. ［德］霍耐特：《承认与正义——多元正义理论纲要》，《学海》2009 年第 3 期。

35. ［法］列维纳斯：《总体与无限》（序言），《世界哲学》2008 年第 1 期。

36. ［英］W. 卡尔：《技术抑或实践》，《华东师范大学学报》（教育科学版）1995 年第 2 期。

37. Thelma Swihart, "What is Humanization", *National Council of Teachers of English*, Vol. 60（Dec.）, 1971.

38. Joseph J. Blasé, "Socialization as Humanization：One side of Becoming a Teacher", *Sociology of Education*, Vol. 59（April）, 1986.

39. Aparna Mishra Tarc. Education as Humanism of the Other. *Educational Philosophy and Theory*, Vol. 37, No. 6, 2005.

40. Naoko Saito. Philosophy as Education and Education as Philosophy：Democracy and Education from Dewey to Cavell. *Journal of Philosophy of Education* Vol. 40, No. 3, 2006.

41. Ronald David Glass, "On Paulo Freire's Philosophy of Parix and the Foudations of Liberation Education", *Educational Researcher*, No. 2, 2001.

五　工具书

1. *Webster's Third New International Dictionary*. Merriam – Webster Inc. U. S. A. 1988.

2. ［英］Simon Blackburn 主编:《牛津哲学辞典》(*Oxford Dictionary of Philosophy*),上海外语教育出版社 2000 年版。

3. 胡森主编:《国际大百科全书》,贵州出版社 1990 年版。

4. 《牛津高阶英汉双解词典》(第四版增补本),牛津大学出版社、商务印书馆 2002 年版。

5. 《古代汉语词典》编写组编:《古代汉语词典》,商务印书馆 2009 年版。

6. 中国社会科学院语言研究所词典编辑室编:《现代汉语词典》(第五版),商务印书馆 2009 年版。

后　记

完成论文初稿时，心情特别沉重，觉得文字中的我我、我你、我她对话远未达到一篇学术论文应有的要求。时至今日，经过长时间的审改，在即将付梓并准备答辩之际，那种怅然若失之感依然萦绕于心！自己明白，无论文字功夫、文本耕读、思想表达，还是逻辑论证，犹存诸多不足。最后，只好安慰自己道：写作之路漫漫兮，求索之心永不息。如果说论文中的学术语言是无情的"零度修辞"，需要"无我"地述论，那么后记中的语言应当是激情的浓墨重彩，需要"唯我"地吟唱，寥寥数语，道尽心中那份感怀。

首先，感谢恩师扈中平先生六年来的教诲。是他不拘一格的择取，成就了我的博士梦；是他的大爱，给了我阅读、思考和批判的自由空间；是他的睿智、宽容与犀利，褪去我心灵的躁动和困顿；是他豁达的性格和酷爱自由的精神，熏陶着弟子那原本愚钝的脑子和执拗的性格。师如明鉴，他如一面镜子般，让我认知真假美丑；师可明道，他那敞亮的真，让我心灵澄明；师能明德，他的坦荡和担当，让我敢于直面现实的乾坤。如众多人所言，他的睿智与德行，让人荡气回肠、侠气满怀且壮志凌云！感谢董标老师！在他面前，总感到自己读书太少、太浅、太浮躁。即使他不在你面前，你都能时刻体验到：读书时，他是最让人信服的诠释者；写作时，他是最令人着迷的范本；做人时，他是最使人明理的长者。

当然，自己的任何长进都受益于校内外老师们的浩荡师恩。感谢教科院刘朝晖、郑航、吴全华、刘良华、齐梅、郑淮、张俊洪、杨宁等老师！在向他们学习过程中，感受到他们对学术的热爱、对学生的挚爱。感谢冯建军老师在论文开题时提出的诸多良言好计以及此后的指导、鼓励和帮助！感谢国外学者 Karent、Rausch 和 Max Vanen 的关心与支持！他们不仅赠寄英文资料,而且帮助查阅相关文献,让人感激不尽。感谢周作宇、康永久、胡劲松、吴全华和刘良华等老师在博士学位论文答辩过程中的尖锐批评和敦敦教诲! 还要感谢其他院校的老师们:华南师范大学行政学院的尹树广、林进平等老师和公共管理学院哲学所的于奇智老师;中山大学哲学系的冯达文、张宪、倪梁康、徐长福、刘森林、翟振明、杨玉昌、黄敏、邓宗伟、朱华甫等老师! 旁听他们精彩的授课,分享他们的学术资源,与他们交朋友,受益匪浅。"恰同学少年,风华正茂,书生意气,挥斥方遒。"长期以来,我这个"老青年"和宋剑、陈彩燕、徐巍、黄乃祝、平功波、常淑芳、宫盛花、陈停战、张建国、闫世贤、邹应贵、童想文、李振军、徐淑珊、杨永炎、李柯柯、闫仙、刘磊明、陈宏晶等同学一起学习与交流,一起组织和参与研究生论坛、读书会,度过了一段艰苦而又惬意的学生生活。

我深知,此时,恣意的笔墨无法述尽亲人们浓浓的恩情。父母虽历经时代变迁,但仍不改对文化及文化人的高山仰止。在他们的谈笑举止中,寄托了追逐人间正道与思想菁华的梦想。妻子黄同梅相濡以沫,以她开朗、直率的性格和勤劳、质朴的品质,力挺家业、事业和我们的学业。女儿肖光灵是一位"小作家"、"小艺术家"。日常生活中,常能分享到她的思想"火花"和艺术成果,令人欣慰不已。

最后,在论文写作过程时,个人的知、情、意在诗意天上、祥和人间和悲催地狱之间跌宕起伏,试图让自己的心性与思想涅槃与超越,无意中,却"唯我主义"地行事,非人性化地学习和生活,必然累己及人! 希望自此以后,多行动、多对话,真正地践行自由、平等和正义的积极人性品质,走向充盈、澄明和鲜活的人性之境。

肖绍明

2011 年 5 月 26 日于现代教育研究与开发中心

2015 年 11 月 7 日于番禺东怡新区东雅园寓舍